Vincent **Granet**
Jean-Pierre **Regourd**

Aide-mémoire

Java

4e édition

DUNOD

Photo de couverture : © iStock.com/4774344sean

978-2-10-072713-1

5 rue Laromiguière, 75005 Paris
www.dunod.com

à Maud et Marianne

Table des matières

Avant-propos

Cette quatrième édition de l'*Aide-mémoire de Java* intègre les récents enrichissements apportés au langage Java par la version 8. Un nouveau chapitre est consacré aux fonctions anonymes (ou lambda expressions), structures fondamentales de la programmation fonctionnelle, qui font leur entrée à côté du modèle objet, modèle de base du langage. Ce nouveau mécanisme de programmation est largement employé dans l'API, particulièrement pour en simplifier l'usage. La refonte du livre consécutive à cet apport majeur, a aussi été l'occasion d'ajouter une introduction à la réflexion et à son usage en Java. Tous les mécanismes de programmation présents dans Java 8 sont ainsi abordés dans cette nouvelle édition.

Depuis ses origines en 1991, le langage à objets Java connaît un engouement qui ne cesse de croître et une riche communauté de concepteurs et d'utilisateurs s'est développée et consolidée autour de ce langage. Son modèle objet, simple mais néanmoins puissant en fait, aujourd'hui, un des rares langages généralistes à être aussi bien enseigné dans les universités, qu'utilisé dans le monde industriel.

Malgré sa forme réduite, ce livre est une présentation pédagogique et didactique qui couvre les aspects fondamentaux et appliqués du langage. Si l'ensemble des mécanismes de Java est détaillé, une présentation exhaustive des milliers de classes (plus de 4 000) de l'API (*Application Programming Interface*) est impossible. Notre choix, forcément partiel et partial, a été guidé par l'intérêt pratique des classes retenues.

Cet ouvrage a aussi été conçu pour offrir au lecteur une présentation condensée de JAVA 8. Il s'adresse tout aussi bien aux lecteurs ayant déjà une pratique de la programmation, et désireux d'aborder un nouveau type de langage, qu'aux programmeurs JAVA ressentant le besoin d'un ouvrage synthétique de la version 8.

La première partie du livre, jusqu'au chapitre 7, expose les éléments et les mécanismes propres au langage. La seconde s'attache à présenter l'environnement de programmation du langage.

Les deux premiers chapitres sont consacrés aux constructions et aux objets de base de JAVA. Au travers d'un exemple *fil rouge*, les deux suivants décrivent en détail le modèle objet de JAVA.

La généricité, mécanisme de paramétrage des classes abondamment utilisé dans l'API, est l'objet du chapitre 5. Partie intégrante du langage, les exceptions et les processus légers (*threads*) sont abordés dans le chapitre 6. Enfin, le chapitre 7 présente les fonctions anonymes, grande nouveauté de JAVA 8.

La seconde partie du livre présente l'API et les outils de développement. Le chapitre 8 donne une présentation détaillée des mécanismes d'entrée-sortie. L'accent a été mis sur la manipulation des fichiers. Le chapitre 9 décrit une sélection de classes de l'API. Tout d'abord, nous y traitons les structures de données, collections, tables et les nouveaux objets *stream*, qui permettent, à l'aide de fonctions anonymes, le traitement efficace de grands flots de données. Puis, nous présentons, les classes pour la communication réseau, les environnements graphiques AWT et Swing, pour achever cette revue de l'API avec les applets. Le chapitre 10 présente une API particulièrement importante, JDBC. Nous y décrivons les éléments essentiels indispensables au maniement des bases de données en nous appuyant sur un exemple *suffisamment complet* pour initier de réels développements dans ce vaste domaine d'application. Le dernier chapitre reste consacré aux outils de développement de la distribution officielle JAVA SE 8. Il s'achève par un catalogue de sites web consacrés à JAVA, complété, à la fin de l'ouvrage, par une bibliographie thématique.

Le site de cet ouvrage propose les codes sources de certains exemples du livre. Il est accessible à l'adresse :

`http://go.polytechnice.fr/AideMemoireJava`

Pour terminer, nous souhaitons remercier toute l'équipe Dunod, en particulier Carole Trochu et Jean-Luc Blanc, pour leur aide précieuse, leurs conseils avisés et pour la relecture de cette quatrième édition.

Sophia Antipolis et Tourrette Levens, mai 2015.

1 Java, les bases

Comme l'indique son titre, ce premier chapitre présente les notions de base du langage JAVA. Après avoir donné, à l'aide d'un exemple, une première description de son modèle objet, nous présenterons les éléments fondamentaux du langage : les types élémentaires, les expressions et les énoncés.

1.1 Une première application

Généralement, les ouvrages d'apprentissage des langages de programmation commencent par la présentation d'une application simple qui donne au lecteur une première impression sur le langage. Nous ne dérogerons pas à cette règle en présentant une première application qui met en évidence plusieurs notions fondamentales du langage à objets JAVA. Celles-ci sont brièvement décrites dans cette section mais seront, bien sûr, plus amplement détaillées dans les chapitres suivants.

Cette première application, donnée dans la figure 1.1, affiche la date du jour en toutes lettres, comme par exemple *dimanche 28 juin 2015*. Elle nous permettra de mettre en évidence les notions de commentaire, de classe, de méthode et de variable.

Les commentaires

Les commentaires jouent un rôle essentiel dans la compréhension des fonctionnalités d'une application, mais aussi et surtout, dans la vérification de sa validité.

```java
/**
 * Cette application écrit la date du jour
 * en toutes lettres (e.g. dimanche 28 juin 2015)
 */
import java.util.Date;
import java.text.SimpleDateFormat;

class DateDuJour {
    public static void main(String[] args) {
        // créer la date du jour
        Date dateDuJour;
        dateDuJour = new Date();
        // créer son modèle de présentation
        SimpleDateFormat fd;
        fd = new SimpleDateFormat("EEEE dd MMMM yyyy");
        // afficher la date du jour selon ce modèle
        System.out.println(fd.format(dateDuJour));
    }
}
```

Figure 1.1 Application DateDuJour

Le langage propose trois formes de commentaires différenciés par leurs parenthéseurs :

1. `/**` *suite quelconque de caractères* `*/`
2. `/*` *suite quelconque de caractères* `*/`
3. `//` *suite quelconque de caractères jusqu'à la fin de la ligne*

La première sert à la documentation des classes et d'autres éléments des applications, et peut être exploitée par le générateur `javadoc`[1]. La documentation produite au format HTML (*HyperText Markup Language*) offre une présentation régulière et lisible à l'aide de n'importe quel navigateur. Les commentaires de documentation peuvent apparaître sur plusieurs lignes et contenir des directives spéciales de mise en pages destinées au générateur `javadoc`.

1. Cf. chapitre 11.

La deuxième et la troisième forme de commentaire sont généralement utilisées pour la description de l'implémentation du code (antécédent, conséquent, invariant, etc.). Notez que dans la troisième forme, le commentaire s'achève à la fin de la ligne, alors que dans la deuxième il peut apparaître sur plusieurs lignes, comme pour les commentaires de documentation.

Les classes

Le langage à objets JAVA est un langage de classes. Cela veut dire que la conception d'une application écrite dans ce langage suit un modèle de structuration autour des objets décrits par des classes qui en précisent les propriétés, variables et méthodes.

Les variables désignent des données qui sont des valeurs de tous types. Les méthodes sont des actions, c'est-à-dire des procédures ou des fonctions. Par défaut, les variables et les méthodes sont liées aux objets, mais si leur déclaration le précise, à l'aide du mot-clé **`static`**, elles sont alors liées à la classe [2].

D'un point de vue statique, celui du compilateur, une application JAVA est une collection de classes qui décrit les objets qui seront manipulés à l'exécution. Notre première application ne comporte qu'une seule classe, nommée `DateDuJour`, écrite dans un fichier qui porte son nom et suffixé par `.java`, c'est-à-dire `DateDuJour.java`. Par convention [3], la lettre initiale de chacun des mots qui forment le nom de la classe est en majuscule.

Toutefois, notre application utilise quatre autres classes, `String`, `System`, `Date` et `SimpleDateFormat`, définies par ailleurs et mises à la disposition du programmeur par l'environnement de programmation JAVA. Ces classes, avec plusieurs centaines d'autres, forment ce que l'on appelle l'API (*Application Programming Interface*) JAVA [4].

2. Cf. chapitre 3.

3. Voir l'URL `http ://www.oracle.com/technetwork/java/codeconvtoc-136057.html` pour les conventions d'écriture de code JAVA.

4. Cf. chapitre 9.

Les classes unies par une même sémantique sont regroupées dans des *paquetages*[5]. L'API de Java est formée de nombreux paquetages comme par exemple `java.lang`, `java.io` ou encore `java.util`[6]. Sauf pour `java.lang`, le nom d'une classe doit être qualifié par le nom du paquetage auquel elle appartient. Toutefois, la directive d'importation, **`import`**, permet un accès non qualifié aux classes des paquetages. Ainsi dans notre application, la directive d'importation de la classe `Date` appartenant au paquetage `java.util` permet l'utilisation du nom `Date` dans la classe `DateDuJour` sans avoir à le préfixer par `java.util`. Il en va de même pour la classe `SimpleDateFormat` du paquetage `java.text`.

La méthode main

L'exécution d'une application Java commence implicitement par celle d'une méthode statique `main` dont l'en-tête est *toujours* le même. En particulier, le paramètre formel `args` est un tableau de chaînes de caractères qui donne accès aux paramètres du programme lors de son exécution. Même s'il reste inutilisé par la suite (comme dans notre application), ce paramètre *doit* apparaître dans l'en-tête.

Le corps d'une méthode peut contenir des déclarations de variables locales et des instructions. Java est un langage *typé*, ce qui veut dire que les déclarations des noms utilisés dans l'application doivent spécifier les types des objets qu'ils désigneront. En Java, les classes sont assimilées à des types.

La méthode `main` de notre exemple déclare deux variables locales. La première, `dateDuJour`, permet de désigner des objets de la classe `Date`. De tels objets représentent un temps écoulé en millisecondes depuis une date de référence[7]. La seconde variable, `fd`, permet, quant à elle, de désigner des objets de la classe `SimpleDateFormat` qui définit des modèles de présentation des dates.

---

5. Cf. chapitre 3.

6. Le paquetage `java.lang` contient les classes de base du langage, `java.io` des classes pour les entrées-sorties, et `java.util` des classes utilitaires nécessaires à bien des applications.

7. 1er janvier 1970, GMT 00 :00 :00.

Pour créer, on dit *instancier*, les objets que pourront désigner ces deux variables, on utilise l'opérateur **`new`** qui applique un constructeur. Un constructeur est une sorte de méthode qui porte toujours le nom de la classe dans laquelle il est défini, et dont le rôle est d'initialiser les variables de l'objet au moment de sa création.

Le constructeur `Date()` initialise un objet `Date` à la date du jour, c'est-à-dire le nombre de millisecondes entre la date de référence et le moment de la création de l'objet. L'opérateur d'affectation, le signe =, associe à la variable `dateDuJour` une référence à l'objet créé. La valeur de la variable `dateDuJour` *n'est pas* l'objet créé mais une sorte de pointeur sur cet objet, appelé référence. La constante symbolique **`null`** est une référence particulière pour signifier l'absence de référence à un objet particulier [8].

De même, la seconde affectation associe à la variable `fd` une référence à un objet `SimpleDateFormat`. Le constructeur utilisé possède comme paramètre une chaîne de caractères (définie par la classe `String`) dont la valeur décrit un modèle de présentation des dates selon la forme : jour (EEEE), numéro du jour (dd), mois (MMMM) et année (yyyy).

Pour accéder aux variables ou aux méthodes d'un objet, on utilise une *notation pointée* qui suit la syntaxe : nom de l'objet, suivi d'un point, suivi du nom de la variable ou de la méthode avec ses paramètres effectifs.

La classe `SimpleDateFormat` possède une méthode `format`. Elle renvoie une chaîne de caractères qui est la représentation d'un objet `Date` passé en paramètre suivant le modèle de présentation des dates de l'objet courant. Appliquée à l'objet désigné par `fd`, cette méthode renvoie la date du jour selon son modèle (`fd.format(dateDuJour)`).

Enfin, l'écriture sur la sortie standard de la chaîne de caractères qui représente la date du jour est faite par l'application de la méthode `println` sur l'objet statique `out` de la classe `System`.

Compiler et exécuter l'application

Pour exécuter une application rédigée en JAVA, il faut tout d'abord la traduire, à l'aide d'un compilateur, dans une forme intermédiaire appelée

8. C'est l'équivalent des constantes `NULL` et `nil` des langages C et LISP.

JAVA BYTE CODE, placée dans des fichiers suffixés par `.class`. Cette forme est indépendante de l'ordinateur utilisé.

On procède ensuite à son exécution par interprétation avec la *Machine Virtuelle Java* [9] (en anglais, *Java Virtual Machine*, JVM). Dans l'environnement de programmation distribué librement [10] par ORACLE, JDK (*Java Development Kit*), le compilateur s'appelle `javac` et l'interprète `java`.

Les commandes suivantes procèdent à la compilation et à l'exécution de l'application contenue dans le fichier `DateDuJour.java`.

```
javac DateDuJour.java
java DateDuJour
```

```
dimanche 28 juin 2015
```

Notez que le suffixe `.class` du fichier `DateDuJour.class` ne doit pas apparaître dans la commande d'exécution de l'interprète JAVA.

1.2 Les types élémentaires

Un type est un ensemble de valeurs possédant des caractéristiques communes, généralement définies par la nature des opérations qu'on peut leur appliquer, comme celle d'accès à une valeur. En particulier, une valeur d'un type *élémentaire* ne peut être manipulée que dans sa totalité. Cette notion s'oppose à celle de type *structuré*, c'est-à-dire en JAVA à celle de classe ou de tableau. Le langage propose huit types *prédéfinis élémentaires*, quatre types entiers, deux types réels, un type booléen et un type caractère.

1.2.1 Les types entiers

Le langage JAVA possède quatre types entiers. Les types **byte**, **short**, **int**, **long** sont signés et représentés en complément à deux. Les entiers du type **byte** sont représentés sur 8 bits, ceux du type **short** sur 16 bits, ceux du type **int** sur 32 bits et ceux du type **long** sur 64 bits.

9. Cf. chapitre 11.

10. JAVA est logiciel libre depuis 2006.

Les constantes littérales entières en base 10 sont dénotées par une suite de chiffres compris entre `0` et `9`. Le langage permet également d'exprimer des valeurs en base 8 ou 16, en les faisant précéder, respectivement, par les préfixes `0` et `0x`.

```
3 125 0 0777 3456 234 0xAC12
```

Le tableau 1.1 montre les opérateurs arithmétiques et relationnels qui peuvent être appliqués sur les types entiers.

Opérations	Opérateur	Fonction	Exemple
Arithmétiques	-	opposé	`-45`
	+	addition	`45 + 5`
	-	soustraction	`a - 4`
	*	multiplication	`a * b`
	/	division	`5 / 45`
	%	modulo	`a % 4`
Relationnelles	<	inférieur	`a < b`
	<=	inférieur ou égal	`a <= b`
	==	égal	`a == b`
	!=	différent	`a != b`
	>	supérieur	`a > b`
	>=	supérieur ou égal	`a >= b`

Tableau 1.1 Opérateurs sur les types entiers

1.2.2 Les types réels

Comme pour les entiers, Java définit plusieurs types réels : **`float`** et **`double`**. Les réels du type **`float`** sont en simple précision codés sur 32 bits, ceux du type **`double`** sont en double précision codés sur 64 bits. La représentation des réels suit la norme IEEE 754.

La dénotation d'une constante littérale réelle suit la syntaxe donnée ci-dessous. Les crochets indiquent que l'argument qu'ils entourent est optionnel, la barre verticale indique un choix, et `entier` est un nombre entier en base 10.

```
entier[.][entier][[e|E][±]entier]
[entier][.]entier[[e|E][±]entier]
```

Ainsi, les constantes réelles suivantes sont valides :

```
123.456   34.0  .0   12.   56e34  4E—5 45.67e2  4567
```

Le tableau 1.2 donne les opérateurs arithmétiques et relationnels applicables sur les types réels.

Opérations	Opérateur	Fonction	Exemple
Arithmétiques	-	opposé	-45.5+5e12
	+	addition	45.5+5e12
	-	soustraction	a - 4.3
	*	multiplication	a * b
	/	division	5 / 45
Relationnelles	<	inférieur	a < b
	<=	inférieur ou égal	a <= b
	==	égal	a == b
	!=	différent	a != b
	>	supérieur	a > b
	>=	supérieur ou égal	a >= b

Tableau 1.2 Opérateurs sur les types réels

1.2.3 Le type booléen

Le type **boolean** définit un ensemble à deux valeurs : **true** et **false**. Les opérateurs applicables sur des opérandes booléens sont donnés par le tableau 1.3.

Les opérateurs de disjonction et de conjonction conditionnelle, `||` et `&&`, sont semblables à ceux du langage C. Le résultat de `p||q` est **true** si `p` est vrai quelle que soit la valeur de `q` qui, dans ce cas, n'est pas évaluée. De même, le résultat de `p&&q` est **false** si `p` est faux quelle que soit la valeur de `q` qui, dans ce cas, n'est pas évaluée.

Opérateur	Fonction	Exemple
!	négation	! p
|	disjonction	p | q
^	disjonction exclusive	p ^ q
&	conjonction	p & q
||	disjonction conditionnelle	p || q
&&	conjonction conditionnelle	p && q

Tableau 1.3 Opérateurs booléens

1.2.4 Le type caractère

Le type **`char`** utilise le jeu de caractères UNICODE [11]. Les constantes littérales de type caractère sont dénotées entre deux apostrophes. Ainsi, les caractères `'a'` et `'ç'` représentent les lettres alphabétiques a et c cédille. Il est fondamental de comprendre la différence entre les notations `'2'` et `2`. La première représente un caractère et la seconde un entier.

Certains caractères, en particulier ceux non imprimables, possèdent une représentation particulière, préfixée par le caractère \. Le tableau 1.4 donne une partie de ces caractères, *i.e.* ceux les plus fréquemment utilisés.

Caractère	Notation
passage à la ligne	\n
tabulation	\t
retour en arrière	\r
saut de page	\f
backslash	\\
apostrophe	\'

Tableau 1.4 Caractères spéciaux

Il existe une relation d'ordre sur le type **`char`**. On peut donc appliquer les opérateurs de relation <, <=, =, ! =, > et >= sur des opérandes de type caractère.

11. La version 8 de JAVA utilise la version 6.2.0 de l'UNICODE Standard. Voir le site `www.unicode.org` pour une description complète de ce jeu de caractères.

Les caractères peuvent être dénotés par la valeur hexadécimale de leur ordinal[12], précédée par les caractères `\` et `u`. Par exemple, `'\u0041'` est le caractère d'ordinal 65, c'est-à-dire la lettre A. Cette notation particulière trouve tout son intérêt lorsqu'il s'agit de dénoter des caractères graphiques. Par exemple, les caractères `'\u12cc'` et `'\u1356'` représentent les lettres éthiopiennes ዌ et ፖ, les caractères `'\u2200'` et `'\u2208'` représentent les symboles mathématiques ∀ et ∈, et `'\u20AC'` est le symbole €.

Depuis la version 7 de JAVA, de nouveaux caractères sont disponibles comme les émoticônes. Ainsi, les caractères `'\u1F60B'` `'\u1F649'` correspondent, respectivement, à 😋 et 🙉 .

1.3 Les identificateurs

Un *identificateur* sert à nommer un élément du langage, comme par exemple une variable, une constante symbolique, une méthode, ou encore une classe. Un identificateur est une suite de caractères UNICODE. Toutefois, il ne peut débuter par un chiffre ou un caractère réservé du langage (*e.g.* le symbole ?). Afin d'accroître la lisibilité des programmes, les identificateurs doivent posséder une signification qui exprime clairement leur utilisation ultérieure. Il est fortement conseillé d'utiliser les caractères accentués, s'ils sont nécessaires. Il est aussi possible d'utiliser toutes sortes de symboles, mathématiques ou autres.

JAVA se réserve certains identificateurs, qui ne pourront évidemment pas être choisis par le programmeur. Ces identificateurs sont appelés *mots-clés*. JAVA possède 48 mots-clés. Ce sont, par exemple, **`class`**, **`if`** ou **`while`**.

```
// cinq identificateurs dont un mot-clé
DateDuJour    agent_007    while    π  toString
```

Si la saisie directe du symbole UNICODE π n'est pas possible, il sera toujours permis d'employer sa notation hexadécimale `\u03C0`.

12. Le numéro d'ordre du caractère dans le jeu de caractères.

1.3.1 Les variables

Une variable est un identificateur qui sert à désigner plusieurs valeurs prises dans un type particulier. Nous l'avons vu, JAVA est un langage *typé*, c'est-à-dire qu'il exige en particulier que les variables soient, avant leur utilisation, *déclarées* avec le type des valeurs qu'elles pourront désigner. Dans une déclaration de variable JAVA, le type précède l'identificateur. Notez que l'on déclare plusieurs variables d'un même type en les séparant par des virgules. Les déclarations suivantes sont valides :

```
int âge;
char voyelle, consonne;
double Δ, racRéelle1, racRéelle2;
boolean majeur;
```

Il est important de comprendre que la déclaration d'une variable de type élémentaire a pour effet d'*allouer en mémoire centrale* une zone dont la taille est égale à celle d'une valeur du type de la variable. Cette zone est accessible par le nom de la variable.

Une façon d'associer une valeur à une variable est d'utiliser l'opérateur d'affectation, = (le signe égal [13]). Le type de la valeur affectée à la variable doit être conforme [14] à sa déclaration. Les affectations suivantes sont valides :

```
âge = 10;
voyelle = 'e';
Δ = 13.15;
majeur = âge >= 18;
```

Il est également possible d'initialiser une variable au moment de sa déclaration comme suit :

```
int âge = 21;
char voyelle, consonne = 'z';
// voyelle n'est pas initialisée
```

13. À ne pas confondre avec l'opérateur d'égalité ==.
14. C'est-à-dire de même type ou compatible.

1.3.2 Les constantes

Une déclaration de constante symbolique, avec le mot-clé **final**, permet d'établir un lien *définitif* entre un identificateur et une valeur particulière. La valeur d'une constante ne peut donc pas être modifiée. En JAVA, on déclarera la constante π comme suit :

```
final double π = 3.14159265358979;
```

Notez que dans de nombreux langages de programmation, la déclaration d'une constante n'entraîne aucune allocation mémoire. En JAVA, déclarer une constante consiste à déclarer une variable (il y a donc allocation de la mémoire) précédée du mot-clé **final** qui interdit toute modification de la variable après sa première affectation. Ainsi, la déclaration précédente aurait pu tout aussi bien s'écrire :

```
final double π;
π = 3.14159265358979;
```

1.4 Les expressions

Les *expressions* composent entre eux des opérandes et des opérateurs selon une notation *infixe*. Les opérandes sont par exemple des constantes, des variables, des appels de méthodes ou des expressions. Les opérateurs correspondent à des opérations qui portent sur un, deux ou trois opérandes. La notation infixe place les opérandes de part et d'autre de l'opérateur, comme dans $x + y$.

1.4.1 Évaluation

Le but d'une expression est de calculer, lors de son *évaluation*, un résultat. L'évaluation d'une expression JAVA produit une valeur unique. Le résultat d'une expression est déterminé par l'ordre d'évaluation des opérandes et des opérateurs qui la composent. En JAVA, l'ordre habituel d'évaluation est de gauche à droite. Toutefois, cet ordre peut être remis en question lorsque l'opérateur est associatif à droite (comme l'opérateur d'affectation [15]), par les règles de priorité [16] (les opérateurs les plus prioritaires sont évalués en premier), ou l'utilisation des parenthèses.

Dans le fragement de code suivant, la première expression est simplement évaluée de gauche à droite (addition puis soustraction) ; la seconde est évaluée de droite à gauche (1 est affecté à b, puis b est affecté à a) ; la troisième évalue la somme de a et du produit de b par c. La quatrième expression remet en cause la priorité des opérateurs grâce aux parenthèses (somme, puis produit).

```
a + b - c    // évaluation de gauche à droite
a = b = 1    // évaluation de droite à gauche
a + b * c    // évaluation de la somme de a et (b*c)
(a + b) * c // évaluation de (a + b) d'abord
```

1.4.2 Type d'une expression

Le résultat de l'évaluation d'une expression JAVA est typé. Ainsi, si `p` et `q` sont deux booléens, l'expression `p && q` est une expression booléenne puisqu'elle produit un résultat booléen. Une expression peut très bien être formée à partir d'opérateurs manipulant des objets de types différents. Par exemple, `(x != 0) && (y != 0)` est formée des deux opérandes booléens de l'opérateur de conjonction eux-mêmes composés à partir de deux opérandes numériques reliés par des opérateurs de relation à résultat booléen.

1.4.3 Conversion de type

Les valeurs, mais pas toutes, peuvent être converties d'un type vers un autre. On distingue deux types de conversion. Les conversions *implicites* pour lesquelles l'opérateur décide de la conversion à faire en fonction de

15. En JAVA, une affectation est donc une expression.

16. Les règles de priorité des opérateurs JAVA sont données en annexe à la fin de l'ouvrage.

la nature de l'opérande ; les conversions *explicites*, pour lesquelles le programmeur est responsable de la mise en œuvre de la conversion.

En JAVA, les conversions de type *implicites* sont relativement nombreuses, en partie dues à l'existence de plusieurs types entiers et réels. Ces conversions, appelées également *promotions*, transforment implicitement un objet de type T en un objet d'un type T', lorsque le contexte l'exige. Par exemple, l'évaluation de l'expression $1 + 4.76$ provoquera la conversion implicite de l'entier 1 en un réel double précision 1.0, suivie d'une addition réelle. Dans `int x = 'a'`, l'ordinal du caractère `'a'` est affecté à la variable entière `x`. Les promotions possibles sont données par le tableau 1.5.

Type	Promotion
`float`	`double`
`long`	`float` ou `double`
`int`	`long`, `float` ou `double`
`short`	`int`, `long`, `float` ou `double`
`char`	`int`, `long`, `float` ou `double`

Tableau 1.5 Promotions de type

Les conversions *explicites*, appelées cast en anglais, sont faites à l'aide d'un opérateur de conversion. Sa dénotation consiste à placer entre parenthèses, devant l'expression à convertir, le type dans lequel elle doit être convertie. Dans l'exemple suivant, le réel 1.6 est converti explicitement en un entier 1 (suppression de la partie décimale).

```
(int) 1.6 // est l'entier 1
```

1.5 Les énoncés

Comme de nombreux langages, JAVA propose des énoncés simples, composés, conditionnels et itératifs. Ces énoncés sont assez semblables à ceux du langage C, mais comportent toutefois quelques petites différences.

JAVA propose également depuis sa version 1.4, un énoncé pour traiter les assertions.

Dans les descriptions syntaxiques qui suivront, E représentera indifféremment un bloc ou un énoncé simple, conditionnel ou itératif, e une expression et B une expression booléenne.

1.5.1 Énoncés simples

L'énoncé le plus simple est l'*affectation* terminée par un point-virgule. Notez qu'une affectation est une expression, qui fournit donc un résultat. Dans les énoncés simples suivants, le résultat de son évaluation n'est pas utilisé.

```
âge = 26;
consonne = 'z';
Δ = b*b-4*a*c;
présent = true;
```

Dans l'énoncé suivant, l'évaluation de l'affectation de l'entier 5 à `b`, fournit le résultat 5, qui est converti en 5.0 puis affecté à `a`.

```
double a; int b;
a = b = 5;
// a = 5.0 et b = 5
```

JAVA propose aussi des affectations composées de la forme : `a` *op*= `b` équivalentes à `a = a` *op* `b`. L'opérateur *op* peut être pris parmi les suivants : `+ - * / % & ^ | << >> >>>`[17].

```
âge += 5;    // est équivalent à âge = âge + 5;
x += y*3;    // est équivalent à x = x + (y*3);
q |= true;   // est équivalent à q = q | true;
```

Enfin, les opérateurs d'affectation ++ et −− permettent une incrémentation ou une décrémentation de 1.

17. Ces trois derniers opérateurs sont les opérateurs de décalage binaire.

```
âge++;  // ou
++âge;  // est équivalent à âge = âge + 1;
```

```
âge--;  // ou
--âge;  // est équivalent à âge = âge - 1;
```

L'évaluation des opérateurs ++ et -- donne un résultat qui peut être utilisé par ailleurs.

```
// âge = 20
x = âge++;
// âge = 21 et x = 20
```

Le résultat de l'évaluation de `âge++` est la valeur de `âge` avant l'incrémentation, c'est donc 20 qui est affecté à `x` dans l'exemple précédent. Avec l'opérateur de décrémentation, on obtient :

```
// âge = 20
x = âge--;
// âge = 19 et x = 20
```

Les deux opérateurs peuvent aussi être placés avant leur opérande, `++âge` ou `--âge`. Le résultat de l'évaluation est alors la valeur de `âge` après l'incrémentation (ou la décrémentation).

```
// âge = 20
x = ++âge;
// âge = 21 et x = 21

// âge = 20
x = --âge;
// âge = 19 et x = 19
```

1.5.2 Bloc

Un bloc est un groupement d'énoncés et de déclarations placés entre accolades. La suite d'énoncés peut être alors considérée comme formant un énoncé unique.

```
// x est défini
{
  x = x+1;
  double y= Math.sin(1.34);
  // y est défini
  y *= x;
}
// y n'existe plus
```

Les noms déclarés dans un bloc (*i.e.* `y` dans l'exemple précédent) sont locaux et n'ont pas d'existence en dehors du bloc. Il est évidemment possible de définir des blocs emboîtés dans d'autres blocs. Notez aussi que le corps d'une méthode[18] est défini par un bloc.

L'exemple précédent utilise la méthode statique `sin` qui appartient à la classe `java.lang.Math`. Cette classe possède les définitions des constantes `PI` et `E`, ainsi que de nombreuses autres fonctions mathématiques, comme par exemple la méthode `sqrt` pour le calcul d'une racine carrée que nous utiliserons plus loin.

1.5.3 L'énoncé si-alors-sinon

L'énoncé *si-alors-sinon* de Java est semblable à celui de la plupart des langages de programmation. Il permet d'exécuter ou non un énoncé selon une condition à valeur booléenne. Sa forme générale est :

```
if (B) E1 else E2
```

Si B est vrai, l'énoncé E_1 est exécuté, sinon c'est l'énoncé E_2. Notez l'absence de mot-clé *alors* et les parenthèses obligatoires autour de l'expression booléenne.

18. Cf. chapitre 2.

L'exemple suivant affecte à une variable `max` le maximum de deux valeurs :

```
if (a>b) max = a; else max = b;
```

Par ailleurs, si la partie *alors* ou la partie *sinon* comportent plusieurs énoncés, il faudra les regrouper dans un bloc.

```
// résolution de l'équation du second degré
// ax²+bx+c=0, avec x≠0
Δ = (b*b)-4*a*c;
if (Δ>=0) { //calcul des racines réelles
   r1 = (-b+Math.sqrt(Δ))/(2*a);
   r2 = (-b-Math.sqrt(Δ))/(2*a);
}
else { //calcul des racines complexes
   r1 = r2 = -b/(2*a);
   i1 = Math.sqrt(-Δ)/(2*a);
   i2 = -i1;
}
```

Enfin, comme dans l'exemple suivant, il est possible d'omettre la partie *sinon* de l'énoncé conditionnel.

```
// x un entier quelconque
if (x<0) x = -x;
// x un entier positif
```

Java propose également un opérateur ternaire qui définit une *expression* conditionnelle. Sa forme générale est :

```
B ? e1 : e2
```

Cette expression a pour valeur le résultat de l'évaluation de l'*expression* e_1 si B est vrai, sinon c'est celui de l'*expression* e_2.

Dans certains cas, le remplacement de l'énoncé *si-alors-sinon* par cette expression permet d'alléger l'écriture de l'application. Pour le calcul du maximum, on préférera écrire :

```
max = (a>b) ? a : b;
```

Notez que la partie *sinon* de l'expression conditionnelle est *toujours* présente.

1.5.4 L'énoncé switch

L'énoncé **switch** de JAVA permet d'exécuter un ou plusieurs énoncés particuliers parmi d'autres selon la valeur d'une expression de type entier, caractère, énuméré *et*, depuis la version 7, `String`[19]. Le plus souvent, il offre un raccourci syntaxique pour un ensemble de *si-alors-sinon* emboîtés.

```
char opérateur;
// calculer c = a op b, avec op = + - x ou /
if (opérateur == '+') c = a + b;
else
   if (opérateur == '-') c = a - b;
   else
      if (opérateur == 'x') c = a * b;
      else // opérateur == '/'
           c = a / b;
```

Les énoncés conditionnels précédents s'écrivent avec un **switch** :

```
// calculer c = a op b, avec op = + - x ou /
switch (opérateur) {<
   case '+' :  c = a + b; break;
   case '-' :  c = a - b; break;
   case 'x' :  c = a * b; break;
   case '/' :  c = a / b; break;
}
```

Les valeurs que peut prendre l'expression (ici `opérateur`) sont introduites par le mot-clé **case**. Lorsque les énoncés associés à la valeur sont

19. Types énumérés et `String` cf. chapitre 2.

exécutés, l'achèvement de l'énoncé **switch** doit être explicité à l'aide de l'énoncé **break** [20].

Il existe une valeur spéciale, appelée **default**. À cette dernière, il est possible d'associer un ou plusieurs énoncés, qui sont exécutés lorsque l'expression renvoie une valeur qui ne fait pas partie de la liste des valeurs énumérées.

```
// calculer c = a op b, avec op = + - x ou /
switch (opérateur) {
   case '+' :  c = a + b; break;
   case '-' :  c = a - b; break;
   case 'x' :  c = a * b; break;
   case '/' :  c = a / b; break;
   default  :  System.err.println("opérateur inconnu");
}
```

Un énoncé peut être associé à plusieurs valeurs comme le montre l'exemple suivant :

```
switch (opérateur) {
   case '+' :
   case '-' :  System.out.println("op additif");
               break;
   case 'x' :
   case '/' :  System.out.println("op multiplicatif");
               break;
   default  :  System.err.println("opérateur inconnu");
}
```

1.5.5 L'énoncé while

L'énoncé itératif **while** possède la forme suivante :

```
while (B) E
```

20. ou **return**. Cette instruction a pour effet de terminer la méthode qui l'exécute.

L'énoncé E est exécuté répétitivement tant que l'évaluation de l'expression booléenne B a pour valeur **true**. Notez que l'énoncé E peut ne pas être exécuté du tout, si B a pour valeur **false** dès le début. Le fragment de code suivant calcule la factorielle de l'entier naturel n.

```
// n ⩾ 0
i = 0;
fact = 1;
while (i<n) {
    // invariant : fact = i! et i<n
    i++;
    fact *= i;
}
// i = n et fact = n!
```

1.5.6 L'énoncé do-while

Cet énoncé itératif possède la forme suivante :

```
do E while (B);
```

L'énoncé E est exécuté répétitivement tant que l'évaluation de l'expression booléenne B a la valeur **true**. La différence essentielle avec l'énoncé **while** est l'exécution au moins une fois de l'énoncé E. L'exemple suivant écrit sur la sortie standard (*i.e.* l'écran) la somme des chiffres d'un entier naturel n. Par exemple, si $n = 426$, le résultat affiché est 12.

```
// n un entier ⩾ 0
int somme = 0;
do {
    somme += n % 10;
    n /= 10;
} while (n != 0);
System.out.println(somme);
```

1.5.7 L'énoncé for

Depuis sa version 5, le langage JAVA propose deux formes d'énoncé itératif **for**. La première, dès l'origine du langage, possède la syntaxe suivante :

```
for (e1 ; e2 ; e3) E
```

Cet énoncé est en fait équivalent à :

```
e1;
while (e2) {
   E
   e3;
}
```

L'expression e_1 est exécutée une seule fois, elle sert d'initialisation ; l'expression booléenne e_2 correspond au test d'achèvement de la boucle et l'expression e_3 définit l'incrément de boucle.

Dans l'exemple suivant, on calcule la somme des `n` premiers nombres impairs. Notez que la variable `i` est déclarée dans l'en-tête de la boucle. Cette variable est locale à la boucle et n'est pas visible à l'extérieur de celle-ci.

```
int somme = 0;
int impairs = 1;
for (int i = 0; i < n; i++) {
   somme += impairs;
   impairs += 2;
}
// somme = n*n
```

1.5.8 L'énoncé foreach

La version 5.0 de JAVA a introduit une seconde forme d'énoncé **for**, appelée aussi énoncé foreach. Cet énoncé utilise le même mot-clé, mais ne s'applique qu'à des objets formés de composants : tableaux, énumérations et collections [21]. Sa syntaxe est la suivante :

```
for (T x : O) E
```

La variable x prend successivement toutes les valeurs des composants d'objet O. Pour chacune de ces valeurs, qui sont de type T, l'énoncé E est exécuté. Le nombre d'itérations est donc égal au nombre de composants de l'objet O. Aucun test de fin de boucle n'est requis. La finitude de la boucle est garantie par l'énoncé.

1.5.9 Énoncés break et continue

Nous avons déjà vu que l'énoncé **break** permettait de sortir de façon inconditionnelle d'un énoncé **switch**. Cet énoncé peut aussi être employé dans n'importe quel énoncé répétitif. Il provoquera l'arrêt de l'itération et le passage à l'énoncé qui suit immédiatement la boucle.

L'énoncé **continue** s'utilise uniquement avec les énoncés itératifs. Son exécution provoque un passage immédiat à l'itération suivante.

Hormis l'utilisation du **break** dans un énoncé **switch**, l'emploi de ces deux instructions (**break** et **continue**) dans les énoncés itératifs est à éviter. Cela conduit en général à un mauvais style de programmation.

1.5.10 Énoncé return

Comme les deux énoncés précédents, l'énoncé **return** provoque une sortie inconditionnelle. Il peut apparaître n'importe où dans une méthode et a pour effet de terminer la méthode provoquant le retour à son contexte d'appel.

Lorsque la méthode est une fonction, c'est-à-dire qu'elle renvoie un résultat, l'énoncé **return** est accompagné d'une expression. La valeur du résultat de son évaluation est renvoyée au contexte d'appel de la fonction.

21. Cf. chapitres 2 et 9.

Le type de l'expression doit être *compatible* avec celui déclaré dans l'en-tête de la méthode.

1.5.11 Énoncé assert

D'une façon générale, une assertion est une affirmation qui décrit une propriété d'un objet ou d'un énoncé. Cette affirmation doit être vérifiée pour garantir la validité du programme. Depuis la version 1.4 de JAVA, l'énoncé `assert` décrit une assertion définie par une expression *booléenne*. Notez toutefois que le caractère booléen de l'assertion est assez réducteur. Bien souvent, les programmes utilisent des assertions avec les quantificateurs de la logique du premier ordre que cet énoncé ne pourra exprimer.

Cet énoncé peut prendre les deux formes suivantes :

```
assert B; // ou
assert B : e;
```

Dans sa première forme, l'expression booléenne B doit être vraie au moment de son exécution. Si elle est fausse, l'exception `AssertError` est levée[22] afin de signaler que l'affirmation n'a pas été respectée. La seconde forme fonctionne de façon similaire, mais l'expression e est transmise à l'exception pour enrichir le message d'erreur.

Certaines affirmations (antécédents, conséquents, invariants) données par des commentaires pourront être remplacées par des énoncés `assert` afin d'en permettre une vérification à l'*exécution*.

Par exemple, on remplace le conséquent du calcul de la somme des n premiers nombres impairs donné à la page 22 par :

```
assert somme == n*n;
```

Dans l'exemple de la page 19, le commentaire du troisième **`else`** affirme que l'opérateur ne peut être que la division. On le remplace par la

22. Cf. chapitre 6.

seconde forme de l'énoncé `assert`. Si l'affirmation n'est pas vérifiée, l'erreur signalée par l'exception indiquera la valeur de l'opérateur à l'origine du problème.

```
// calculer c = a op b, avec op = + - x ou /
if (opérateur == '+') c = a + b;
else
   if (opérateur == '–') c = a – b;
   else
      if (opérateur == 'x') c = a * b;
      else {
           assert opérateur == '/' : opérateur;
           c = a / b;
      }
```

À l'exécution, les vérifications des assertions ont un coût qui peut entraîner une dégradation des performances de l'application. Aussi, par défaut, les énoncés `assert` *ne sont pas* exécutés. L'utilisateur doit forcer la vérification des assertions à l'aide d'une option particulière, `-ea`, de l'interprète JAVA [23].

23. Cf. chapitre 11.

2 Les objets de base

Dans ce chapitre, nous présentons plusieurs objets de base du langage JAVA. Nous commencerons par les chaînes de caractères avec les classes qui les définissent. Nous présenterons ensuite les conteneurs qui sont la correspondance sous forme de classe des types élémentaires vus au chapitre précédent. Enfin, nous terminerons avec les tableaux et les types énumérés.

2.1 Les chaînes de caractères

Une constante littérale chaîne de caractères est une suite de caractères dénotée entre guillemets. Tous les caractères du jeu UNICODE sont autorisés, y compris leur représentation spéciale (préfixées par \). Par exemple, la constante `"bonjour\nà tous \u2665"` représente les mots `bonjour` et `à tous`, séparés par un passage à la ligne, et suivis du symbole ♥.

Le paquetage `java.lang` de l'API JAVA définit deux classes, `String` et `StringBuilder`[1], pour créer et manipuler des chaînes de caractères. Les objets de type `String` sont des chaînes constantes, *i.e.* une fois créées, elles ne peuvent plus être modifiées. Au contraire, les chaînes de type `StringBuilder` peuvent être modifiées dynamiquement.

JAVA définit l'opérateur + qui concatène deux chaînes, et d'une façon générale deux objets munis, de fait, de la méthode `toString`. Le rôle de cette méthode est de renvoyer une représentation, sous forme de chaîne de caractères, de l'objet sur lequel elle s'applique.

1. Dans un contexte multithreads, utilisez la classe `StringBuffer`.

Pour les deux classes, la méthode `length` renvoie le nombre de caractères contenus dans la chaîne courante et la méthode `charAt` le caractère dont la position dans la chaîne courante est passée en paramètre. La position du premier caractère est toujours égale à 0, et celle du dernier `length()−1`. La classe `StringBuilder` définit la méthode `setLength` qui permet de modifier la longueur de la chaîne et `setCharAt` qui permet d'affecter un caractère à une position donnée.

```
String s = "Bonjour";
System.out.println(s.length() + " " + (s.charAt(3)));
StringBuilder sb = new StringBuilder("Bonjour");
sb.setLength(8);
sb.setCharAt(7,'!');
System.out.println(sb);
```

```
7 j
Bonjour!
```

La méthode booléenne `equals` teste l'égalité de la chaîne courante et de son paramètre. La méthode `compareTo` compare, selon l'ordre lexicographique sur le jeu Unicode, la chaîne courante avec une chaîne passée en paramètre. Elle renvoie 0 si les chaînes sont identiques, une valeur entière négative si l'objet courant est inférieur au paramètre, et une valeur entière positive si l'objet courant lui est supérieur.

```
String s = "abracadabra";

System.out.print(s.equals("abracadabra"));
System.out.println(" " + s.equals("zoo"));
// s < "zoo"
System.out.print(s.compareTo("zoo"));
// égalité
System.out.print(" " + s.compareTo("abracadabra"));
// s > "abaque"
System.out.print(" " + s.compareTo("abaque"));
```

```
true false
-25 0 17
```

L'API définit la classe `java.text.Collator` qui connaît les règles de comparaisons spécifiques à différentes langues internationales. Par exemple, on souhaite en français que le É précède le F. À la création d'une instance de type `Collator`, on indique le langage désiré, grâce à une instance particulière de la classe `Locale`[2], puis on utilise la méthode `compare` à laquelle on passe en paramètre les deux chaînes à comparer. Le résultat de la comparaison suit la même convention que celle de `compareTo`.

```
import java.text.Collator;
import java.util.Locale;
...
// Éléonor > Fabien
System.out.print("Éléonor".compareTo("Fabien"));
// Éléonor < Fabien (en français)
Collator fr = Collator.getInstance(Locale.FRENCH);
System.out.println(fr.compare("Éléonor", "Fabien"));
```

```
131 -1
```

Parmi les nombreuses méthodes définies dans la classe `String`, en voici quelques-unes couramment utilisées :

int	`indexOf(`**int** `c,` **int** `p)` renvoie la position du caractère c à partir de la position p
int	`indexOf(String s)` renvoie la position de la sous-chaîne s
int	`indexOf(String s,` **int** `p)` renvoie la position de la sous-chaîne s à partir de la position p
`String`	`substring(`**int** `p)` renvoie la sous-chaîne à partir de la position p
`String`	`toLowerCase()` renvoie la conversion de la chaîne en minuscules
`String`	`toUpperCase()` renvoie la conversion de la chaîne en majuscules

2. La classe `Locale` permet de représenter des particularités linguistiques, culturelles, ... d'un pays ou d'une région donnée. Elle propose un certain nombre de constantes prédéfinies pour plusieurs pays : `Locale.CHINA`, `Locale.ITALY`, `Locale.US`, etc.

Le fragment de code suivant affiche toutes les positions de la sous-chaîne `modèle` dans la chaîne `texte`.

```
int pos = 0; // position du modèle dans le texte
while ((pos = texte.indexOf(modèle, pos)) != -1)
        System.out.println(pos++);
```

Les principales méthodes de `StringBuilder` sont les méthodes `append` et `insert`. Ces méthodes sont surchargées (cf. chapitres 3 et 4) de telle sorte qu'elles puissent ajouter ou insérer dans la chaîne courante des objets de n'importe quel type. L'ajout se fait toujours en fin de chaîne, alors que l'insertion a lieu à la position passée en paramètre.

```
StringBuilder sb1 = new StringBuilder("Bonjour");
sb1.append('!');

StringBuilder sb2 = new StringBuilder("sin() = ");
double x = 0.5;
sb2.insert(4,x);
sb2.append(Math.sin(x));
System.out.println(sb1 + " " + sb2);
```

```
Bonjour! sinus(0.5) = 0.47942553860420
```

Enfin, les deux méthodes suivantes permettent la suppression d'un ou plusieurs caractères dans la chaîne courante. Elles renvoient toutes les deux une référence sur la chaîne modifiée.

`StringBuilder`	`deleteCharAt(int p)` supprime le caractère à la position p
`StringBuilder`	`delete(int p1, int p2)` supprime les caractères entre les positions p1 et p2

Ci-dessous, un exemple de leur utilisation :

```
StringBuilder sb = new StringBuilder("abracadabra");
System.out.print(sb.deleteCharAt(4));
System.out.print(" " + sb.delete(2,6));
System.out.println(" " + sb);
```

```
abraadabra ababra ababra
```

2.2 Les conteneurs

Pour chacun des types élémentaires du langage, l'API de JAVA fournit une classe qui donne la *version objet* du type de base. Ces classes sont appelées *conteneurs*. Leur correspondance est donnée dans le tableau 2.1 suivant :

Type élémentaire	Classe conteneur
byte	Byte
short	Short
int	Integer
long	Long
float	Float
double	Double
char	Character

Tableau 2.1 Types simples et leurs conteneurs

Depuis la version 5.0 du langage, les conversions entre les types élémentaires et leurs conteneurs sont implicites :

```
Integer i = new Integer(254); // avant
Integer i = 254; // maintenant
char c =  new Character('z'); // valide
```

Toutes les classes conteneurs fournissent de nombreux constructeurs, variables et méthodes. Les constructeurs possèdent un paramètre dont le type est celui du type élémentaire ou une chaîne de caractères. Nous allons présenter les principales méthodes de ces classes.

Ces classes possèdent toutes en commun les deux méthodes suivantes héritées de la classe `Object` [3] :

boolean	`equals(Object o)` teste l'égalité avec le paramètre `o`
`String`	`toString()` renvoie la représentation sous forme de chaîne de caractères de l'objet

3. La classe `Object` est l'ancêtre commun de toute classe JAVA, cf. chapitre 4.

Le paramètre de la méthode `equals` est un `Object`, ce qui autorise une comparaison avec n'importe quel type d'objet. Le code suivant en donne un exemple d'utilisation :

```
Integer i = 254;
System.out.print(i.equals(254));
System.out.print(" " + i.equals(new Long(254)));
System.out.println(" " + i);
```

```
true false 254
```

Notez que dans la dernière instruction, l'appel à la méthode `toString` est implicite.

2.2.1 Byte, Short, Integer, Long

Pour chacun de ces quatre types, il existe deux constantes symboliques qui représentent l'entier minimum et l'entier maximum. Ces constantes sont données par le tableau 2.2.

Type	Minimum	Maximum
byte	Byte.MIN_VALUE	Byte.MAX_VALUE
short	Short.MIN_VALUE	Short.MAX_VALUE
int	Integer.MIN_VALUE	Integer.MAX_VALUE
long	Long.MIN_VALUE	Long.MAX_VALUE

Tableau 2.2 Minimum et maximum des types entiers

Ces classes possèdent des méthodes assez semblables qui ne diffèrent que par les types des paramètres ou des valeurs renvoyées. Nous donnons celles de la classe `Integer`. La transposition pour les autres classes est évidente.

La grande majorité des méthodes proposées par ces classes sont des méthodes (statiques) de conversion, voici les quatre principales :

static Integer	valueOf(**int** i) convertit l'entier i en Integer
static Integer	valueOf(String s) convertit la chaîne de caractères s en Integer
int	intValue() convertit l'objet en **int**
static int	parseInt(String s) convertit en **int** la chaîne de caractères s
static String	toString(**int** i) renvoie l'entier i sous forme d'une chaîne de caractères

Ces classes fournissent également des méthodes de conversion vers les autres types, ainsi que des méthodes de changement de base.

```
Integer i = Integer.valueOf("234");
int j = Integer.parseInt("234");
System.out.print(i.intValue()==j);
// 234 en base 16
System.out.print(" " + Integer.toString(j,16));
Long l = 123567;
System.out.println(" "  + l.doubleValue());
String s = Double.toString(345.56); // s = "345.56"
```

```
true ea 123567.0
```

2.2.2 Float, Double

Ces deux types réels possèdent chacun une valeur minimale et une valeur maximale données par les constantes symboliques du tableau 2.3.

Type	Minimum	Maximum
float	Float.MIN_VALUE	Float.MAX_VALUE
double	Double.MIN_VALUE	Double.MAX_VALUE

Tableau 2.3 Minimum et maximum des types réels

Les classes Float et Double définissent en plus les identificateurs de constantes POSITIVE_INFINITY et NEGATIVE_INFINITY qui représentent des valeurs hors du domaine de définition, et NaN (*Not a Number*) qui représente un résultat illégal.

```
System.out.print(-123.4 / 0);
System.out.print(" " + Math.sqrt(2*Double.MAX_VALUE));
System.out.println(" " + Math.sqrt(-8));
```

```
-Infinity Infinity NaN
```

Ces deux classes contiennent également les méthodes présentées dans le paragraphe précédent.

2.2.3 Boolean

En plus des méthodes déjà présentées, cette classe définit les deux constantes symboliques FALSE et TRUE.

```
boolean b = Boolean.parseBoolean("true") ;
// boolean b = true
System.out.println(Boolean.valueOf(b)==Boolean.TRUE);
```

```
true
```

2.2.4 Character

Cette classe définit de nombreuses constantes et méthodes pour classer par catégorie et pour convertir les caractères Unicode. Ces catégories de caractères sont représentées par des constantes symboliques entières (de type **byte**) comme par exemple UPPERCASE_LETTER, MATH_SYMBOL ou encore CONTROL.

Pour classer ou déterminer la catégorie d'un caractère, la classe propose les méthodes données par le tableau suivant :

static int	getType(**char** c) renvoie la catégorie du caractère c
static boolean	isDigit(**char** c) indique si le caractère c est un chiffre

static boolean	`isLetter(char c)` indique si le caractère c est une lettre
static boolean	`isLowerCase(char c)` indique si le caractère c est une lettre minuscule
static boolean	`isUpperCase(char c)` indique si le caractère c est une lettre majuscule
static boolean	`isWhitespace(char c)` indique si le caractère c est un espace

Voici un exemple simple d'utilisation de certaines de ces fonctions :

```
char c = .....;
if (Character.getType(c) == Character.CONTROL)
    System.out.println("caractère de contrôle");

System.out.print(Character.isDigit('1'))
System.out.println(" " + Character.isLowerCase('z'))
```

```
true true
```

Les méthodes suivantes proposent des fonctions de conversion. La première renvoie la valeur entière du caractère en paramètre, les deux suivantes convertissent les lettres minuscules (resp. majuscules) en lettres majuscules (resp. minuscules).

static int	`getNumericValue(char c)` valeur entière du caractère c
static char	`toLowerCase(char c)` convertit la lettre c en minuscule
static char	`toUpperCase(char c)` convertit la lettre c en majuscule

L'exemple suivant montre l'utilisation de certaines de ces méthodes. Remarquez que, si la conversion ne peut se faire, le caractère renvoyé est celui passé en paramètre.

```
System.out.print(Character.getNumericValue('6'));
System.out.print(Character.getNumericValue('B'));
```

```
System.out.print((int) 'B'); // l'ordinal de 'B'
System.out.print(Character.toLowerCase('É'));
System.out.println(" " + Character.toLowerCase('2'));
```

```
6 11 66 é 2
```

2.3 Les tableaux

Un tableau est un agrégat de composants, objets élémentaires ou non, de *même* type. L'accès aux composants se fait par un indice calculé. Une déclaration de tableau possède la forme suivante :

```
Tc [] t;
```

où T_c est le type des composants du tableau `t`. Par exemple, les déclarations d'un tableau d'entiers `ti` et de dates `td` s'écrivent :

```
int [] ti;  // un tableau d'entiers
Date [] td; // un tableau de dates
```

Il est important de comprendre que cette déclaration ne crée pas les composants du tableau. Remarquez qu'elle n'indique pas non plus leur nombre. Elle définit simplement une *référence* à un objet de type tableau. La création des composants du tableau se fait *dynamiquement* à l'exécution du programme. Comme pour tous les objets [4], celle-ci doit être explicitée à l'aide de l'opérateur **new** qui en précise leur nombre.

```
ti = new int [10];
td = new Date [5];
```

La première instruction crée un tableau de dix composants de type **int**, et la seconde, un tableau de cinq composants de type `Date`. Notez bien que les composants du tableau `td` *sont des références* et que les objets de classe `Date` *ne sont pas instanciés*. Le nombre de composants d'un tableau est fixé une bonne fois pour toutes lors de sa création et chaque instance de

4. Cependant, l'héritage n'est pas autorisé sur les tableaux.

tableau possède une variable, `length`, dont la valeur est égale au nombre de composants.

Par défaut, les composants du tableau sont initialisés à `0`, `0.0`, **`false`**, `'\u0000'` ou **`null`** selon leur type entier, réel, booléen, caractère ou référence.

Une autre façon de créer les composants d'un tableau consiste à énumérer leurs valeurs lors de la déclaration ou lors de l'utilisation de **`new`**. Le tableau `ti` suivant est formé de trois composants dont les valeurs sont `4`, `−5` et `12`, et le tableau `td` contient deux références, une à **`null`**, l'autre sur une instance d'un objet de type `Date`.

```
int [] ti = { 4, −5, 12 };
Date [] td = { null, new Date() };
// ou après déclaration
ti = new int [] { 4, −5, 12 };
td = new Date [] { null, new Date() };
```

Le type des indices des tableaux est *toujours* un intervalle d'entiers dont la borne inférieure est zéro et la borne supérieure le nombre de composants moins un. Le premier composant, `t[0]`, est à l'indice 0, le deuxième, `t[1]`, à l'indice 1, etc. Le dernier composant est `t[t.length−1]`. Si l'indice utilisé n'appartient pas au type des indices du tableau, l'erreur produite par la notation `t[i]` sera signalée à l'exécution [5].

Dans la mesure où une variable de type tableau est une référence à une instance de tableau, les instructions suivantes sur des tableaux de *même* type n'affectent pas les composants de `t2` à `t1` et ne comparent pas les composants des tableaux `t1` à ceux de `t2`.

```
t1 = t2
t1 == t2
```

Au contraire, elles affectent et comparent les *références* à ces deux tableaux. Notez que cette situation se produit également lors du passage d'un

5. Par l'exception `ArrayIndexOutOfBoundsException`.

tableau en paramètre[6] d'une méthode. Seule la référence au tableau est transmise par valeur.

Pour affecter tous les composants d'un tableau à un autre (quel que soit le type des éléments) on utilise la méthode `Arrays.copyOf`, et pour les comparer la méthode `Arrays.equals` du paquetage `java.util`. La classe `Arrays` offre tout un ensemble d'opérations sur les tableaux, comme des méthodes de tri ou de recherche, mais aussi de conversion en flots d'éléments ou *streams*[7].

```
import java.util.Arrays;
...
int [] t1, t2 = { 4,  5, 9, -3, 6, 12};
t1 = Arrays.copyOf(t2,t2.length);
System.out.println(Arrays.equals(t1,t2));
System.out.println(t1 == t2);
```

```
true false
```

Notez que le second paramètre, le nombre d'éléments à copier, peut être différent du nombre exact d'éléments du tableau à copier, permettant ainsi de dupliquer, d'agrandir ou de rétrécir un tableau. Une seconde méthode, `copyOfRange`, agit de façon similaire mais sur un intervalle d'éléments.

```
t1 = Arrays.copyOfRange(t2, 2, 4);
System.out.println(t1[0]);
```

```
9
```

Le fragment de code suivant initialise un tableau de réels `t` de telle façon que `t[i] == i`.

```
for (int i=0; i<t.length; i++)
    t[i] = i;
```

Le calcul de la somme des composants s'écrit élégamment à l'aide de l'énoncé *foreach* :

6. Et plus généralement, pour toute instance d'objet.
7. Cf. le chapitre 9, page 185

```
double somme = 0.0;
for (double x : t) somme += x;
```

2.3.1 Paramètres de l'application

La méthode `main`, par laquelle commence l'exécution d'une application JAVA, possède un paramètre formel de type tableau de chaînes de caractères (`String`), appelé conventionnellement `args`. Ce tableau contient les paramètres de commande passés au moment de l'exécution de l'application. Le premier est dans `args[0]`, le second dans `args[1]`, et ainsi de suite jusqu'au dernier dans `args[args.length-1]`.

La méthode `main` suivante évalue une simple expression arithmétique avec deux opérandes entiers et un opérateur $+$, $-$, $\times$ ou $/$[8]. Les opérandes sont `args[0]` et `args[2]` ; l'opérateur est `args[1]`. Pour être valide, l'exécution doit posséder trois paramètres de commande exactement. Notez que, puisque `args[0]` et `args[2]` sont des chaînes de caractères, leur conversion sous forme d'entiers est nécessaire pour l'évaluation de l'expression.

```
public static void main(String [] args) {
   if (args.length != 3)
        // pas le bon nombre de paramètres
        System.err.println("Usage : int op int");
   else {
         int res = 0,
             opG = Integer.parseInt(args[0]),
             opD = Integer.parseInt(args[2]);
         // opG et opD sont des opérandes entiers
         // ⇒ évaluer l'expression
         switch (args[1]) {
            case "+" :  res = opG + opD; break;
            case "-" :  res = opG - opD; break;
            case "x" :  res = opG * opD; break;
            case "/" :  res = opG / opD;
```

8. On ne s'occupera pas du contrôle de la division par 0, ni de la validité de la syntaxe de l'opération.

```
        }
        System.out.println(res);
    }
}
```

Notez que dans le code précédent, l'expression qui gouverne l'énoncé **switch** est de type `String`, dont l'usage est autorisé depuis la version 7 de JAVA.

Si la classe qui contient la méthode `main` précédente s'appelle `Cal`, les paramètres de commande sont donnés dans la commande d'exécution de la machine virtuelle JAVA, comme dans l'exemple suivant :

```
java Cal 4 x 5
```

```
20
```

2.3.2 Tableau à plusieurs dimensions

Lorsque les composants d'un tableau sont eux-mêmes des tableaux, on parle de tableau de tableaux, et par abus de langage de tableau à plusieurs dimensions. JAVA ne limite pas le nombre de dimensions d'un tableau, mais dans la pratique, les programmes utilisent le plus souvent des tableaux à deux dimensions et beaucoup plus rarement à trois dimensions. Un tableau à deux dimensions permet de représenter la notion mathématique de matrice.

On déclare un tableau `t` à n dimensions dont les composants sont de type T_c avec n paires de crochets :

```
Tc [][][] ... [] t;
```

La création des composants du tableau `t` est explicitée à l'aide de l'opérateur **new**. Pour chacune des dimensions, on indique son nombre de composants :

```
t = new Tc [N1][N2] ... [Nn];
```

Par exemple, les déclarations d'une matrice de réels et d'un tableau à trois dimensions de booléens s'écrivent comme suit :

```
double [][] matrice;
boolean [][][] tabBool;
```

Les créations de $m \times n$ composants de la matrice (m lignes et n colonnes) et de $m \times n \times p$ composants du tableau de booléens s'écrivent :

```
matrice = new double[m][n];
tabBool = new boolean[m][n][p];
```

Notez qu'il est également possible de construire les composants du tableau en spécifiant leurs valeurs initiales. Chacune des dimensions est donnée entre accolades.

```
// matrice 2 × 3
double [][] matrice = { { 1, 2, 3 }, { 4, 5, 6 }};
// tabBool 2 × 2 × 3
tabBool = new boolean [][][] {
        { {true , true, true}, {false, false, false} },
        { {false , false, false}, {true, true, true} }
};
```

L'accès aux composants de la matrice se fait par une double indexation, et celui à ceux de `tabBool` par une triple indexation : `matrice[i][j]` et `tabBool[i][j][k]`. Les indices sont toujours compris entre 0 et le nombre de composants de la dimension moins un. Comme toujours, chaque composant de type tableau possède la variable `length` qui donne son nombre d'éléments.

Le fragment de code suivant initialise la matrice de réels de telle façon que chacun de ses composants soit égal à `i*n+1`.

```
double k = 1;
for (int i = 0; i<matrice.length; i++)
    // initialiser la ligne i
    for (int j = 0; j<matrice[i].length; j++)
        matrice[i][j] = k++;
```

Le fragment de code suivant convertit la matrice de réels précédente en chaîne de caractères. Notez l'utilisation de l'énoncé *foreach* pour parcourir les deux dimensions de la matrice.

```
String s = "";
// parcourir toutes les lignes de la matrice
for (double[] ligne : matrice) {
    // convertir la ligne courante
    s += "| ";
    for (double x : ligne)
        s += x + " ";
    s += "|\n";
}
```

Appliqué à une matrice 4×2, l'affichage de la chaîne `s` produit :

```
| 1.0 2.0 |
| 3.0 4.0 |
| 5.0 6.0 |
| 7.0 8.0 |
```

Puisqu'un tableau à plusieurs dimensions est un tableau de tableaux, les composants de type tableau (*e.g.* `matrice[1]`) sont des *références* sur des tableaux. Cela autorise un nombre de composants différents par dimension. Il n'est pas obligatoire de créer toutes les composantes en une seule fois. Il est ainsi possible d'écrire :

```
double [][] matrice = new double [m][];
matrice[0] = new double[5];
 ...
matrice[3] = new double[10];
```

La variable `matrice` désigne un tableau de `m` composants initialisés à **`null`**. Par la suite, chacun des composants pourra être créé individuellement. Dans le code suivant, la première ligne de la matrice possède 5 colonnes, alors que la quatrième en possède 10.

2.4 Les énumérations

Une façon de définir un type est d'en énumérer les valeurs. Les types énumérés ont été introduits dans la version 6 du langage, et ne sont pas à confondre avec la classe `Enumeration` de l'API (cf. page 190). Les énumérations de JAVA ne permettent d'énumérer que des constantes représentées par des noms. La déclaration de type est introduite par le mot-clé `enum`, et ne peut être locale à une méthode. L'exemple suivant définit le type `Couleurs` à cinq valeurs :

```
enum Couleurs { vert, bleu, gris, rouge, jaune }
```

Le type `enum` de JAVA n'est pas un type élémentaire (comme c'est le cas dans de nombreux langages de programmation) et le langage ne définit pas d'opérateurs sur les énumérations. Ce sont des objets issus de la classe `java.lang.Enum`. La manipulation des énumérations se fera à l'aide des méthodes de cette classe.

Par exemple, la méthode `values` renvoie l'ensemble des valeurs de l'énumération. À l'aide de l'énoncé *foreach*, le fragment de code suivant écrit sur la sortie standard toutes les valeurs du type énuméré `Couleur`.

```
enum Couleurs { vert, bleu, gris, rouge, jaune }
...
for (Couleurs c : Couleurs.values())
    System.out.println(c);
```

Pour convertir les valeurs d'un type énuméré en chaînes de caractères et réciproquement, on utilise deux méthodes. La méthode `name` convertit le nom d'une valeur en `String`, alors que la méthode `valueOf` fait l'opération inverse. Ci-dessous, un exemple de leur utilisation. Notez que la dernière instruction provoque une erreur.

```
String s = Couleurs.jaune.name();
// s == "jaune"
Couleurs c = Couleurs.valueOf("jaune");
// c == Couleurs.jaune
Couleurs c = Couleurs.valueOf("noir"); // erreur
```

D'autre part, la méthode ordinal renvoie l'ordinal, c'est-à-dire le numéro d'ordre, d'une valeur du type énuméré. Le numéro d'ordre de la première valeur est 0.

```
System.out.print(Couleur.vert.ordinal());
System.out.println(Couleur.jaune.ordinal());
```

```
0 2
```

La déclaration d'une énumération peut être plus complexe que celle donnée par Couleur. Elle s'apparente à celle d'une classe telle qu'elle vous sera présentée dans le chapitre suivant. Elle peut comporter des variables, des méthodes et un constructeur.

À chaque valeur de l'énumération, il est possible d'associer d'autres valeurs de types *quelconques*. Dans la classe suivante, on associe les dates de naissance et de décès d'auteurs français célèbres.

```
enum Auteurs {
        Molière(1622,1673), Voltaire(1694,1778),
        Hugo(1802,1885), Sartre(1905,1980);
        // les années de naissance et de mort
        // de chaque auteur
        int naissance,décès;
        // le constructeur
        Auteurs(int naissance, int décès) {
              this.naissance = naissance;
              this.décès = décès;
        }
        // pour calculer l'âge d'un auteur
        int âge() {
              return décès - naissance;
        }
}
```

L'énumération comporte deux variables entières qui correspondent aux années de naissance et de décès des auteurs énumérés. Pour chaque auteur, le constructeur initialise ces deux dates et la méthode âge renvoie leur différence.

Le fragment de code suivant affiche pour chaque auteur le nombre d'années qu'il a vécu.

```
for (Auteurs a : Auteurs.values())
    System.out.println(a + " a vécu " + a.âge() +" ans.");
```

```
Molière a vécu 51 ans.
Voltaire a vécu 84 ans.
Hugo a vécu 83 ans.
Sartre a vécu 75 ans.
```

3 Le modèle objet de Java

Guidés par les besoins d'évolution d'un exemple, ce chapitre et le suivant, couvrent l'essentiel des mécanismes *objets* de Java. Nous commencerons par les bases du modèle *classe-instance* qui trouvent en Java une mise en œuvre claire et très bien intégrée dans les préoccupations actuelles du développement de logiciels.

3.1 Un fil rouge

Nous nous appuierons, tout au long de ce chapitre et du suivant, sur une seule et même application Java, qui nous servira en quelque sorte de *fil rouge*. Il s'agit d'un programme simple dont l'origine se perd dans les méandres des exemples et exercices traditionnels de l'apprentissage d'un autre langage, Lisp, dans quelque université parisienne...

L'objectif est l'implémentation d'un *jeu* qui consiste en l'utilisation d'un robot manipulateur de cubes posés sur une table. Notre robot, appelons-le Azertyuiop, évolue dans un monde très simple qui comprend une table (de taille infinie) et un ensemble de cubes posés sur la table. Il dispose d'une main pour manipuler les cubes. Le nombre de cubes doit être déterminé au début du jeu. Notre robot obéit aux ordres donnés par l'utilisateur. Il peut répondre à quatre requêtes différentes :

1. `raconte` : pour décrire l'état du monde. Ceci permet de savoir très clairement où sont les cubes.
2. `aide` : pour afficher une aide sur les possibilités d'action.
3. `pose cube sur objet` : pour poser le cube désigné sur l'objet indiqué. Cet objet peut être un autre cube ou la table.
4. `quitte` : pour arrêter le jeu.

Le cœur du problème consiste bien entendu en la réalisation de la manipulation des cubes. Celle-ci doit répondre aux règles suivantes :

1. La table ne peut pas bouger.
2. Un cube est, soit sur un cube, soit sur la table.
3. On ne peut déplacer un cube que s'il est libre, à savoir qu'il ne porte aucun autre cube. AZERTYUIOP doit donc libérer ce cube et le cube destination avant le déplacement effectif, et ce de manière récursive.
4. L'ordre donné doit avoir un sens, *e.g.* `pose le cube 2 sur le cube 2` n'a pas de sens.

Notre solution sera complétée et évoluera au fur et à mesure de l'avancée dans les éléments du langage [1].

3.2 Les concepts

La programmation par objets repose sur un paradigme simple mais puissant. JAVA propose une vision claire et efficace de ce paradigme en écartant les mécanismes trop coûteux ou peu sûrs.

Le modèle objet retenu par JAVA regroupe la description et la définition des capacités de représentation et de manipulation des informations au sein d'une entité unique, la classe. Une classe doit être vue comme un *moule* à partir duquel le programmeur obtiendra des *objets*, par un mécanisme appelé l'instanciation. Lors de la création d'une instance, il sera effectivement créé une structure informatique en mémoire qui contiendra les valeurs des informations. Chaque instance d'une même classe sera seule propriétaire des valeurs affectées aux informations décrites dans la classe et disposera des capacités de traitement déterminées dans la classe. L'*héritage objet* consiste en la possibilité pour le programmeur de récupérer les caractéristiques (information et traitement) déjà définies dans une classe pour la définition d'une nouvelle classe.

Enfin, les concepteurs de JAVA, soucieux d'augmenter la fiabilité des programmes, ont tenu à promouvoir une discipline de développement

1. L'intégralité du code des deux versions de AZERTYUIOP est disponible sur le site `http ://go.polytechnice.fr/AideMemoireJava`.

en basant leurs outils de gestion des applications sur une structuration claire du code et de ses composants. Cette structure repose sur les notions d'unité de compilation et de paquetage.

3.3 La classe

Nous l'avons dit, une classe détermine les caractéristiques que posséderont ses instances, les *objets*. Mettons de côté l'aspect *brique de Lego* des classes vis-à-vis de l'application finale, qui relève de la méthodologie de programmation, au profit de l'aspect pratique. La classe est une sorte de moule qui, à volonté, sert à produire des entités similaires qui se distinguent les unes des autres par la valeur des informations qu'elles contiennent.

```
class Cube {
    // ici apparaissent les déclarations et définitions
    // des variables, constructeurs et méthodes.
}
```

Nous avons dans l'encadré précédent, un exemple de déclaration minimale valide d'une classe de nom `Cube`. Cette classe ne contient aucune déclaration, ni aucune définition, il s'agit de fait d'une classe vide. Le mot-clé **`class`** introduit une définition de classe dont les composants (s'il y en a...) doivent apparaître entre les accolades qui délimitent le champ de définition de la classe.

Une classe englobe entre deux accolades les différentes déclarations et définitions qui correspondent aux éléments qui la composent.

Analysons la classe `Cube` épurée mais proche de la définition de 95% des classes que vous serez amené à construire.

```
class Cube {
    static int nbPièces = 1;
    protected int numéro;
    private Cube sur;
    private Cube porte;
```

```
    Cube() {
        ...
    }
    public Cube quiJePorte() {
        ...
    }
    public Cube quiJePorte(Cube porte) {
        ...
    }
    public Cube quiMePorte() {
        ...
    }
    public Cube quiMePorte(Cube porte) {
        ...
    }
    public void quiJeSuis() {
        ...
    }
    public void vaEn(Cube dest) {
        ...
    }
}
```

Tout d'abord, sont décrites les informations, que nous désignerons sous le terme de variable [2] et qui seront propres à chaque objet issu de la classe ainsi que celles qui seront partagées par l'ensemble des instances.

```
class Cube {
    static int nbPièces = 1;
    protected int numéro;
    private Cube sur;
    private Cube porte;
    ...
}
```

Ensuite, la classe définit la façon dont seront construites ses instances, on parle de constructeur, ici `Cube()`. Nous en verrons toutes les subtilités dans un prochain paragraphe.

2. La terminologie pour désigner ces informations est très variée. Elle va de *champ*, traduction littérale de l'anglais *field*, au peut-être trop algorithmique *donnée*, en passant par le classique *variable* que nous avons retenu.

```
class Cube {
    ...
    Cube() {
        ...
    }
    ...
}
```

Puis, viennent les définitions des actions qui pourront être effectuées. Ces actions apparaissent sous la forme habituelle des procédures ou fonctions, mais on parle ici de *méthodes*.

Il est, là aussi, possible de définir des méthodes qui s'appliqueront uniquement à la classe et des méthodes liées aux objets. Nous distinguons donc les variables et méthodes d'instance des variables et méthodes de classe. La distinction se fait, lors de la déclaration ou de la définition des éléments concernés, par l'emploi du mot-clé **`static`** avant la définition de l'élément, comme pour la variable `nbPièces`. Sa présence détermine le lien à la classe et son absence, le lien à l'instance.

Cette approche par présence ou absence de mots-clés est employée systématiquement par JAVA pour apporter une sémantique spécifique aux différentes entités du langage. Ainsi, il est possible très simplement de fixer la nature, la visibilité ou encore l'usage qui peut être fait des éléments concernés. Ces mots-clés sont appelés des *qualificateurs* [3]. Leur nombre est limité et leurs noms sont assez significatifs pour rendre leur usage relativement intuitif. Voici donc un aperçu de la définition des méthodes de la classe `Cube` :

```
class Cube {
    ...
    public Cube quiJePorte() {
        ...
    }
    public Cube quiJePorte(Cube porte) {
        ...
```

3. Certains auteurs parlent aussi de *modificateurs*, considérant que leur usage *modifie* le comportement usuel, *i.e.* en leur absence.

```
    }
    ...
}
```

De manière générale, lors de la définition d'une classe, il est possible de déterminer, tout d'abord dans l'en-tête :

- Par la présence ou l'absence d'un qualificateur, sa visibilité (**`public`**, **`protected`**, ou **`private`**), l'impossibilité de construire une nouvelle classe à partir de cette classe par la présence de **`final`**, ou encore sa nature (**`abstract`**, **`static`** [4], ou **`strictfp`** [5]).
- Éventuellement la classe dont elle récupère les composants par héritage, la super-classe (ou encore sur-classe), indiquée directement après le mot-clé **`extends`** [6].
- La (ou les) capacité(s) qu'elle met en œuvre par implémentation d'interface(s). Ceci est indiqué par le mot-clé **`implements`** suivi du (des) nom(s) de la (des) interfaces implémentées [7].

Puis entre les accolades :

- Les informations contenues dans la classe ou dans ses instances par la déclaration des variables correspondantes dont elle fixe le type, la nature (**`static`**, **`final`**, **`transient`**, **`volatile`**) et la visibilité (**`public`**, **`protected`**, **`private`**).
- Des actions d'initialisation particulières qui seront effectuées au chargement de la classe. Ces actions doivent être regroupées dans un bloc, précédé ou non, suivant le type d'attribut concerné, du mot-clé **`static`**.
- La façon de s'instancier par la définition de constructeurs dont on ne peut spécifier, à l'aide de mot-clés, que la visibilité (**`public`**, **`protected`**, **`private`**). La liste des paramètres formels peut être

4. Ce qualificateur ne s'utilise que pour des classes internes (cf. chapitre 4).

5. Ce qualificateur indique que tout réel (expression, méthode) dans la classe est *FP-strict*, cf. IEEE 754.

6. Cf. chapitre 4.

7. Cf. chapitre 4.

suivie du mot-clé **throws** et de la liste des types d'exceptions qui peuvent être levées lors de l'exécution du constructeur [8].

- L'ensemble des capacités de traitement par la définition des méthodes (type de la valeur de retour, liste de paramètres typés et corps). Ici aussi, il est possible de déterminer leur nature (**abstract**, **static**, **final**, **native**, **synchronized**, **strictfp**), leur accessibilité (**public**, **protected**, **private**) et, comme pour le constructeur, les types des exceptions que la méthode peut transmettre à l'appelant.

Le mécanisme de base de JAVA et plus généralement des langages à objets est donc l'instanciation d'une classe, qui fournit en retour un objet nouvellement créé. Pour JAVA, il s'agit, en l'occurrence, d'une référence à un objet. Cet objet récupère les caractéristiques (variables et méthodes) de sa classe et c'est à cette occasion que sont déterminées les valeurs des informations décrites dans la classe et qui lui seront propres. Cette caractéristique de protection des données au sein de l'objet, et plus généralement de regroupement dans une entité close des éléments qui la composent, s'appelle l'encapsulation. La métaphore de la *boîte noire* est souvent employée à propos des objets.

D'autre part, une classe est un type au sens classique du terme. L'arbre des types de JAVA n'est donc pas figé, il s'enrichit de chaque nouvelle classe. D'ailleurs, dans la syntaxe JAVA, les définitions de classes sont appelées TypeDeclaration. Une sous-classe (classe qui *dérive* d'une autre) est donc un sous-type du type de sa super-classe (classe dont elle *dérive*). Nous touchons ici au polymorphisme qui ajoute une souplesse primordiale à une discipline de type *a priori* stricte. Nous aborderons ce concept plus complètement au chapitre 4.

8. Cf. chapitre 6.

3.4 Les variables et les méthodes

3.4.1 La syntaxe

L'accès aux composants d'une entité, qu'il s'agisse d'une classe ou d'une instance, se fait au travers de la notation pointée. La variable `bar` de l'entité `foo` est accessible de la manière suivante : `foo.bar`.

Bien évidemment, ceci se répète autant de fois que nécessaire, l'expression `foo.bar.barfoo.foobar` désigne la variable `foobar` de la variable `barfoo` de la variable `bar` de l'entité `foo` [9] !

Dans les langages à objets, le mécanisme fondamental du contrôle du flot d'exécution, l'appel de fonctions et de procédures, se trouve mis en œuvre sous le nom d'envoi de message. Il correspond à une requête d'exécution de code adressée à un objet. L'envoi de message suit aussi la notation pointée. Ainsi, le code `foo.bar()` doit être compris comme la demande d'exécution de la méthode `bar` par l'objet `foo`, *i.e.* exécution, dans l'environnement de l'objet receveur, de la requête, ici `foo`. On parle aussi de façon plus *fonctionnelle* de l'application de la méthode à un objet.

3.4.2 Les qualificateurs

Le tableau 3.1 résume les possibilités d'emploi des qualificateurs et leur sémantique. Attention, en JAVA, **`synchronized`** est à la fois un qualificateur et un énoncé [10].

Les qualificateurs traitant de la visibilité des attributs seront décrits précisément dans le dernier paragraphe de ce chapitre. Le qualificateur **`final`** utilisé pour une variable, en fait une constante, s'il s'applique à une méthode, alors celle-ci ne pourra être ni surchargée ni redéfinie par les sous-classes éventuelles. L'usage simultané de **`abstract`** et **`final`** est interdit (erreur de compilation).

Une méthode qualifiée de **`native`** est une méthode dont le code a été écrit dans un autre langage et compilé par ailleurs. Ici aussi, l'ajout

9. JAVA c'est fou !

10. Cf. chapitre 6.

Qualificateur	Variable	Méthode	Interdits
abstract	sans objet	non définie, le code sera donné dans une sous-classe	**native** **final** **static** **private**
static	de classe, doit être initialisée lors de sa déclaration ou dans un bloc dédié	de classe, usage de **this** ou **super** interdit	**abstract**
final	constante	non redéfinissable	**abstract**
synchronized	sans objet	lié aux threads	
native	sans objet	code issu d'un autre langage, cf. chap.11	**abstract**
strictfp	cf. IEEE 754	cf. IEEE 754	
transient	lié aux mécanismes de persistance	sans objet	
volatile	lié aux threads	sans objet	

Tableau 3.1 Les qualificateurs et leur signification

d'**abstract** est interdit. La démarche est relativement simple et sera présentée dans le chapitre 11 [11].

Pour ce qui est de **transient**, et **volatile**, il s'agit de qualificateurs de variables dont l'usage est lié à la persistance offerte par certains services pour le premier, et aux *threads* pour le second. Enfin, pour les méthodes, le qualificateur **abstract** détermine une méthode non implémentée [12] alors que **synchronized** est lié au multithreading de JAVA (cf. chapitre 6).

Intéressons nous au code suivant qui définit la classe `Cube` comme n'héritant d'aucune super-classe, sauf de la classe `Object` dont hérite systématiquement TOUTE classe JAVA. Notre classe contient quatre variables, une variable de classe `nbPièces`, de type **int** qui mémorisera le nombre de cubes instanciés et trois variables d'instance, une de type **int** `numéro` qui contiendra le numéro du cube permettant de le désigner, et deux ré-

11. Voir `http://docs.oracle.com/javase/8/docs/technotes/guides/jni/-index.html`.

12. Cf. chapitre 4.

férences à des objets Cube qui représentent le cube sur lequel se trouve le cube courant sur, et le cube éventuellement porté par le cube courant porte.

```
class Cube {
    // une variable de classe initialisée dans la foulée
    static int nbPièces = 1;
    // trois variables d'instance
    protected int numéro;
    private Cube sur;
    private Cube porte;
    ...
}
```

Nous savons que le qualificateur **static** qui précède la déclaration de la variable nbPièces en fait une variable de classe. Elle est initialisée au moment de sa déclaration. JAVA permet d'opérer différemment en employant un bloc précédé de **static**. Celui-ci contient alors les initialisations à effectuer sur les variables de classe, comme présenté dans le code qui suit.

```
class Cube {
    // une variable de classe non initialisée
    static int nbPièces;
    // trois variables d'instance
    ...
    // initialisation dans un bloc static
    static {  nbPièces = 1; }
    ...
}
```

Dans ce cas, lors de la première référence à la classe et donc lors de son chargement, le code du bloc est exécuté. S'il y a plusieurs blocs **static**, l'évaluation se fait suivant leur ordre d'apparition.

Cette technique d'initialisation des variables de classe est aussi applicable aux variables d'instances, mais alors, le mot-clé **static** ne doit pas qualifier le bloc d'initialisation. Il est à noter que les constructeurs peuvent aisément effectuer les mêmes initialisations à une exception près, celle des classes internes anonymes [13].

La démarche de définition des méthodes d'une classe est tout à fait similaire. Des qualificateurs sont employés de manière à élargir le champ *classique* des possibilités. La syntaxe de déclaration employée est la syntaxe C ANSI habituelle. Nous y retrouvons, après l'éventuel qualificateur, le type de retour de la méthode, son nom, suivi de la liste typée de ses paramètres formels et enfin son corps sous la forme d'un bloc. Des paramètres formels peuvent être qualifiés de **`final`**, ce qui en fait des constantes dans la portée du corps de la méthode. Ils ne peuvent en aucun cas apparaître en partie gauche d'une affectation sous peine d'une erreur de compilation.

La liste des paramètres peut être suivie du mot-clé **`throws`**, lui-même suivi d'un ou plusieurs identificateurs de classes d'exceptions. Mais ceci sera plus clair une fois le chapitre 6 abordé.

Une méthode, comme une variable, peut être *attachée* à la classe. Ce qui signifie que son exécution ne peut se faire que par application à *la* classe. L'environnement d'exécution d'une méthode de classe ne contient pas de référence à l'objet courant. Il est donc impossible dans une méthode de classe de demander l'application d'une méthode non **`static`** directement, *i.e.* sans l'appliquer explicitement à un objet. Dans ce cas de figure, le compilateur envoie le message :

```
non-static  method XXX() cannot be referenced from a sta-
tic context.
```

3.4.3 this

Dans la méthode `quiJeSuis`, nous découvrons l'usage de **`this`**. Il s'agit d'un mot-clé qui fait *toujours* référence à l'entité courante, en l'occurrence l'objet, instance de la classe `Cube`, auquel s'appliquera la méthode `quiJeSuis`.

```
public void quiJeSuis() {
    System.out.print("Je suis le cube " + numéro + ", ");
```

13. Cf. chapitre 4.

```
    if (this.sur == null)
        System.out.print("je suis sur la table");
    else
        System.out.print("je suis sur le cube " +
                                  this.sur.numéro);
    System.out.println((this.porte == null)?".":",");
    if (this.porte != null)
        System.out.println("et je porte le cube " +
                                   this.porte.numéro + ",");
}
```

Cette forme particulière de référence à soi est très utile pour éviter toute ambiguïté en cas d'homonymie entre paramètre et variable.

Par exemple, le code **this**.a=a donnant au champ a de l'objet courant la valeur de la variable a ne peut être écrit sans **this** [14]. Son emploi est absolument indispensable lorsqu'il s'agit pour un objet de fournir une référence à lui-même, lors de l'application d'une méthode par exemple. C'est d'ailleurs là sa raison d'être.

Attention, tenter de référencer **this** dans le corps d'une méthode de classe provoque l'erreur de compilation :

```
non-static variable this cannot be referenced from a sta-
tic context.
```

Dans un contexte **static**, il ne peut être fait référence qu'à des éléments **static**s.

La méthode quiJeSuis a pour objet de faire indiquer par l'objet, auquel elle s'applique, sa situation dans le monde d'Azertyuiop. Le cube se présente, puis, en fonction de la valeur de sa variable sur, indique où il se trouve.

3.4.4 Protocole d'accès

Parlons un peu de méthodologie. Afin de respecter au mieux un des axiomes de base des langages à objets, l'encapsulation, il est recommandé de rendre les variables inacessibles directement et d'établir un protocole

14. Certes, il est tout à fait possible de donner un nom différent au paramètre formel...

d'accès. Ce protocole, en fonction des besoins, permettra ou non des opérations de lecture et d'écriture sur les variables d'instance [15]. Les variables sont ainsi protégées d'écritures péremptoires et intempestives et un certain niveau de cohérence dans l'évolution des données est garanti. Dans le code qui suit, nous définissons, pour chaque variable d'instance, une méthode de lecture et une méthode d'écriture.

```
// lecture
public Cube quiJePorte() {
    return porte;
}
// écriture
// homonymie donc ambiguïté d'où usage de this
public Cube quiJePorte(Cube porte) {
    return this.porte = porte;
}
// lecture
public Cube quiMePorte(){
    return  sur;
}
// écriture sans ambiguïté car pas d'homonymie
public Cube quiMePorte(Cube porte) {
    return sur = porte;
}
```

Cette approche permet un contrôle *fin* des accès aux variables et autorise l'ajout d'actions particulières lors de leur manipulation.

La méthode vaEn met en œuvre la capacité de déplacement de nos cubes. Elle est relativement simple, mais elle illustre parfaitement l'opposition entre l'accès direct aux variables de l'instance elle-même et l'accès sous contrôle aux données des autres instances.

```
public void vaEn(Cube dest) {
    // dégagement du cube receveur
    if (porte != null) porte.vaEn((Cube) null);
    // mise à jour de la variable d'instance
    porte = null;
```

15. La terminologie *accesseur* et *mutateur* (*getters/setters* en anglais) est souvent employée pour ce couple de méthodes.

```
    // si le receveur est sur un cube
    if (sur != null)
        // alors mise à jour via le protocole d'accès
        sur.quiJePorte((Cube) null);
    // si le destinataire n'est pas la table
    if (dest != null) {
        // si le destinataire n'est pas libre
        if (dest.quiJePorte() != null)
            // on le dégage
            dest.quiJePorte().vaEn((Cube) null);
        // puis mise à jour de la variable d'instance
        // du destinataire via le protocole d'accès
        dest.quiJePorte(this);
    }
    // mise à jour de la variable d'instance
    sur = dest;
}
```

3.4.5 varargs

Depuis JAVA 5.0, JAVA dispose de la notion de liste variable de paramètres. Il arrive que nous ayons besoin d'écrire une méthode pour laquelle le nombre de paramètres n'est pas fixé. Si la solution qui consiste à utiliser un tableau comme paramètre est satisfaisante dans bon nombre de cas, elle oblige à une certaine gymnastique que les concepteurs de JAVA ont voulu éviter. Une liste de paramètres formels variable en longueur s'exprime à l'aide des points de suspension ... comme dans l'exemple suivant :

```
public void affichageVarargs(int a, int... laSuite) {
    int i = 1;
    System.out.println("Nous avons reçu " + laSuite.length +
                       " paramètre(s).");
    System.out.println("Argument n° " + i + " = " + a);
    for (int x : laSuite)
        System.out.println("Argument n° " + ++i + " = " + x);
}
```

La liste des paramètres effectifs est alors utilisée pour construire un tableau des valeurs transmises. Le paramètre formel qui suit les points de suspension donne accès à ce tableau.

3.5 Le constructeur d'instances

L'objet est le produit de l'instanciation d'une classe. Il est le résultat, sous forme de référence, du passage obligé par l'opérateur d'instanciation, **new**, combiné au constructeur de la classe [16]. Le processus d'instanciation consiste en l'allocation dynamique de l'espace nécessaire pour représenter une instance de la classe, suivie de l'appel au constructeur de cette classe, et s'achève par le retour d'une référence à l'objet créé.

Un constructeur est une méthode particulière qui ne peut être invoquée qu'à l'aide de l'opérateur **new**. Sa fonction est d'initialiser les variables d'instance et donc de procéder à ce que l'on peut appeler la phase de configuration de l'objet dans le processus d'instanciation. L'appel au constructeur est effectué par la *Java Virtual Machine*, juste après l'allocation de l'espace mémoire et avant le retour de la référence sur l'instance. Voici les règles qui régissent les constructeurs :

1. Le nom d'un constructeur est *obligatoirement* le nom de sa classe.
2. Un constructeur ne possède pas de type de retour (**void** lui-même est proscrit).
3. Un constructeur, comme toute méthode, peut avoir des paramètres, peut être *surchargé*, mais n'est pas hérité par les sous-classes.
4. Il n'est pas obligatoire de procéder à la définition explicite d'un constructeur.
5. Il est impossible pour un constructeur de s'appeler lui-même directement ou indirectement.

En l'absence de définition explicite, JAVA définit un constructeur par défaut, sans paramètre dont le comportement est alors limité au processus élémentaire de l'instanciation. En effet, il ne peut pas effectuer de quelconques initialisations des attributs et se contente de faire appel au

16. En fait, il est aussi possible de procéder à une instanciation *via* la méthode `newInstance()` de la classe `java.lang.Class` (cf. 4.7) ou encore *via* la méthode `instanciate()` de la classe `java.beans.Beans`.

constructeur sans paramètre de la super-classe [17]. Il est important de noter aussi que JAVA initialise par défaut *toutes* les variables d'une application avec les valeurs indiquées dans le tableau 3.2.

Type de la variable	Valeur par défaut
byte, short, int, long	0
float, double	0.0
boolean	**false**
char	'\u0'
Object	**null**

Tableau 3.2 Les valeurs d'initialisation par défaut

Pour autoriser des initialisations spécifiques, il est nécessaire de définir explicitement un constructeur pour la classe. Attention, si vous définissez un constructeur pour une classe, JAVA ne définit plus de constructeur *par défaut*. Charge à vous, en cas d'héritage, de vous assurer qu'un tel constructeur ne sera pas utile ou alors d'en définir un sans paramètre !

Voici le constructeur de notre classe `Cube`.

```
// constructeur de Cube
Cube(){
    // un nouveau cube est toujours libre
    porte = null;
    // initialisation à partir de la valeur de la
    // variable de classe (ici this est inutile)
    this.numéro = Cube.nbPièces++;
}
```

En cas de définition de plusieurs constructeurs, cela s'appelle de la surcharge, il est possible pour un constructeur de faire appel à un autre constructeur [18] par l'intermédiaire de la méthode **this**(). Nous retrouvons ici l'identificateur prédéfini identitaire des objets mais avec la syntaxe

17. Avant même de parler d'héritage, il faut noter que le compilateur JAVA indiquera une erreur s'il doit définir un constructeur par défaut et que la super-classe de la classe ne possède pas de constructeur sans paramètre.

18. Voire plus, par appels en cascade.

de l'application de méthodes. Dans ce cas, la sélection du *bon* constructeur se fait sur le nombre et le type des paramètres effectifs transmis à **this**. Cette possibilité permet de factoriser le code commun à différents constructeurs. Mais attention, l'appel à **this**() doit absolument être la première instruction de votre constructeur.

Quand nous construisons des objets, instances de classes, nous le faisons en cours d'exécution, de manière dynamique, comme par exemple cela se fait en C à l'aide de `malloc()`. Les objets, alloués dynamiquement, seront utilisés, puis certains deviendront inutiles. Leur place peut alors être récupérée, et une bonne hygiène de programmation *veut* qu'elle soit récupérée. En JAVA, pour accroître la fiabilité des programmes, et contrairement à C, cela est fait automatiquement, sans intervention du programmeur. C'est un processus particulier de la machine virtuelle JAVA, appelé *récupérateur mémoire*[19], *garbage collector* en anglais (abrégé en *GC*), qui s'attache à récupérer pour vous, *en silence*, la place occupée par des instances devenues inaccessibles en cours d'exécution.

Avant tout *ramassage* d'objet inaccessible, la machine virtuelle invoque la méthode `finalize`. Celle-ci a pour fonction de permettre, par redéfinition, d'effectuer des traitements particuliers comme libérer des ressources qui ne le seraient pas sinon. Il est de règle dans toute redéfinition de `finalize` de faire appel à la méthode `finalize` héritée afin de ne pas compromettre la juste restitution de ressources bloquées.

3.6 Les paquetages

Toute construction de logiciel se fait par étapes et nécessite des compilations partielles du code en fonction du processus de développement. Il est donc indispensable d'autoriser une compilation *séparée* des parties du code. JAVA introduit la notion d'unité de compilation qui correspond à un fichier. Tout fichier pourra, à condition d'indiquer clairement les dépendances qui le lient aux autres parties de l'application, être compilé indi-

19. C'est avec Lisp en 1960 que fut inventé ce mécanisme et c'est principalement pour Lisp que de nombreuses études ont été faites sur l'art et la manière de récupérer la place rendue inaccessible tout au long de l'histoire du calcul.

viduellement. Il est recommandé de définir chaque classe dans un fichier qui porte son nom suffixé par `.java`. Cela devient une obligation pour toute définition de classe **`public`** ainsi que pour les applets [20].

Java ajoute la notion de paquetage qui permet de regrouper dans un espace commun un ensemble de définitions de classes. Cette notion de paquetage est destinée à fournir un moyen de structuration du code ainsi que des outils de contrôle de la visibilité des éléments qui le composent. Il est évident que dans un même paquetage doivent se trouver définis uniquement des éléments ayant des points communs. La notion de paquetage est à mettre en parallèle avec la notion classique de bibliothèque.

Pour Java, une unité de compilation comprend trois éléments optionnels (l'ordre d'apparition doit cependant être respecté) :

1. La déclaration du paquetage, auquel appartiennent les éléments définis dans cette unité [21], par l'instruction **`package`** suivie du nom du paquetage.
2. L'indication des éléments utilisés mais définis dans un autre paquetage par l'instruction **`import`**.
3. La définition des éléments internes à l'unité de compilation (*i.e.* le code de la (ou les) classe(s)).

Java utilise la notation pointée, déjà rencontrée, pour construire les noms des paquetages et désigner les classes contenues. Un nom de paquetage est soit un identificateur simple, comme `essai`, soit un identificateur *composé* comme `essai.essai1`, etc. Nous avons la possibilité de définir des paquetages et des sous-paquetages à l'aide du point. Dans l'exemple précédent, `essai1` est donc un sous-paquetage du paquetage `essai`. Il faut s'assurer que pour tout paquetage déclaré correspond un répertoire qui contient l'ensemble des éléments compilés qui composent la bibliothèque. Reportez-vous au chapitre 11 sur l'environnement Java pour savoir comment donner accès aux différents paquetages disponibles.

---

20. Cf. chapitre 9.

21. Ces éléments sont des classes, mais aussi des interfaces que nous étudierons dans le chapitre 4.

L'instruction **import** doit être suivie de la désignation des classes à importer. Cette désignation reprend la notation des paquetages, cf. *supra*, mais introduit, soit le nom de *la* classe utile, soit désigne l'ensemble des classes du paquetage par l'emploi du joker `*`. Ce joker correspond à *tous* les fichiers `.class` du paquetage correspondant. Il s'agit là d'une importation *à la demande*. Toutes les classes accessibles du paquetage désigné sont utilisables et seront chargées si nécessaire.

Plusieurs points doivent être précisés. Tout d'abord, la déclaration du paquetage *courant* n'étant pas obligatoire, JAVA considère en son absence que les définitions appartiennent à un paquetage anonyme, le paquetage `unamed`. Lors de la compilation, et de l'exécution, le chemin d'accès est le répertoire courant. Rappelons qu'à chaque paquetage est associé un chemin d'accès aux unités de compilation. Un paquetage induit une structure du code source de manière à permettre au compilateur de retrouver directement les éléments qu'il contient. La structuration des paquetages choisie correspond à la structure classique des systèmes de fichiers. Il s'agit d'une structure arborescente dont la racine pour JAVA est `java` [22].

Dans l'exemple suivant, nous procédons dans l'unité de compilation `Cube.java` à la définition de la classe `Cube` dans le paquetage `Azertyuiop`. Cette classe nécessite la mise à disposition de toutes les classes du paquetage prédéfini `java.io`. L'usage du *joker* `*` n'est pas obligatoire, il est tout à fait possible, voire souhaitable, d'affiner ces importations de classes. Si nous n'utilisons que la classe `List` du paquetage `java.util`, alors il suffit de le dire :

```
import java.util.List;
```

L'usage du qualificateur **static** avec l'énoncé **import** permet d'accéder directement, *i.e.* sans le nom de la classe, aux éléments statiques de la classe indiquée. Par exemple sans cette possibilité, pour accéder aux constantes mathématiques, il faut utiliser la notation pointée et écrire :

```
double unCercle = Math.PI*rayon;
```

22. De nombreux développements ont donné naissance à d'autres *racines* comme `javax` et `org`.

Alors qu'il suffit d'importer les variables ou méthodes statiques de la manière suivante, pour les référencer directement :

```
import static java.lang.Math.*;
...
double unCercle = PI * rayon;
```

Notez que de façon automatique, toutes les définitions contenues dans le paquetage `java.lang` sont importées, exactement comme si toutes les unités de compilation contenaient l'instruction :

```
import java.lang.*;
```

```
// création du paquetage Azertyuiop
package Azertyuiop;
// annonce d'utilisation potentielle de
// toutes les classes du paquetage java.io
import java.io.*;

class Cube {
    ...
}
```

3.7 L'accessibilité des éléments

Maintenant que les différents composants d'un programme JAVA ont été introduits, nous pouvons entrer dans le détail des règles d'accessibilité [23] qui régissent leur manipulation. Les paramètres formels et autres variables locales ne peuvent être qualifiés de cette manière et suivent les règles *habituelles* de visibilité. Il est important de noter que les paquetages sont *toujours* accessibles [24]. Dans le même ordre d'idée, il est impossible d'interdire pour une structure (classe, interface) l'accès à ses propres composants.

23. Nous utiliserons ce terme de préférence à celui de *visibilité* que nous réserverons au champ *lexical*.

24. Notez bien que nous ne sommes pas au niveau de la compilation qui nécessite la gestion de la variable d'environnement `CLASSPATH`, cf. chapitre 11, pour que les paquetages soient accessibles.

Nous l'avons dit, l'accessibilité des éléments est déterminée lors de leur définition à l'aide de qualificateurs dont la sémantique exacte dépend du niveau auquel se trouve le référent à l'élément qualifié. Ce caractère d'accessibilité, déterminé statiquement (lors de la compilation), ne peut être modifié lors de l'exécution. L'absence de qualificateur détermine un accès restreint au paquetage, c'est l'accès *par défaut*[25]. C'est le cas, par exemple, de la classe `Cube` qui n'est donc pas accessible en dehors du paquetage `Azertyuiop`.

Avant d'aborder la description des différents cas, soulignons que tout objet *contenant*, comme un tableau par exemple, n'est accessible que si le type des éléments contenus est lui-même accessible.

Le qualificateur **`public`** n'a d'autre sémantique que de déclarer l'élément (classe, variable, constructeur ou méthode) accessible par l'ensemble des éléments qui composent l'application. N'oubliez pas que le point d'entrée du programme, le `main`, *doit* être **`public`** *et* **`static`**.

Un élément *privé*, **`private`**, n'est, lui, accessible qu'au sein de sa classe de définition et n'est pas hérité.

Le cas des éléments *protégés*, **`protected`**, est plus complexe et lié à l'héritage, il sera détaillé dans le chapitre suivant.

Le tableau 3.3 résume de façon binaire, l'accessibilité d'un élément d'une classe pour les différents niveaux de référence en fonction de son qualificateur.

Qualificateur	Sous-classe	Paquetage	Le monde
`public`	accessible	accessible	accessible
`protected`	accessible[26]	accessible	
`private`			

Tableau 3.3 Les qualificateurs et l'accessibilité

25. Certains auteurs rapprochent cette sémantique du *friendly* de C++.

26. Cf. chapitre 4.

4 Les mécanismes de programmation par objets

Ce chapitre, suite logique du précédent, va s'attacher à présenter les concepts et les techniques de programmation proposés par JAVA qui distinguent profondément les langages à objets des autres types de langages. Ce qui les rend plus aptes à répondre aux besoins actuels du génie logiciel.

Nous trouvons là, l'héritage, les classes abstraites, les interfaces, les techniques de surcharge, de liaison dynamique, etc., pour finir avec la mise en œuvre de la réflexion en Java.

4.1 L'héritage

Les langages à objets présentent, de par leur niveau d'abstraction élevé [1], toute une batterie de mécanismes qui, à la fois, autorisent l'application *quasi naturelle* d'une méthodologie de développement sûre et augmentent la réutilisabilité des programmes validés. L'héritage, concept majeur des langages à objets, autorise et facilite la réutilisabilité du code. Toute classe peut récupérer, on dit *hériter*, les caractéristiques d'une autre classe définie par ailleurs. Ce mécanisme se répète à l'envi et nous avons ainsi la possibilité de définir un arbre, parfois très riche et profond, de classes. En JAVA, la racine de notre arbre est la classe `Object` dont toute classe hérite de manière systématique *et* implicite. La première classe que vous définissez [2] détermine les caractéristiques de base communes à toutes les autres que vous ferez dériver. Ainsi de suite, classe après classe, vous avez la possibilité de définir par affinements successifs des classes de plus en plus spécialisées. Vous pouvez aussi, de par la nature même d'un arbre,

1. Les classes sont de fait des types abstraits.

2. Il s'agit de la racine de votre arbre de classes.

définir plusieurs classes qui divergent à un niveau par l'ajout de capacités spécifiques et qui deviennent ainsi *racine* d'un sous-arbre de classes. Ce schéma, *a priori* sans limite, se résume la plupart du temps à deux, trois, voire quatre, niveaux d'héritage. Si l'usage limite ainsi la profondeur, il est plus fréquent de voir des arbres s'étendre en largeur.

4.1.1 L'héritage simple

En JAVA, une classe dérive d'une autre, et seulement d'une autre, de manière explicite par l'usage du mot-clé **`extends`** suivi du nom de la classe dérivée. La classe dont dérive une autre classe est appelée sa super-classe et réciproquement la classe dérivée est appelée la sous-classe comme dans la figure 4.1.

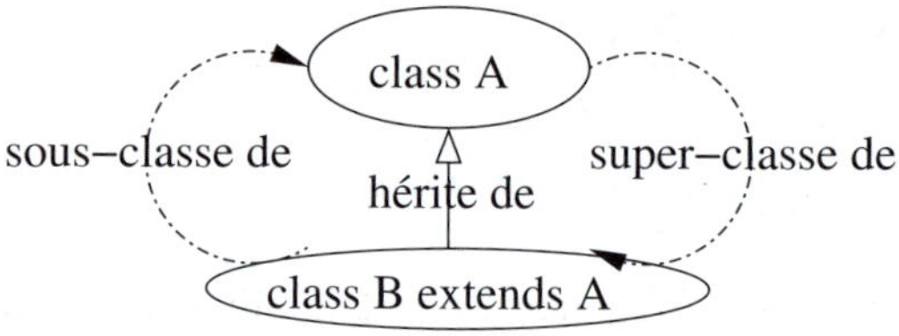

Figure 4.1 L'héritage

Une sous-classe hérite de l'ensemble des variables et méthodes non **`private`** de sa super-classe. Rappelons que *toutes* les classes dérivent implicitement et obligatoirement de la classe `Object`. C'est une classe prédéfinie, dont la finalité est de déterminer le comportement minimal que *toutes* les classes et leurs instances doivent posséder. Nous en parlerons plus en détail dans un prochain paragraphe.

Supposons que nous voulions enrichir le monde d'AZERTYUIOP en ajoutant des pyramides ou des sphères. Une approche naturelle en JAVA consiste à réfléchir à ce qui détermine la nature profonde commune à toutes ces pièces afin de définir en conséquence une classe *mère* puis d'en dériver les classes nécessaires en ajoutant ce qui les distingue les unes des autres.

Nous ne pouvons donc pas nous contenter de définir une classe `Pyramide`, de l'ajouter et de *patcher* le reste du code pour en tenir compte. Il nous faut reprendre la conception de notre programme :

1. Définir une classe `Bloc` qui regroupera les informations communes et les méthodes associées.
2. En dériver une classe `Cube` qui sera capable de porter des blocs et une classe `Pyramide` qui en sera incapable.

Nous voyons dans l'encadré de la page suivante le code de cette classe de base dont vont dériver tous les autres types de bloc, les cubes comme les pyramides.

La classe `Bloc`, qui reprend la plupart des éléments de la classe `Cube` du chapitre 3, regroupe à la fois les variables et leurs méthodes de manipulation. Nous verrons dans les classes dérivées que les méthodes ainsi définies correspondent à des versions *basiques* qui seront souvent enrichies par les sous-classes. Elle définit aussi une méthode d'auto-description vide, `quiJeSuis`, laissant aux classes qui en dériveront le soin d'en préciser le contenu.

```
class Bloc {
    // les variables communes à tous les blocs
    static int nbPièces = 1; // variable de classe
    protected boolean porteur; // porteur ou non
    protected int numéro; // identification
    protected Cube sur; // posé sur quoi ? Un Cube !
    // les méthodes de base communes à tous les blocs
    public void vaEn(Cube dest) { // déplacement
        ...
        sur = dest;
    }
    public void quiJeSuis() { } // auto-description
    // protocole d'accès aux variables protégées
    public int numéro() { return numéro; }
    public Cube quiMePorte() {return  sur;}
    public Cube quiMePorte(Cube porte) {return sur=porte;}
    public boolean porteur() {return porteur;}
}
```

Mais revenons tout d'abord sur le qualificateur **protected**. Lors de son usage pour qualifier un composant d'une classe, les autres éléments du paquetage y ont un accès *libre*. Les sous-classes définies en dehors du paquetage y accèdent aussi, à condition de le faire en suivant le lien d'héritage.

L'encadré qui suit, présente la classe Cube comme une sous-classe de la classe Bloc. Cette nouvelle classe est une spécialisation de la classe d'origine. Nous pouvons voir qu'elle ajoute une variable et le code qui s'y réfère et récrit les méthodes pour les adapter tout en *récupérant* la fonctionnalité initiale par référence à la méthode de base *via* le mot-clé **super**. Ce mot-clé suivi des parenthèses de l'appel de méthode permet de demander l'application de la méthode courante telle que définie dans la super-classe (la classe dont dérive la classe de l'objet actuel **this**).

```
// la classe Cube capable de porter des blocs
class Cube extends Bloc {
    // elle hérite des variables de la classe Bloc
    // et ajoute la variable porte
    Bloc porte; // ce qui est porté (spécifique à Cube)
    Cube() { // constructeur, tout cube est sur la table,
        // variable de la classe "application" JeuDeCubes
        // qui référence la table d'AZERTYUIOP
        this.sur = JeuDeCubes.laTable;
        porteur = true; // classe "porteuse"
        porte = null; // l'objet porté
        numéro = Bloc.nbPièces++;
    }
    // elle récupère les méthodes de Bloc et ajoute
    // les méthodes de gestion de l'objet porté
    public Bloc quiJePorte() { return porte; }
    public Bloc quiJePorte(Bloc porte) {
        return this.porte = porte;
    }
    // définition de la méthode d'auto-description
    public void quiJeSuis() { // méthode de description
       System.out.print("Je suis le cube " + numéro + ", ");
       ...
    }
    // redéfinition de vaEn
    public final void vaEn(Cube dest) {
```

```
        ... // actions spécifiques aux cubes porteurs
            // actions "communes" à tous les Blocs par
            // appel à la méthode vaEn de Bloc
        super.vaEn(dest);
    }
}
```

La classe suivante, Pyramide qui hérite aussi de Bloc, en dérive simplement, sans ajout particulier, si ce n'est la récriture de la méthode quiJeSuis et la définition d'un constructeur adapté. Ce constructeur initialise, entre autres, la variable porteur héritée de la super-classe Bloc.

```
// la classe Pyramide qui ne peut rien porter, elle
// se limite à un héritage sans ajout particulier
class Pyramide extends Bloc {
    // le constructeur, car contrairement à Bloc
    // il y aura des instances de Pyramide
    Pyramide() {
        porteur = false; // ne porte rien!
        this.sur = JeuDeCubes.laTable;
        // la variable de classe partagée entre toutes
        // les instances des classes dérivées de Bloc
        // permet une numérotation distincte des
        // instances
        numéro = Bloc.nbPièces++;
    }
    // définition de la méthode d'auto-description
    public void quiJeSuis() {
        System.out.print("Je suis la pyramide " +
                         numéro + ", ");
         ...
    }
 }
```

Il nous reste à modéliser la table. Cet élément particulier, ne peut être déplacé et porte tous les blocs. Pour des raisons de commodité, nous considérerons que la table est une classe dérivée de la classe Cube. Elle en reprend la capacité à porter des blocs, mais, du fait qu'elle ne peut se déplacer, elle nécessite un traitement particulier. Nous devrons veiller à ne pas tenter de la mettre sur un cube... Nous verrons comment revenir sur ce choix insatisfaisant de manière *naturelle* et propre avec l'introduction des interfaces. La table sera attachée à la classe *application* appelée `JeuDeCubes` pour être facilement accessible. Par ailleurs, dans notre schéma du monde, on ne peut s'attendre à avoir des éléments nouveaux spécialisant cette table. Nous en faisons donc une classe **final** qui ne pourra pas être dérivée.

```
final class Table extends Cube {
  // la classe Table ne pourra pas être spécialisée
  Table() {
      porteur = true;
      numéro = 0; // ce numéro permet de la distinguer
  }
  // définition et redéfinitions des méthodes
  public void quiJeSuis() {
      // méthode d'autodescription
     System.out.println("Je suis la table qui porte tout.");
  }
  public Bloc quiJePorte() { // lecture, la table
     return (Bloc) null;     // porte TOUT donc RIEN !
  }
  public Bloc quiJePorte(Bloc porte) { // écriture, la
     return (Bloc) null; // table porte toujours TOUT !
  }
}
```

Dans le cadre de l'héritage, la définition des constructeurs est très réglementée. Tout d'abord, il est obligatoirement fait appel dans le constructeur d'une classe dérivée au constructeur de la classe dont elle dérive. Cela peut se faire de manière implicite par appel du constructeur par défaut, encore appelé *sans paramètre*, *i.e.* **super**(), ou de manière explicite, toujours au travers de **super**, ce qui permet de choisir le constructeur invoqué et de fournir des paramètres effectifs en conséquence.

Notez bien que JAVA s'assurera pour chacun de vos constructeurs que si vous faites un appel explicite au constructeur de la super-classe, *via* **super**, vous ne faites pas appel à un autre constructeur de la classe par **this**. L'usage simultané des deux est impossible, car, l'un comme l'autre, *doit* être la première instruction du constructeur. Néanmoins, si le constructeur commence par une invocation à **`this`**[3], un constructeur de la super-classe sera quand même invoqué implicitement dans l'enchaînement des appels. La référence explicite permet de contrôler finement le processus d'instanciation.

Attention, vous devez garantir le bon déroulement de l'instanciation. Vous devez donc vous assurer, de l'existence d'un constructeur sans paramètre pour chacune de vos classes dérivées si vous avez défini un constructeur paramétré. Sinon, vous devez garantir l'appel explicite d'un autre constructeur.

4.1.2 La classe Object

La classe `Object` est la super-classe de toutes les classes, elle est souvent dénommée la classe *mère* des classes JAVA. C'est de fait l'ancêtre commun à toutes les classes. Elle définit le comportement, considéré par les concepteurs de JAVA, comme étant *minimal*.

Voici la synthèse des méthodes les plus utiles définies par la classe `Object` :

`protected` `Object`	`clone()` Crée et renvoie une copie de l'objet.
`boolean`	`equals(Object obj)` Détermine l'égalité entre un objet et l'objet courant.
`protected void`	`finalize()` Appelée par le ramasse-miettes lorsque l'objet est devenu inaccessible.
`Class`	`getClass()` Renvoie la classe effective de l'objet.
`String`	`toString()` Renvoie une représentation de l'objet sous forme de chaîne.

3. Cf. chapitre 3.

La méthode `equals` mérite que l'on s'y attarde un instant. L'égalité définie n'est pas l'égalité des références vérifiée par l'opérateur ==, mais une équivalence basée sur l'égalité de variable à variable entre l'objet receveur et le paramètre effectif.

Les deux encadrés suivants présentent la différence entre == et `equals`.

```
class TestEquals {
    public static void main(String args []){
        Boolean o1, o2, o3;
        o1=new Boolean("true");
        o2=new Boolean("false");
        o3=new Boolean("true");
        System.out.println((o1 == o1)? "o1 == o1":"Blurp!");
        System.out.println((o1.equals(o1))?
                            "o1 equals o1":"Blurp!");
        System.out.println((o1 == o2)? "Blurp!":"o1 != o2");
        System.out.println((o1.equals(o2))?
                            "Blurp!":"o1 !equals o2");
        System.out.println((o1 == o3)? "Blurp!":"o1 != o3");
        System.out.println((o1.equals(o3))?
                            "o1 equals o3":"Blurp!");
    }
}
```

Les objets `o1` et `o3` sont différents. Ils ont chacun fait l'objet d'une instanciation, donc d'une allocation en mémoire et leurs références ne sont pas les mêmes. En revanche, les valeurs contenues sont identiques, ce qui explique le dernier résultat de l'exécution :

```
java TestEquals
```

```
o1 == o1
o1 equals o1
o1 != o2
o1 !equals o2
o1 != o3
o1 equals o3
```

En fait, le programmeur Java n'a en charge de définir précisément cette équivalence qu'en cas d'obligation. Il s'agit là d'un processus assez compliqué, qui sort du cadre de cet ouvrage.

4.2 Les classes abstraites

Ce concept autorise la définition de classes incomplètes. La complétion devra être assurée lors de la définition de sous-classes non abstraites. Cet aspect ne s'entend que dans le cadre de l'héritage. Le but d'une classe abstraite est de regrouper un ensemble de caractéristiques communes à toutes ses sous-classes, et ainsi définir un comportement minimal commun.

Une classe abstraite est définie par le mot-clé **`abstract`** qui précède sa déclaration. Elle comporte éventuellement une ou plusieurs méthodes abstraites, précédées du qualificateur **`abstract`** et dont le corps n'est pas donné. L'implémentation de ces méthodes incomplètes (seule la signature est fournie) devra être assurée par les sous-classes non abstraites.

Voici les principes qui régissent les classes abstraites :

- Une classe comportant au moins une méthode abstraite est abstraite et *doit* être qualifiée d'**`abstract`**.
- Toute classe héritant d'une classe abstraite et n'implémentant pas l'ensemble des méthodes abstraites est abstraite.
- Une classe abstraite *ne peut être instanciée* (elle est incomplète), ce qui ne signifie pas qu'elle ne peut avoir de constructeur.
- Le compilateur vérifie que toutes les méthodes abstraites sont implémentées par toutes les sous-classes non abstraites.

Il faut mettre le plus de code possible au niveau de la classe abstraite. Cela s'appelle la factorisation, base de toute saine économie de programmation et pilier de la sûreté de développement.

Si l'on reprend notre exemple et que l'on observe la classe `Bloc`, celle-ci pourrait tout à fait devenir une classe abstraite. En effet, son rôle est d'être la racine de définition d'éventuelles autres catégories de blocs. Elle regroupe ce qui les unit, et assure l'existence d'une méthode d'auto-description, `quiJeSuis()` non définie à ce niveau de spécialisation. Ainsi, le compilateur signalera par une erreur tout oubli d'implémentation de cette méthode dans les sous-classes non abstraites de `Bloc`. Les transformations minimes sont données dans l'encadré suivant. Elles se résument à l'ajout du mot-clé **`abstract`** dans la définition de la classe et comme qualificateur de la méthode `quiJeSuis()` dont on ne fournit plus que l'en-tête.

```
abstract class Bloc {
    // les variables communes à tous les blocs
    static int nbPièces = 1; // Variable de classe
    ...
    // les méthodes de base communes à tous les blocs
    ...
    // la méthode d'auto-description qui devra être
    // implémentée par les sous-classes
    abstract public void quiJeSuis();
    ...
}
```

En revanche, s'il s'agit uniquement d'empêcher toute instanciation d'une classe, le mieux est de ne pas en faire une classe abstraite, mais de fournir un constructeur qualifié de **`private`** ce qui en interdit tout usage, comme indiqué dans l'encadré qui suit.

```
class Bloc {
    // les variables communes à toutes les Pièces
    protected static int nbPièces = 1;
    ...
    // le constructeur privé interdit l'instanciation
    private Bloc() {
        ...
    }
    ...
}
```

4.3 Les interfaces

Java ne propose pas l'héritage multiple, source de complications tant au niveau du développement qu'à celui de l'exécution. Il offre néanmoins un mécanisme voisin, l'interface, qui permet de réunir au sein d'une même classe la mise en œuvre de spécifications d'origines multiples.

Une interface est un prototype de classe sans aucune implémentation. Son but est de spécifier de façon formelle une capacité, un comportement dont l'implémentation est laissée aux classes qui le nécessitent. Ainsi, sa définition ne contient que des en-têtes de méthodes, des variables **final**, et bien entendu aucun constructeur. Notons, que maintenant, avec la version 8 de JAVA, il est possible d'ajouter des méthodes par défaut cf. 7.4.

Java ajoute ainsi un moyen très souple et puissant d'adjoindre des capacités multiples et variées à une modélisation objet classique par héritage simple.

Une interface se définit comme une classe mais avec le mot-clé **interface**, comme dans l'exemple suivant :

```
public interface Zoo extends Zac {
    ...
    final int uneConstante = 0;
    ...
    public void uneMéthode(int a, float b);
    ...
 }
```

Une classe, nécessitant les caractéristiques définies par une ou plusieurs interfaces, le déclare par utilisation du mot-clé **implements** suivi du nom, voire des noms séparés par des virgules, de (ou des) l'interface(s) mise(s) en œuvre, comme dans l'exemple suivant :

```
public class Ooz extends Aaz implements Zoo, Zaa {
    ...
    // les méthodes déclarées dans les interfaces
    // Zaa et Zoo ET celles héritées de Zac
    // DOIVENT être implémentées ICI
    ...
 }
```

Plusieurs principes règlent les interfaces, leurs classes d'implémentation ainsi que les liens qui les unissent :

- Une interface spécifie un ensemble de caractéristiques, points d'entrée que la ou les classes, qui l'implémenteront, devront obligatoirement proposer.

- L'implémentation de l'interface est libre. Cela signifie qu'aucune directive de programmation n'est associée à la définition.
- Les interfaces peuvent être construites par héritage.
- Comme une classe, une interface est un type.
- Une classe peut implémenter plusieurs interfaces, ce qui autorise une sorte d'héritage multiple.
- Une interface ne peut contenir que des constantes et des méthodes publiques non implémentées. Ces méthodes sont publiques car elles définissent la capacité, et décrivent le protocole.

Passons maintenant à une utilisation concrète des interfaces. Revenons sur notre robot déjà bien amélioré par l'introduction de l'héritage. Si nous réfléchissons à l'intérêt de l'introduction des interfaces dans notre programme, nous voyons très vite que les éléments du monde d'AZERTYUIOP peuvent soit se déplacer, soit porter d'autres blocs, soit les deux en même temps. Il s'agit bien là de capacités dont certains éléments du monde doivent faire preuve, tout en héritant des blocs, et pour certains d'entre eux les cumuler. Il devient ainsi très naturel de définir deux interfaces, comme dans l'encadré qui suit.

```
// l'interface Déplaçable détermine
// la capacité à être déplacé
interface Déplaçable {
    // cette capacité se résume à une méthode
    // vaEn avec comme paramètre la destination
    public void vaEn(Porteur dest);
}
// l'interface Porteur détermine
// la capacité à porter d'autres objets
interface Porteur {
    // cette capacité impose la gestion de
    // l'objet porté (protocole d'accès)
    public Bloc quiJePorte();
    public Bloc quiJePorte(Bloc porte);
}
```

La définition des capacités `Déplaçable` et `Porteur` se limite à la fourniture de la signature des méthodes nécessaires à la mise en œuvre des capacités. Ces méthodes *devront* être implémentées dans les classes conformément à leur signature.

Grâce aux interfaces, nous pouvons revenir sur la représentation de la table. Il devient naturel maintenant d'en faire une classe non dérivable, implémentant `Porteur` et spécialisant une nouvelle classe de base, `Pièce`, la racine de notre arbre. Cette classe élémentaire servira à réunir les caractéristiques de *tous* les composants du jeu, à la fois les blocs mais aussi la table et pourquoi pas d'autres éléments qui pourraient être ajoutés ultérieurement comme des caisses de rangement. De plus cette classe sans capacité particulière (elle n'implémente aucune interface) laisse le champ libre à toute extension.

```
// nouvelle classe abstraite "mère" de tous les
// éléments du monde d'Azertyuiop
abstract class Pièce {
    // on retrouve la variable de classe,
    protected static int nbPièces = 1;
    protected int numéro; // la variable d'instance
    // et son protocole de consultation
    public int numéro() { return numéro; }
    // la méthode abstraite de description de soi
    abstract public void quiJeSuis();
}
```

Tout élément du monde d'AZERTYUIOP sera une `Pièce` avec comme unique caractéristique un numéro dont l'accès protégé est limité à la consultation.

```
abstract class Bloc extends Pièce implements Déplaçable {
    protected Porteur sur;
    public void vaEn(Porteur dest) {
        if (dest.quiJePorte() != null)
            // destinataire chargé
            dest.quiJePorte().vaEn(JeuDeCubes.laTable);
        // on le dégage
        dest.quiJePorte(this); // il me porte
        // celui qui me portait ne porte plus rien
        sur.quiJePorte((Cube) null);
        // je suis sur le destinataire
```

```
        quiMePorte(dest);
    }
    public Porteur quiMePorte() { // lecture
        return sur;
    }
    public Porteur quiMePorte(Porteur porte) {
        return sur = porte; // écriture
    }
}
```

La classe `Bloc` implémente la capacité à se déplacer. Nous avons là la classe de base de *tous* les éléments que notre robot va manipuler. Elle reste néanmoins une classe abstraite car elle ne sait pas encore donner de sens à la méthode d'auto-description `quiJeSuis` et ne nécessite aucune instanciation. Nous trouvons aussi la définition du protocole d'accès en lecture et écriture de la variable `porteur`. La technique de définition utilisée, dite de surcharge, sera présentée par la suite.

Avec cette nouvelle structure des classes, la définition de la table devient *naturelle*, c'est une pièce du monde qui peut porter d'autres éléments mais qui n'est pas capable de mouvements (elle n'implémente pas l'interface `Déplaçable`).

```
// c'est une classe "finale" non dérivable, elle porte
// tous les éléments, elle implémente donc Porteur,
// mais pas Déplaçable, car elle est inamovible
final class Table extends Pièce implements Porteur {
    // constructeur limité à l'initialisation de numéro
    Table() {
        this.numéro = 0;
    }
    // définition et redéfinitions des méthodes
    public void quiJeSuis() {
        System.out.println("Je suis la table qui porte" +
                           " tous les blocs.");
    }
    public Bloc quiJePorte() { // lecture, la table
        return (Bloc) null;    // porte TOUT donc RIEN !
    }
```

```
    public Bloc quiJePorte(Bloc porte) { // écriture, elle
        return (Bloc) null;    // porte TOUT, on ajoute RIEN
    }
}
```

Cette classe est une classe **final**, cela répond à la version actuelle d'AZERTYUIOP, mais il est tout à fait possible d'envisager des extensions qui rendrait cela obsolète. Il suffira alors de supprimer ce qualificateur et l'extension deviendra possible.

La présence ou l'absence d'*un* mot-clé suffit donc à contrôler précisément un point particulier du développement.

Passons maintenant aux classes `Pyramide` et `Cube` données dans les encadrés suivants.

La classe `Pyramide` est simple, elle hérite de toutes ses méthodes et variables de `Bloc`. Elle se contente de définir la méthode d'auto-description qui se doit d'être spécifique.

```
// Pyramide est juste un Bloc
class Pyramide extends Bloc {
    Pyramide(Table sur) {
        this.sur = sur;
        numéro = Pièce.nbPièces++;
    }
    // Pyramide ne sait rien faire de particulier
    // mais son auto-description est spécifique
    public void quiJeSuis(){
        System.out.print("Je suis la pyramide "
                         + numéro + ", ");
        ...
    }
}
```

La classe `Cube`, quant à elle, implémente l'interface `Porteur` et à ce titre nous y trouvons la définition de la méthode `quiJePorte` surchargée pour la lecture et l'écriture. Nous trouvons aussi, bien évidemment la variable `porte` qui est le cœur de cette capacité de portage. Rappelons qu'une interface décrit les capacités en termes de méthodes mais, qu'elle

4

ne dit rien sur la manière de les implémenter ni sur les moyens (variables et/ou méthodes) nécessaires pour remplir cet objectif. Le programmeur a donc, au niveau des moyens, toute liberté d'action.

Par ailleurs, il est nécessaire de modifier le comportement *standard* de la méthode `vaEn` de l'interface `Déplaçable` de manière à prendre en compte la possibilité pour un cube de porter un objet et donc de respecter les règles de déplacement.

```
class Cube extends Bloc implements Porteur {
    protected Bloc porte; // spécifique à Porteur
    Cube(Table sur) {
        this.sur = sur;
        porte = (Bloc) null; // ne porte RIEN à la création
        this.numéro = Pièce.nbPièces++;
    }
    // les méthodes de l'interface Porteur
    public Bloc quiJePorte() {  // lecture
        return porte;
    }
    public Bloc quiJePorte(Bloc porte) { // écriture
        return  this.porte = porte;
    }
    public void quiJeSuis() { // auto-description
        ...
    }
    public void vaEn(Porteur dest) { // redéfinition !
        // si je porte alors je me dégage
        if (porte != null) porte.vaEn(JeuDeCubes.laTable);
        // c'est fait
        porte = null;
        // je vais sur le destinataire via
        super.vaEn(dest); // la méthode de base
    }
}
```

Ces deux dernières classes n'ont plus à être abstraites, car elles vont donner naissance aux objets manipulés par AZERTYUIOP et sont en mesure, toutes deux, d'implémenter la méthode `quiJeSuis`.

Pour finir, analysons un peu la nature des objets instances des classes `Cube` et `Pyramide`. Ces objets sont de type `Pièce`, type de *tous* les éléments du jeu. Mais ils sont aussi tous les deux, en plus du type de leur classe, du type `Bloc` et du type `Déplaçable` et enfin pour l'instance de `Cube` du type `Porteur`. Notre arbre de classes et interfaces est présenté dans la figure 4.2 page 91. Cette caractéristique s'appelle le polymorphisme, qualité pour une entité qui consiste à avoir plusieurs formes, ici dans le monde de la programmation, il s'agit simplement d'être de plusieurs types à la fois. Cette caractéristique est très importante et surtout très pratique. Nous allons voir comment dans la suite de ce chapitre.

4.4 Les classes et interfaces internes

Une classe interne est, comme son nom l'indique, une classe définie dans une autre. C'est une classe privée. Cette notion remonte à JDK 1.1. Une interface interne est une interface qui apparaît à l'intérieur d'une classe ou d'une autre interface.

Voici un exemple syntaxique de classe interne :

```
public class foo {
    ...
    class bar {
        ...
    }
}
```

Voici quelques caractéristiques des classes internes :

- Une classe interne peut être anonyme. Dans ce cas, il ne peut y avoir de constructeur, et le recours aux blocs d'initialisation est obligatoire.
- Les classes internes sont locales à la classe qui les contient (sauf si elles sont déclarées **`static`**) et donc cachées des autres classes du paquetage.
- Comme toute classe, les classes internes peuvent hériter.

Nous verrons, dans les chapitres 6 et 9, deux exemples d'utilisation des classes internes.

L'adaptation de ces règles aux interfaces est immédiate.

Les classes internes peuvent être vues comme un simple moyen de structuration du code et de gestion de l'espace de nommage des éléments. En fait, leur intérêt réside essentiellement dans le fait qu'une instance d'une classe interne possède automatiquement une référence à l'objet (instance de la classe contenante/externe) et peut accéder sans aucune contrainte aux éléments de cet objet, même à ceux qualifiés de **`private`**. Cette particularité associée à la possibilité de définir des classes internes anonymes est à rappocher de la très puissante technique des fermetures, chère aux programmeurs virtuoses de Lisp/Scheme et autres langages comme ML, maintenant introduite à part entière dans JAVA, et présentée dans le chapitre 7.

4.5 Le masquage, la redéfinition et la surcharge

La redéfinition et le masquage consistent pour le programmeur en la possibilité dans une classe dérivée de définir une nouvelle fois (d'où le terme employé) une variable ou une méthode héritée.

Pour ce qui est de la surcharge, il s'agit de la possibilité de définir plusieurs méthodes de même nom mais qui se distinguent par leur signature (type de valeur de retour, nombre et type des paramètres formels et exceptions envoyées). Il n'y a pas de masquage dans ce cas-là, mais multiplicité des définitions.

4.5.1 Masquage des variables

Lorsqu'une classe déclare une variable de même nom qu'une variable héritée alors la variable héritée est masquée. Elle devient inaccessible directement au sein de la classe dérivée. Elle reste accessible par l'usage de **`super`** ou par une conversion explicite vers le type de la super-classe, s'il s'agit d'une variable d'instance et sinon par l'intermédiaire de la classe qui la déclare si elle est **static**. Par exemple :

```
class A {
    int a;
    static int b;
    ...
}
class B extends A {
    char a;
    static char b;
    ...
}
```

L'entier a est caché en B par le caractère a, mais il est accessible par **super**.a ou par ((A)x).a et l'entier b est accessible *via* A.b.

Il faut noter qu'il est aussi possible pour une classe d'hériter de plusieurs variables de même nom. Par exemple :

```
class A { int a; ...}
interface B {final float a = 1.2e4; ...}
class C extends A implements B {
    char a; ...
    void test () {
        a ...          // ok, le a de C,
        super.a ...    // celui de la classe A, et
        B.a ...        // le a de l'interface B
    }
}
```

Notez, dans le cas plus simple, où la classe C ne définit pas de variable a, qu'il y a néanmoins conflit d'accès entre les deux composants de nom a, celui de la super-classe et celui de l'interface.

Il est toujours possible de référencer des variables masquées ou en conflit. Il suffit, pour ce faire, d'employer leur nom *absolu*, ou complètement qualifié. Si les variables proviennent d'une super-classe, on utilise alors le mot-clé **super** quand il s'agit de variables d'instance, et le nom de la classe lorsqu'il s'agit de variables de classe.

Si l'identificateur vient d'une interface, le nom de l'interface est alors employé comme moyen d'accès, à la manière des variables de classe.

4.5.2 Redéfinition des méthodes

Il y a redéfinition de méthode si une classe `B` héritant d'une classe `A` définit une méthode ayant la même signature qu'une méthode de `A`. La définition héritée est rendue inaccessible directement. Elle reste toutefois accessible au travers du mot-clé **`super`**, comme dans l'exemple qui suit :

```
public void vaEn(Porteur dest) { // redéfinition !
    // si je porte alors je me dégage
    if (porte != null) porte.vaEn(JeuDeCubes.laTable);
    // c'est fait
    porte = null;
    // je vais sur le destinataire via
    super.vaEn(dest); // la méthode de base
}
```

Ce code est celui de la redéfinition de la méthode `vaEn` de la classe `Cube` dont les instances seront éventuellement porteuses de cubes et qui devront forcément se dégager de ces cubes avant tout déplacement. Cette nouvelle version de `vaEn` procède à la vérification, suivie si nécessaire, du dégagement, puis au déplacement effectif par l'application de la version *de base* de la méthode par `super.vaEn(dest)`.

La fonction de **`super`** consiste à donner accès au niveau d'héritage supérieur pour *récupérer* une caractéristique inaccessible directement. Il peut s'agir d'une variable ou d'une méthode masquée ou redéfinie ou de l'appel (sous sa forme *fonctionnelle*) du constructeur de la super-classe.

4.5.3 La surcharge des méthodes

Il s'agit de définir plusieurs méthodes de nom identique mais de signatures différentes. Le choix du code à exécuter est reporté lors de l'exécution et est effectué en fonction de la nature des paramètres. La méthode choisie étant celle qui est la plus sélective vis-à-vis des types des paramètres effectifs, à nombre de paramètres égaux.

Cette possibilité de surcharge est à la base de la définition du protocole d'accès aux variables des objets. L'interface `Porteur` et par voie de conséquence les classes `Cube` et `Table`, ainsi que la classe `Bloc`, en donnent des exemples.

4.6 Le polymorphisme

Le polymorphisme, notion très importante, commune à tous les langages à objets avec héritage est à mettre en relation avec la liaison dynamique de type qui signifie que le type des objets manipulés par un programme peut n'être connu qu'à l'exécution. Comme nous manipulons des classes avec des méthodes héritées, redéfinies ou surchargées, le type précis de l'objet auquel est appliquée la méthode est prépondérant, il permet de choisir effectivement le code concerné.

Tout objet, instance d'une classe, a *a minima* deux types, celui de sa classe et `Object`. Ainsi, *tous* les objets manipulés en JAVA sont du type `Object`. Ceci les *unifie* et permet, si nécessaire, de ne plus les distinguer, afin de procéder à un traitement *normalisé*, le temps de revenir à une distinction qui s'impose dès lors que l'on traite des particularismes des éléments manipulés. Cette distinction, en JAVA, peut être reportée au dernier moment, lors de l'exécution, et c'est ainsi, dans le feu de l'action, que la prise en compte du type effectif de l'objet permet de lui appliquer le code qui lui est réellement destiné.

Dans notre dernière version du robot, occupons-nous de `Cube` et `Pyramide`. Ces deux classes ont une méthode `vaEn`, héritée pour `Pyramide` et redéfinie pour `Cube`. La méthode `metSur` de notre robot (**`class`** `Robot`, cf. le code complet sur le site du livre, `http://go.polytechnice.fr/AideMemoireJava`), de l'encadré suivant n'a pas à se préoccuper de la nature effective de l'objet `a` pour savoir quelle version de `vaEn` appliquer. Il suffit d'invoquer cette méthode et, à l'exécution, en fonction du type de l'objet `a`, `Cube` ou `Pyramide`[4], c'est la méthode

4. En fait, ce code est prêt à prendre en compte, sans modification, tout ajout de nouvelles sortes de blocs.

définie dans `Bloc` ou sa redéfinition dans `Cube` qui sera appliquée. Le compilateur se contente de vérifier (il ne peut faire plus) que l'objet `a` implémente l'interface `Déplaçable`.

```
// metSur est une méthode polymorphe,
// elle accepte différents types de paramètres,
// en fait, tous les types de blocs
void metSur(Pièce a, Pièce b) {
    // encore un test de cohérence déporté ici du fait
    // de l'accès à la nature d'objet des paramètres
    if (((Bloc)a).quiMePorte().equals(b))
        raconte("C'est déjà fait ça,");
    // distingo porteur/non porteur puis application de
    // vaEn à b qui peut être une pyramide ou un cube
    else
      if (b  instanceof Porteur) {
         ((Déplaçable)a).vaEn((Porteur) b);
         raconte("Le bloc " + a.numéro + " est posé sur l"
                 + ((b.equals(JeuDeCubes.laTable))?
                    "a table,":
                    ("e bloc " + ((Bloc)b).numéro + " ,")));
      }
      else raconte("Peut rien porter, le bloc "
                  + b.numéro + " ,");
}
```

Les deux conversions explicites sont dues au polymorphisme, mais à un autre niveau. Dans la figure 4.2, le polymorphisme des objets instances de la classe `Cube` est illustré.

Nous voyons donc que par la relation d'héritage et d'implémentation, toute instance de `Cube` est un `Cube`, un `Porteur`, un `Bloc`, une `Pièce` *et* un `Object`.

La gestion des blocs, effectuée par le robot, utilise un tableau. Ce tableau, appelé `laListe`, paramètre de la méthode `interaction` donnée dans l'encadré suivant, contient des éléments qui sont tous du type `Pièce`. Ceci autorise une manipulation uniforme des éléments. Ce tableau peut donc contenir tout objet Java ayant la classe `Pièce` dans son arbre d'héritage. C'est ainsi que nous pouvons manipuler des cubes et des pyramides à travers lui. Cet aspect du polymorphisme est très souvent employé par

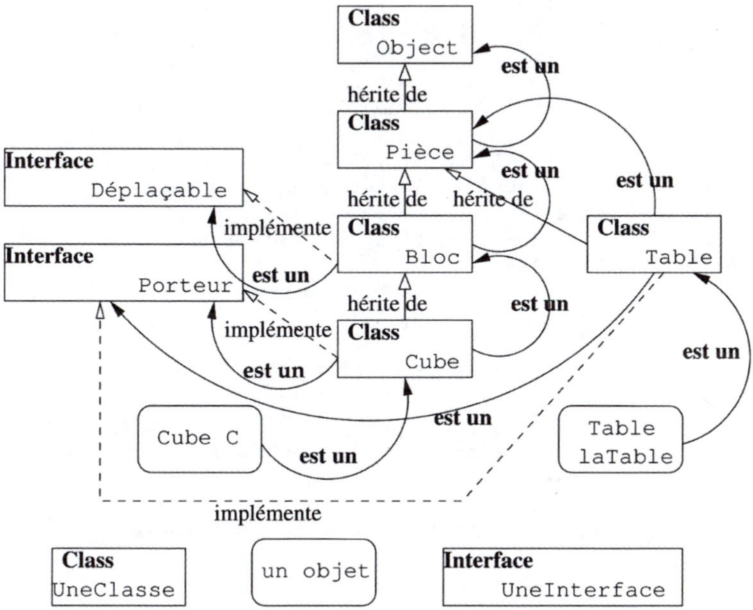

Figure 4.2 L'arbre des types

JAVA lui-même dans ses API. C'est à ce mécanisme que nous devons d'effectuer nos conversions explicites dans la méthode `metSur`. Ces conversions vers la classe adéquate autorisent l'usage de la méthode `vaEn`. Cette méthode n'est pas une méthode de la classe `Pièce` mais une méthode de l'interface `Déplaçable`, qui a, de plus, pour paramètre un objet de type `Porteur`.

```
// code d'analyse de l'interaction avec l'utilisateur
void interaction(Pièce [] liste) {
    aide();
    while(true) {
        System.out.print("À vos ordres :");
        switch (litEntier()) { // lecture de l'ordre
        case 1: décritContexte(liste); break;
        case 2: // un ordre de déplacement
            int A, B;
```

```
            System.out.print("Quel bloc j'dois déplacer ?");
            // lecture des blocs à déplacer a et b
            // quelques vérifications d'usage
            if ((A >= Pièce.nbPièces) || (B >= Pièce.
                nbPièces)
                || (A < 0) || (B < 0))
                raconte("Z'existent pas les blocs,");
            else
                if (A == B) raconte("J'peux pas faire ça,");
                else
                    if (A==0) raconte("La table, el'bouge
                        pas,");
            // 0 correspond à la table
                    else if (B == 0) metSur(liste[A],
                                            JeuDeCubes.
                                                laTable);
                    else metSur(liste[A], liste[B]);
            break;
            ...
        default: raconte("J'comprends pas,");break;
        }
    }
}
```

Notons que le fait d'employer la classe `Pièce` comme classe fédératrice, nous autorise une gestion complètement transparente de tout objet dont la classe hérite de `Pièce`. Cela minimise les modifications qui seraient à faire en cas d'extension, même en termes de capacités, comme l'ajout éventuel de l'interface `Contenant` pour introduire les caisses évoquées précédemment. À chaque fois que cela est nécessaire, lors de l'exécution, le type précis de l'objet manipulé permet de faire le choix du code à employer.

Dans la méthode `metSur`, il est fait usage de l'opérateur binaire **`instanceof`** qui détermine si un objet, son premier opérande (ici `b`), est du type (au sens large, y compris *sous-type*) de son second opérande, ici `Porteur`. En l'occurrence, cet opérateur est employé pour faire la distinction entre bloc porteur et bloc non porteur.

Comme dernier exemple, observons l'usage conjoint d'une structure de données acceptant toute pièce et la définition multiple de la méthode `quiJeSuis()`.

```
// le paramètre est un tableau de Pièces
void decritContexte(Pièce [] liste) {
  for (Pièce p : liste)
    // c'est la version définie dans la classe
    // de l'élément courant (Pyramide ou Cube)
    // qui sera effectivement appliquée
      p.quiJeSuis();
}
```


C'est bien le type effectif précis, celui qui permet de distinguer parmi les différentes versions de `quiJeSuis`, qui est utilisé à l'exécution. Notez que ce code est valide car la méthode `quiJeSuis` est une méthode (certes abstraite) de la classe abstraite `Pièce`.

4.7 La réflexion

Pour un langage de programmation, la réflexion est la capacité qui lui est donnée, pendant l'exécution de ses programmes, de manipuler comme données les structures qui les représentent. Le développement de cette notion est lié à l'histoire de la programmation par objets. Elle se retrouve d'ailleurs, à des degrés divers, dans de nombreux langages de programmation à objets, de Smalltalk80 à Python, en passant par Ruby et JAVA.

La réflexion, appelée aussi *métaprogrammation*, se décline en deux principales capacités, pas forcément présentes ensemble dans les langages dits *réflexifs*.

La première, appelée introspection, permet, en cours d'exécution, l'examen par un programme de son propre état, mais aucune modification de celui-ci. La seconde, appelée intercession, réside, elle, en la capacité d'agir sur l'état courant de l'exécution d'un programme, voire de modifier la manière de l'interpréter.

Enfin, on distingue la réflexion *structurelle* qui ne concerne que la représentation des données et du code du programme, de la réflexion *comportementale* qui manipule les données de l'exécution du programme et de son environnement.

L'usage avancé de la programmation réflexive sort clairement du cadre de cet ouvrage. Mais étant donné son importance, nous ferons une rapide présentation de sa mise en œuvre et de son usage en JAVA.

Les capacités réflexives de JAVA sont accessibles au travers de l'API `Reflection` dont les classes et interfaces principales sont contenues dans le package `java.lang.reflect`, sauf la classe `Class`, classe *mère* de toute réflexion en JAVA, qui, elle, est définie dans le package `java.lang`

En JAVA, la réflexion se limite principalement à la capacité d'introspection au travers de la classe `java.lang.Class`. L'aspect intercessif est restreint à la possibilité d'instancier et d'utiliser un objet dont la classe n'est pas connue à la compilation.

4.7.1 La classe Class

Lors du chargement d'une classe par la machine virtuelle, un objet, instance de la classe `Class` est créé automatiquement et systématiquement. Cet objet regroupe l'ensemble des informations associées à la classe ainsi chargée et permet donc, au travers des très nombreuses méthodes de la classe `Class`, d'accéder à l'ensemble des informations relatives à la classe de cet objet, de la liste de ses méthodes, au nom de sa super-classe [5].

Il s'agit d'une classe générique qui prend comme paramètre la classe (le type) de l'objet que l'on veut *manipuler*.

Cette classe, au travers de ses multiples méthodes, fournit les moyens d'examiner et dans une moindre mesure d'agir. Les capacités introspectives sont donc assez complètes. Elles permettent d'accéder à l'ensemble des éléments qui interviennent dans la construction d'un objet, la liste de ses super-classes, interfaces, constructeurs, méthodes, variables, qu'ils soient hérités ou déclarés, etc., mais renseignent aussi sur leur nature, classe anonyme, interface, type primitif, etc. L'aspect intercessif est lui beaucoup plus limité et est cantonné à la création dynamique d'objets ; nous en donnons un exemple plus loin.

5. La classe `Class` possède 64 méthodes, sans compter celles héritées de la classe `Object`.

Voici une sélection de méthodes de la classe `Class` qui permettent l'introspection et l'intercession en JAVA :

static Class	forName(String className) Procède au chargement de la classe et en renvoie la référence.
T	newInstance() Crée une nouvelle instance de la classe de l'objet.
String	getName() Renvoie le nom de la classe.
Class<? **super** T>	getSuperclass() Renvoie la super-classe effective de l'objet.
Class<?>[]	getClasses() Renvoie le tableau constitué de toutes les classes et interfaces membres de la classe de l'objet.
Class<?>[]	getInterfaces() Renvoie le tableau constitué de toutes les interfaces implémentées par la classe ou l'interface représentée par l'objet.
Method[]	getMethods() Renvoie le tableau constitué de toutes les méthodes publiques, déclarées ou héritées, de la classe ou l'interface représentée par l'objet.
Constructor<?>[]	getDeclaredConstructors() Renvoie le tableau constitué de tous les constructeurs déclarés par la classe de l'objet.
Field[]	getFields() Renvoie le tableau constitué de toutes les variables publiques déclarées ou héritées de l'objet.

4.7.2 L'introspection en action

Nous allons recourir à ces capacités d'introspection, pour mettre en place une *psychanalyse* de notre robot préféré. Pour ce faire, conformément à l'approche de la programmation orientée objet, nous allons reporter cette nouvelle capacité sur les objets concernés par la récriture de leur méthode `quiJeSuis`.

Actuellement, si nous demandons à AZERTYUIOP de nous décrire l'état courant du monde, il se contente de demander à chacun des éléments qu'il manipule d'indiquer sa situation, ce qui nous permet de savoir où se trouvent les différents blocs dont nous avons demandé la création (sur la Table, sur un autre bloc...) mais rien sur les liens *profonds* qui unissent ces objets. Nous allons donc apprendre aux blocs manipulés à se décrire intimement, en détaillant leur lignée généalogique ainsi que leurs capacités spécifiques...

Notre exemple, assez simple, va se limiter à l'utilisation des méthodes de la classe `Class` destinées à la récupération des super-classes et des interfaces implémentées. Les autres éléments rendus accessibles par les capacités d'introspection de JAVA, comme les méthodes, les variables, etc., le sont de manière tout à fait similaire.

La nouvelle version de la méthode `quiJeSuis` ne doit plus se contenter d'indiquer la place d'un objet mais *remonter* l'arbre de son héritage pour nous le décrire [6].

Nous devons tout d'abord, mettre en place les éléments de manipulation des informations structurelles. L'approche choisie consiste à accéder en premier à la classe de l'objet, puis, par itération, à ses super-classes successives. A chaque étape, nous récupérons, s'il y en a une, l'interface implémentée pour en donner son nom. Nous ne présentons la méthode ainsi modifiée que pour la classe `Cube`, la version pour la classe `Pyramide` étant très proche.

La progression dans la chaîne d'héritage se fera donc en partant de la classe de l'objet, obtenue par la méthode `getClass` appliquée à l'objet lui-même. Les super-classes successives seront connues par recours à la méthode `getSuperClass` appliquée aux classes successives ainsi récupérées. Chacune de ces classes nous permet d'accéder à l'ensemble des interfaces implémentées par appel à la méthode `getInterfaces`. Cette méthode renvoie toutes les interfaces implémentées sous forme d'un tableau, mais dans notre cas, nous n'avons au mieux qu'une interface implémentée et nous savons précisément pour quelle classe.

6. Pour simplifier l'exercice, nous nous appuyons sur notre connaissance de l'arbre des types de l'application. Ceci, sans nuire à l'intérêt de la mise en œuvre de l'introspection, nous dispense des tests, obligatoires sinon, à effectuer pour l'analyse des différents cas possibles.

```
public void quiJeSuis() {
  ... // initialisations "techniques" diverses
  String jeSuis="";
  int i=0;
  // pour les interfaces implémentées
  Class interfaces[];
   // récupération de la classe
  Class classe=this.getClass();
  while (classe != null) { // itération sur les sur-classes
      // récupération des interfaces
      interfaces=classe.getInterfaces();
      ... // construction de la description introspective
      // progression dans l'héritage
      classe = classe.getSuperclass();
  }
  // finalisation de la construction de l'auto-description
  // par l'indication de la situation physique de l'objet
  System.out.println(jeSuis); // affichage final
}
```

La suite va consister pour chaque étape, à récupérer le nom de la classe courante, grâce à la méthode `getName`. Et, en fonction du niveau de progression (donné par la valeur de l'indice `i`), il faut ou non, récupérer de la même façon le nom de l'interface implémentée par la classe en cours d'introspection. Vous remarquerez que la récupération du nom de la classe `Object` nécessite un traitement un peu particulier. Ceci est dû au fait que cette classe n'appartient pas au paquetage courant (celui de l'application). Toutes ces informations sont directement concaténées à la variable `jeSuis` pour construire le monologue du bloc en cours d'*analyse* (quasiment) freudienne. Une fois complété par sa position actuelle, sur la table ou un autre bloc, le discours est affiché sur la sortie standard.

```
public void quiJeSuis() {
  ... // initialisations "techniques" diverses
  String jeSuis="";
  int i=0;
  // pour les interfaces implémentées
  Class interfaces[];
```

```
    // récupération de la classe
    Class classe=this.getClass();
    while (classe != null) { // itération sur les sur-classes
     // récupération des interfaces
     interfaces=classe.getInterfaces();
     switch (i) {
     case 0 :
         // l'élément manipulé
         jeSuis = "Ma foi, je suis un " + classe.getName() +
             ...
             + ... + "J'ai appris à implémenter "
             + interfaces[0].getName() ...;
         break;
     case 1 :
         // sa super-classe
         jeSuis += "  Mon père, un " + classe.getName()
             + ... + interfaces[0].getName();
         break;
     case 2 :
         // la super-classe de sa super-classe
         jeSuis += "  sa mère, une " + classe.getName()
             + ", descend en ligne directe d'";
         break;
     default :
         // la racine de l'arbre des classes
         jeSuis += classe.getName().substring(classe.getName().
             lastIndexOf(".")+1)
             + ", l'Objet suprême, dont sommes tous issus.";
     }
     // progression dans l'héritage
     classe = classe.getSuperclass();
     i++;
    }
    // finalisation de la construction de l'auto-description
    // par l'indication de la situation physique de l'objet
    System.out.println(jeSuis);  // affichage final
}
```

Voici ce que la nouvelle version réflexive de la méthode `quiJeSuis` fournit comme informations sur un environnement constitué d'un `Cube` et d'une `Pyramide`.

```
java JeuDeCubes
```

```
Bonjour M'sieur, je suis Azertyuiop le robot, ...
Avec combien de cubes voulez-vous jouer? 1
Avec combien de pyramides voulez-vous jouer? 1
...
A vos ordres :1
Ma foi, je suis un Cube, connu sous le numéro 1.
   J'ai appris à implémenter Porteur,
   ce qui me permet de répondre à vos attentes!
   Mon père, un Bloc, m'a appris à implémenter Déplaçable,
   sa mère, une Pièce, descend en ligne directe d'Object,
   l'Objet suprême, dont nous sommes tous issus.
   Tel que je vous parle, je suis sur la table.
Ma foi, je suis une Pyramide, connue sous le numéro 2.
   Mon père, un Bloc, m'a appris à implémenter Déplaçable,
   ce qui me permet de participer à votre jeu.
   sa mère, une Pièce, descend en ligne directe d'Object,
   l'Objet suprême, dont nous sommes tous issus.
   Telle que je vous parle, je suis sur la table.
A vos ordres :
```

4.7.3 L'intersession en action

Nous l'avons dit, la capacité d'intersession de JAVA se limite à la création d'instances dont la classe n'est connue qu'à l'exécution. Le chargement dynamique de classes en est un exemple illustratif classique. Cette technique de création dynamique d'objets est très fréquemment employée dans les frameworks, la programmation réseau ou l'utilisation de bibliothèques de classes.

Nous allons illustrer cette possibilité par un exemple très simple mais néanmoins conforme au protocole habituel de chargement dynamique tel qu'employé pour le chargement du pilote associé à une base de données (cf. chapitre 10).

Reprenons deux classes de notre fil rouge, la classe `Pièce` et la classe `Bloc`, qui hérite de la précédente. Nous les épurons de manière à uniquement leur faire afficher un message lors de leur chargement dans la machine virtuelle (via un bloc **`static`**).

```
class Pièce {
 static{
  System.out.println("Chargement de la classe Pièce.");
 }
}

class Bloc extends Pièce{
 static{
  System.out.println("Chargement de la classe Bloc.");
 }
}
```

Passons maintenant à la mise en œuvre du processus qui se déroule en deux étapes. Il s'agit dans un premier temps, par l'utilisation de la méthode de classe `forName`, de récupérer la classe qui correspond au nom dont nous disposons. Ensuite, grâce à cette instance de la classe `Class`, nous pouvons obtenir une autre instance, cette fois-ci l'objet demandé, via la méthode `newInstance`[7].

Afin de bien suivre le processus en jeu, nous allons ajouter, par des affichages explicatifs, une *trace* des événements. Notre programme se réduit à la classe `TestInstanciation` et sa méthode `main` dans laquelle tout se déroule.

```
public class TestInstanciation {

 public static void main(String[] args) {
  Class laClasse=null; // l'instance de la classe
  try { // protection contre toute erreur
    System.out.println("Récupération de la classe Bloc.");
    laClasse = Class.forName("Bloc");
  }
  catch(Exception e) {
    System.err.println("Classe Bloc non trouvée!");
    e.printStackTrace();
  }
  try {
    System.out.println("Instanciation de la classe Bloc.");
```

7. Dans cet exemple, nous sommes contraints d'utiliser des constructions particulières de prévention d'erreur à l'exécution qui seront détaillées dans le chapitre 6.

```
      laClasse.newInstance();
    }
    catch(Exception e) {
      System.err.println("Erreur d'instantiation.");
      e.printStackTrace();
    }
  }
}
```

L'exécution de ce programme, provoquera l'affichage du déroulement des événements, les chargements des classes `Pièce` et `Bloc` et l'instanciation d'un `Bloc`. La chronologie des ces actions atteste du caractère dynamique du chargement des classes utilisées qui s'opère bien *à la demande*.


```
java TestInstanciation
```

```
Récupération de la classe Bloc.
Chargement de la classe Pièce.
Chargement de la classe Bloc.
Instanciation de la classe Bloc.
```

Nous remarquons que la première classe à être chargée est naturellement la classe `Pièce`, sur-classe de `Bloc`.

5 La généricité

La généricité est apparue dans JAVA avec la version 5.0 du langage en 2004. Ce fût un des apports majeurs de cette version. Elle permet un paramétrage des classes, des interfaces, des fonctions anonymes[1] et des méthodes sur les types des objets qu'elles manipulent. De nombreuses classes de l'API[2] utilisent cette propriété de JAVA, il est donc important d'en comprendre le mécanisme. Dans ce chapitre, nous verrons d'abord comment utiliser une classe générique, puis comment la définir. Nous verrons ensuite comment généricité et polymorphisme se composent. Enfin, nous terminerons par les méthodes génériques.

5.1 L'utilisation

Imaginons une pile d'éléments définie par une classe `Pile`. La déclaration d'une variable `p` désignant une instance de `Pile` peut s'écrire :

```
Pile p = new Pile();
```

Avant la version 5.0 de JAVA, la généricité est mise en œuvre par polymorphisme sur le type `Object`. La classe `Pile` doit déclarer ses éléments de type `Object` afin de permettre la création de piles dont les éléments sont de type quelconque. Les prototypes des méthodes `empiler` et `sommet` ont, par exemple, la forme suivante :

```
/* ajoute l'élément x en sommet de pile courante */
void empiler(Object x);
```

1. Cf. chapitre 7.

2. Cf. chapitre 9.

```
/* renvoie la valeur du sommet de pile courante */
Object sommet();
```

Puisque les éléments de la pile peuvent être de n'importe quel type, on peut donc empiler des objets de type `Integer`, `String`, ou encore `Pile`, comme dans l'exemple suivant :

```
p.empiler(new Integer(6));
p.empiler(new Pile());
p.empiler("bonjour");
```

Dans la mesure où le type (déclaré) des éléments de la pile est `Object`, une conversion de type *explicite* est exigée par le compilateur JAVA lorsque l'on manipule un élément. La méthode `sommet` renvoie un `Object` et le programmeur doit préciser par un *cast* le type effectif de l'objet en sommet de pile. Par exemple :

```
// conversion de type obligatoire
String s = (String) p.sommet();
```

Toutefois, il n'est pas possible d'imposer *statiquement*, c'est-à-dire de façon contrôlée par le compilateur, que tous les éléments de la pile soient du *même* type. La vérification doit être nécessairement reportée à l'exécution (de la méthode `empiler` par exemple).

La généricité permet un paramétrage des structures de données sur le type de leurs éléments. Il est désormais possible de déclarer une pile dont tous les éléments sont, par exemple, des chaînes de caractères ou des entiers. Pour cela, on indique le type des éléments choisi entre les symboles < et > dans la déclaration de la pile, ainsi que dans le constructeur. Le code suivant construit une pile de `String` et d'`Integer` désignées par les variables `ps` et `pi`.

```
Pile<String> ps = new Pile<String>();
Pile<Integer> pi = new Pile<Integer>();
```

Les éléments de la pile `ps` sont des chaînes de caractères. Ainsi, on peut par exemple empiler la chaîne `"bonjour"`, mais pas l'entier `6`. C'est le *compilateur* qui effectue la vérification.

```
ps.empiler("bonjour");
ps.empiler(6); // erreur de compilation :
// empiler(java.lang.String) in Pile<java.lang.String>
// cannot be applied to (int)
```

Puisque le type des éléments de la pile est maintenant connu, la conversion explicite n'est plus nécessaire lorsque l'on accède à ses éléments.

```
Pile<String> ps = new Pile<String>();
ps.empiler("bonjour");
String s = ps.sommet(); // plus de conversion !
```

Cette notion de type paramétrique est *purement* statique. Le type effectif des structures génériques disparaît à l'exécution, c'est le principe d'effacement (erasure en anglais). On peut s'en convaincre en appliquant la méthode `getClass` à une pile de `String` ou d'`Integer`. Cette méthode renvoie la classe d'un objet à l'exécution. Le résultat est le même (sans distinction du type des éléments).

```
Pile<String> ps = new Pile<String>();
Pile<Integer> pi = new Pile<Integer>();
System.out.println(ps.getClass());
System.out.println(pi.getClass());
```

```
class Pile
class Pile
```

Dans le même esprit, l'utilisation de l'opérateur **`instanceof`** est interdite avec un opérande générique.

```
// illégal
if (pi instanceof Pile<Integer>) {
```

5.2 Les classes génériques

Dans ce qui suit, nous donnerons une implémentation partielle et très simplifiée de la pile, cherchant à mettre en évidence la mise en œuvre de la généricité.

Dans un premier temps, nous représentons une pile par une structure chaînée. Celle-ci est formée de nœuds qui contiennent deux valeurs, celle d'un élément de la pile et celle du lien sur le nœud suivant. Un nœud sera représenté par la classe générique suivante :

```
class Noeud<T> {
    T val;
    Noeud <T> suivant;
    // constructeur pour initialiser la valeur du nœud
    Noeud(T v) {
        val = v;
    }
}
```

Dans l'en-tête de cette classe, `T` est le nom utilisé pour paramétrer le type des éléments de chaque nœud. Il est un peu comme un paramètre formel de méthode. À la création d'une instance de `Noeud`, `T` prendra la valeur effective du type choisi. Les conventions de nommage préconisent de choisir des noms très courts pour ces paramètres, une seule lettre si possible.

La classe `Pile` est bien sûr également générique, paramétrée sur le type des éléments de la pile, nommé `E`. Notez que `E` et `T` sont des noms formels qui n'ont pas besoin d'être identiques, même s'ils désigneront le même type effectif lors de la construction des instances de `Pile`. Le sommet de la pile est le premier nœud de la structure chaînée définie par la classe générique `Noeud<E>`. Il est accessible par l'intermédiaire de la variable `sommet`. Les méthodes génériques `sommet` et `empiler` manipulent des objets de type `E`.

```
class Pile<E> {
    Noeud <E> sommet;
    void empiler(E x) {
```

```
        // ajouter en tête l'élément x
        Noeud<E> p = new Noeud<E>(x);
        p.suivant = sommet;
        sommet = p;
    }

    E sommet() {
        // renvoyer la valeur du sommet de pile
        return sommet.val;
    }
}
```

Cette définition de classe permet de paramétrer les variables de type `Pile` sur le type de leurs éléments. Avec la notation déjà vue, le code suivant crée une pile de chaînes de caractères et une pile de pile d'entiers.


```
// une pile de chaînes
Pile<String> p1 = new Pile<String>();
// une pile de piles d'entiers
Pile<Pile<Integer>> p2 = new Pile<Pile<Integer>>();
```

Notez également qu'il est toujours possible d'utiliser le type `Pile` sans contraindre ses éléments à un type particulier. En l'absence de contrôle de type, on pourra empiler des éléments de différents types :

```
Pile p = new Pile();
p.empiler("bonjour");
p.empiler(6); // OK
// la conversion suivante est obligatoire
Integer i = (Integer) p.sommet();
```

Toutefois, le compilateur indiquera par un message d'avertissement le relâchement du contrôle de type pour certaines opérations. Si le code précédent est placé dans le fichier `Test.java`, sa compilation produira :

```
Note: Test.java uses unchecked or unsafe operations.
Note: Recompile with -Xlint:unchecked for details.
```

L'option `-Xlint:unchecked` listera les instructions pour lesquelles le contrôle de type n'est plus fait. Ici, on sera informé que le compilateur n'a pas fait de vérification de type pour les deux utilisations de la méthode empiler.

Les classes Noeud et Pile sont paramétrées sur un seul type, mais il est tout à fait possible de paramétrer une classe sur plusieurs types. Par exemple, si l'élément à mémoriser dans le nœud est formé d'une clé et d'une valeur, on pourra paramétrer la classe Noeud par les noms C et V pour les types des clés et des valeurs.

```
class Noeud<C,V> {
    C clé;
    V val;
    Noeud <C,V> suivant;
    Noeud (C c, V v) { clé = c; val = v; }
}
```

Il est également possible d'exprimer des relations entre ces paramètres. Si, par exemple, le type des valeurs est un sous-type de celui des clés, on écrira dans l'en-tête de la classe Noeud :

```
class Noeud<C,V extends C> { ... }
```

Tableau générique

Considérons maintenant que la pile est implémentée avec un tableau, et non plus avec une structure chaînée. On récrit la classe Pile comme suit :

```
class Pile<E> {
    int sommet;
    E [] lesÉléments; // de la pile
    void empiler(E x) {
        // sommet est l'indice d'insertion
        lesÉléments[sommet++] = x;
    }
    E sommet() {
        return lesÉléments[sommet-1];
    }
}
```

Il faut définir maintenant un constructeur pour créer le tableau des éléments de la pile. On a bien envie d'écrire :

```
Pile(int n) {
    lesÉléments = new E[n];
}
```

Malheureusement, JAVA n'autorise pas les tableaux génériques. Pour cela, il devrait connaître à l'exécution le type effectif des éléments du tableau, et nous avons vu que cette information était perdue (principe d'*effacement*). Le code précédent provoque donc une erreur de compilation :

```
Pile.java:8: generic array creation
       lesÉléments = new E[n];
                         ⇑
1 error
```


Pour corriger cette erreur, il faut créer un tableau d'`Object` et le convertir en tableau de `E`.

```
Pile(int n) {
    lesÉléments = (E []) new Object[n];
}
```

Il n'y a plus d'erreur de compilation, mais un message d'avertissement. Avec l'option `-Xlint:unchecked`, la compilation du code précédent produira le message :

```
Pile.java:8: warning: [unchecked] unchecked cast
found   : java.lang.Object[]
required: E[]
        lesÉléments = (E []) new Object[n];
                             ⇑
1 warning
```

Attributs statiques

JAVA interdit aux variables ou méthodes statiques d'une classe toute référence à la déclaration d'un nom de type. Les déclarations statiques de la variable v et de la méthode m dans la classe générique suivante provoquent des erreurs de compilation.

```
class C<T> {
   static T v;
   static void m(T x);
}
```

Les attributs statiques sont partagés par toutes les instances de la classe. Si les instances sont paramétrées sur différents types effectifs, il sera impossible pour l'attribut statique d'en choisir un en particulier. C'est pour cela que ces déclarations statiques sont interdites par JAVA.

5.3 Les interfaces génériques

Tout comme les classes, les interfaces peuvent elles aussi être génériques. Définissons une interface Pile qui décrit le comportement (toujours partiel) d'une pile.

```
interface Pile<T> {
    void empiler(T x);
    T sommet();
}
```

Ses implémentations seront distinguées par la représentation de la pile sous forme, par exemple, d'une structure chaînée ou d'un tableau.

```
// Implémentation d'une pile par un tableau
class PileTableau<E> implements Pile<E> { ... }
// idem avec une structure chaînée
class PileChaînée<E> implements Pile<E> { ... }
...
Pile<String> p = new PileChaînée<String>();
```

Dans le code précédent, le nom E est déclaré par les classes PileChaînée et PileTableau et utilisé par l'interface Pile pour indiquer qu'il s'agit du même type d'éléments. Choisir des noms de type différents n'aurait aucun sens. Le compilateur signalerait une erreur.

```
class PileChaînée<E> implements Pile<T> { ... }
// erreur : symbole T inconnu
```

Notez également que les interfaces peuvent être paramétrées sur plusieurs types de la même façon qu'une classe ordinaire.

```
interface I<T,S,U> { ... }
```


5.4 La généricité et le polymorphisme

Un point important est de savoir si le polymorphisme s'applique normalement sur les types génériques. Les déclarations suivantes sont-elles valides ?

```
Pile<Integer> p1 = new Pile<Integer>();
Pile<Object> p2 = p1;
```

A priori oui, puisqu'un `Integer` hérite d'`Object`, le polymorphisme devrait s'appliquer. En fait, JAVA *n'autorise pas* l'affectation de `p1` à `p2`. La raison en est simple. Les éléments de `p1` sont exclusivement des entiers. Si l'affectation était possible, on pourrait empiler des éléments d'un type autre que `Integer` dans la pile `p2`.

L'écriture d'une méthode qui possède comme paramètre un objet générique nécessite une notation particulière. Prenons l'exemple d'une méthode qui affiche le sommet d'une pile `p`. L'écriture suivante n'est pas permise puisque le polymorphisme ne s'applique pas entre `Pile<Integer>` et `Pile<Object>`.

```
void afficherSommet(Pile<Object> p) {
    System.out.println(p.sommet());
}
...
```

```
Pile<Integer> p = new Pile<Integer>();
afficherSommet(p); // types incompatibles
```

Pour autoriser le polymorphisme sur les objets génériques, JAVA a introduit le symbole « ? » pour désigner un type quelconque :

```
void afficherSommet(Pile<?> p) {...}
...
Pile<Integer> pi = new Pile<Integer>();
afficherSommet(pi); // OK
Pile<String> ps = new Pile<String>();
afficherSommet(ps); // OK
```

Il est aussi possible de limiter ce polymorphisme à des sous-classes. Soit une classe `B` qui hérite d'une classe `A`, l'écriture d'une méthode d'affichage des sommets de pile d'éléments de type `A` ou `B` s'écrira :

```
void afficherSommet(Pile<? extends A> p) {...}
```

D'une façon générale, cette méthode s'appliquera à n'importe quelle sous-classe de `A`. Notez que la notation `<?>` est donc équivalente à `<? extends Object>`.

La situation inverse peut également apparaître lorsque l'on veut un polymorphisme sur les classes mères. JAVA propose la notation `? super T` pour indiquer n'importe quelle super-classe de `T` (y compris la classe `T` elle-même).

```
void afficherSommet(Pile<? super B> p) {...}
```

Cette méthode `afficherSommet` s'applique à toutes les piles dont les éléments sont de type `B`, `A`, ou `Object`.

Avec la notation `?`, une méthode *ne connaît pas* le type des éléments de la structure générique. L'exemple suivant montre qu'il est possible de récupérer la valeur d'un élément puisque par polymorphisme c'est toujours un `Object`. En revanche, comme le type des éléments de la pile est inconnu, il n'est pas possible d'empiler quelque valeur que ce soit.

```
void dupliquerSommet(Pile<?> p) {
   Object o = p.sommet(); // OK
   p.empiler(o); // erreur de compilation
}
```

La notion de méthodes génériques fournit une solution à ce problème.

5.5 Les méthodes génériques

JAVA permet la définition de méthodes (statiques ou non) génériques paramétrées sur un ou plusieurs types. Ces types sont déclarés entre chevrons dans l'en-tête de la méthode. La méthode `dupliquerSommet` précédente s'écrit alors de la façon suivante :


```
<T> void dupliquerSommet(Pile<T> p) {
   T o = p.sommet();
   p.empiler(o);
}
```

Cette fois, le type des éléments est connu, c'est `T`. L'ajout d'un élément en sommet de pile ne provoque plus d'erreur de compilation. Lors de l'exécution de la méthode `dupliquerSommet`, le type effectif des éléments de la pile n'est pas à expliciter. Le compilateur est en mesure de le déterminer par inférence.

```
Pile<Integer> p1 = new Pile<Integer>();
Pile<String> p2 = new Pile<String>();
dupliquerSommet(p1);
dupliquerSommet(p2);
```

Les méthodes génériques servent en particulier lorsqu'il y a des dépendances de type entre les paramètres ou avec le type de retour de la méthode.

Par exemple, écrivons une méthode qui empile dans une pile, dont les éléments sont de type T, le sommet d'une seconde pile dont les éléments sont de type S (sous-classe de T).

```
// empile le sommet de p1 sur p2
// et renvoie la valeur empilée
<T, S extends T> S copie(Pile<S> p1, Pile<T> p2) {
      S x = p1.sommet();
      p2.empiler(x);
      return x;
}
```

La notation ? peut être utilisée avec les méthodes génériques. Considérons la méthode précédente, mais sans valeur de retour puisque l'on ne peut l'exprimer. On récrit la méthode comme suit :

```
// empile le sommet de p1 sur p2
<T> void copie(Pile<? extends T> p1, Pile<T> p2) {
      p2.empiler(p1.sommet());
}
```

6 Le contrôle de l'exécution

Dans ce chapitre, nous allons présenter deux éléments, parties intégrantes du paquetage `java.lang`, qui permettent sur deux plans très différents de contrôler finement le processus d'exécution d'une application JAVA. Il s'agit, d'une part, des exceptions, abondamment employées par les API pour prévenir tout risque d'erreur à l'exécution, et, d'autre part, des processus légers qui autorisent l'introduction d'une pseudo concurrence dans les objets de votre programme.

6.1 Les exceptions

Dans la mouvance lispienne, les exceptions étaient apparues comme structure de contrôle de l'exécution. Il s'agissait même de la seule structure de contrôle réellement compatible avec la récursivité. La notion a été reprise pour la prévention des erreurs à l'exécution. Dans ce cadre, une erreur est considérée comme une situation exceptionnelle qui demande un traitement exceptionnel. Nous trouvons donc logiquement en JAVA deux emplois des exceptions. Le premier répond aux exigences de sûreté de fonctionnement que se sont imposé les concepteurs du langage. Toute partie de code susceptible de provoquer une erreur à l'exécution, comme les entrées-sorties [1], se doit de la prévenir en indiquant explicitement le traitement à effectuer. Le second reprend l'approche lispienne qui consiste à utiliser ce moyen pour contrôler précisément et très efficacement le déroulement de l'exécution du programme.

1. Cf. chapitre 8.

6.1.1 Vie et mort des exceptions

Tout commence par l'instanciation de la classe `Exception` ou de l'une de ses classes dérivées et se termine, soit au niveau de ce que l'on appelle un *verrou* de blocage dans le cas où le programmeur a décidé de contrôler ce type d'événement, soit au niveau de la *Java Virtual Machine* dans le cas contraire.

Entre les deux, différents événements surviennent. Tout d'abord, l'objet exception créé est envoyé, on dit que *l'exception est levée*. À partir de ce moment, sa vie va consister à remonter la pile d'exécution jusqu'à trouver sur son chemin un verrou qui va l'intercepter. Comme nous l'avons vu, ce verrou peut avoir été posé par le programmeur ou à défaut, il s'agit de celui posé par la *Java Virtual Machine* et dont le rôle est de stopper *toutes* les exceptions.

Entre la création et l'arrêt définitif d'une exception, il y a l'espace pour de multiples rebondissements. Une exception peut être interceptée par un verrou, mais de manière temporaire. Ce dernier peut effectuer un traitement particulier, pour ensuite renvoyer à nouveau l'exception (ou une autre) et ainsi de suite jusqu'au verrou terminal : celui qui ne relancera pas d'exception.

Alors comment tout cela se traduit-il en JAVA ? C'est assez simple et la batterie de constructions du langage est limitée mais suffisamment complète pour couvrir efficacement les deux aspects fonctionnels.

Une exception est un objet, instance de la classe `java.lang.Exception` ou de l'une de ses multiples dérivées. Notez que les sous-classes sont, la plupart du temps, dérivées pour permettre une distinction des différents cas exceptionnels. Elles n'apportent généralement pas de fonctionnalités supplémentaires, mais enrichissent l'arbre des types et affinent la discrimination des événements. Il faut consulter l'API `java.lang` pour en avoir une description exhaustive. L'objet, de type `Exception`, est *envoyé* au travers de la pile d'exécution à la recherche d'une construction du langage dédiée à son interception.

6.1.2 Les constructions du langage

Le compilateur veille à s'assurer de votre prise en compte des exceptions qui pourraient être levées et vous impose donc d'utiliser les constructions du langage pour répondre aux exigences de sûreté de fonctionnement.

La manipulation des exceptions se fait principalement au travers de trois constructions syntaxiques :

1. **`throw`** : c'est l'énoncé qui lève une exception. Celle-ci doit être instanciée ou avoir été récupérée pour être relancée.
2. **`try`** - **`catch`** - **`finally`** : il s'agit du triptique de gestion des exceptions susceptibles d'être levées. On parle d'un énoncé **`try`** qui contrôle un bloc et de *clauses* **`catch`** et **`finally`** qui définissent les traitements à effectuer suivant le type de l'exception pour **`catch`** et quoi qu'il arrive pour **`finally`**.
3. **`throws`** : ce mot-clé indique la possible transmission d'une exception par la méthode dans l'en-tête de laquelle il apparaît (juste après la liste des paramètres formels).

Si, dans une partie de code, une exception est susceptible d'être levée, il y a deux alternatives et deux seulement.

La première consiste à *botter en touche*, c'est-à-dire déclarer que vous ne vous en occupez pas à cet endroit, et vous vous contentez de la relayer. Dans ce cas, vous devez, après la liste des paramètres formels de la méthode concernée (celle dans laquelle se situe la partie de code incriminée), ajouter le mot-clé **`throws`** suivi de l'exception, ou de la liste des exceptions, qui pourraient ainsi être transmises, comme dans l'exemple qui suit :

```
int foo(char a)
        throws NumberFormatException, IOException {
    .....
}
```

Attention, dans ce cas de figure, votre refus de traiter l'exception reporte sur l'appelant la responsabilité de le faire. Bien entendu, ce dernier reste libre de son choix, et à défaut de traitement dans votre code, c'est, rappelons-le, la JVM qui capturera définitivement l'exception.

En JAVA, *rien* n'impose au programmeur de *traiter* les exceptions, seule l'*obligation* de *prévoir* explicitement leur occurrence lui est faite.

La seconde possibilité consiste donc à traiter l'exception.

```
try {  // code susceptible de provoquer
   ... // la levée d'une exception
}
catch (Exception1 e1) {
   actionC(e1) // code de traitement de l'exception
               // e1 du type Exception1
}
catch (Exception2 e2) {
   actionS(e2) // code de traitement de l'exception
               // e2 du type Exception2
}
catch (Exception3 e3) {
   actionC(e3) // code de traitement de l'exception
               // e3 du type Exception3
}
finally {
   ... // code systématiquement exécuté
}
```

Pour ce faire, il faut localiser la partie du code susceptible de provoquer la levée d'une exception et la *protéger* à l'aide de l'énoncé **try**, en la plaçant à l'intérieur du bloc associé. La partie de code sensible ainsi délimitée, il faut passer au traitement effectif. Le **try** *doit* être suivi d'une ou plusieurs clauses **catch**. Un **finally** peut éventuellement terminer ce bloc de contôle.

Si une exception est levée lors de l'exécution du code contrôlé par un **try**, alors son exécution est interrompue brutalement et les clauses **catch** sont examinées. Si l'exception levée est du type, ou d'un sous-type, de l'une des clauses **catch**, alors le code associé à cette clause est exécuté et l'exception stoppée. Attention, le polymorphisme jouant, il peut y avoir plusieurs **catch** concernés, auquel cas, le traitement effectué est celui du premier **catch** rencontré dont le type convient. Il faut donc bien penser, lors de la définition des clauses associées à un **try**, à les disposer séquentiellement de la plus spécifique à la plus générale. Si aucun **catch** ne convient, mais qu'un **finally** est présent, le code associé est exécuté. L'exception reprend ensuite son parcours de la pile d'exécution à la recherche d'un verrou.

Dans l'exemple présenté, nous remarquons que l'action exécutée en cas de levée d'une exception de la première ou de la troisième classe est la même. Avec le *multi-catch* , il est possible, à l'aide de la barre verticale | de regrouper ces deux classes en une seule clause **catch** comme présenté ci-après.

```
try {  // code susceptible de provoquer
   ... // la levée d'une exception
}
catch (Exception1 | Exception3 e ) {
   actionC(e) // code de traitement des exceptions
              // e de type Exception1 ou Exception3
}
catch (Exception2 e2) {
   actionS(e2) // code de traitement de l'exception
               // e2 du type Exception2
}
finally {
   ... // code systématiquement exécuté
}
```

Dans le cadre très fréquent de la gestion des éventuelles erreurs lors des entrées-sorties, il était obligatoire de prévoir explicitement la fermeture des flux ouverts, à l'aide, le plus souvent, d'une clause **finally**. La variante de l'énoncé **try**, appelée **try**-with-resources, permet de se dispenser de ce traitement spécifique au profit d'un simple regroupement en en-tête du **try** de la création des flux utilisés. Cette forme de l'énoncé **try** assurera, quoi qu'il advienne, la fermeture correcte des flux concernés, à la seule condition qu'ils implémentent l'interface AutoCloseable.

Le schéma qui suit illustre cette possibilité et des exemples d'utilisation sont fournis dans le chapitre 8.

```
try ( FluxClasse1 f1 = new FluxClasse1(...);
       ... // création des flux manipulés
       FluxClasseN fN = new FluxClasseN(...) )
```

```
{
   // code de gestion des flux f1 .. fN
   // qui seront fermés automatiquement
   // lors de la sortie normale, ou non, du try
}
catch (Exception e) {
   action(e)
   // code de traitement des éventuelles exceptions
}
```

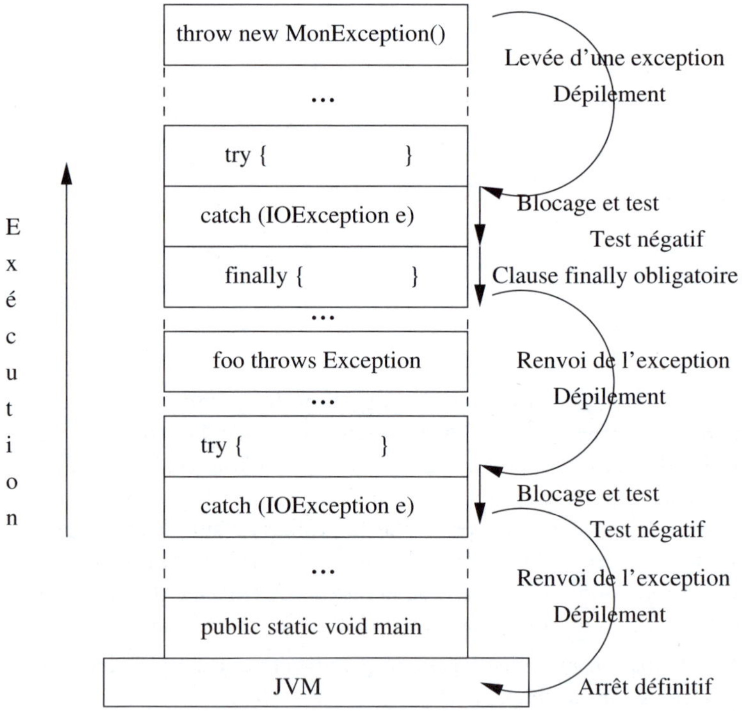

Figure 6.1 Exception sans verrou

La figure 6.1 représente de façon schématisée l'effet de la levée d'une exception pour laquelle aucun verrou spécifique n'a été mis en place.

Examinons ce qui se passe. L'exécution de l'application se déroule normalement, le point d'entrée `main` lance l'enchaînement des appels de méthodes. La pile croît, en posant notamment deux **`try`** et les clauses associées. Ensuite, intervient la levée d'une exception `MonException`. L'exécution est brutalement interrompue, et les éléments successivement empilés dans la pile d'exécution, sont, un à un, parcourus à la recherche d'une clause **`catch`** ou **`finally`**. Un premier **`catch`** est rencontré, le type d'exception attendu ne concorde pas avec l'exception levée, mais un **`finally`** est présent. Le code associé est donc exécuté, puis le trajet de l'exception reprend. Nous voyons qu'elle *passe au travers* de la méthode `foo` pour être de nouveau arrêtée par un **`catch`**. Mais sans plus de succès et c'est donc au niveau de la JVM que l'exception est finalement arrêtée. L'exécution de l'application est donc stoppée, mais le code associé au **`finally`** rencontré a pu néanmoins être exécuté.

6

Le bloc associé à une clause **`finally`** est systématiquement exécuté, qu'il y ait ou non levée d'une exception. Qu'en est-il des exceptions qui pourraient être levées lors du traitement d'une précédente exception ?

Si une exception est levée, dans le bloc d'un **`catch`**, l'exécution du bloc est interrompue. Si un **`finally`** est présent, le bloc associé est exécuté, et la recherche d'un **`catch`**, susceptible d'arrêter la nouvelle exception, ou d'un nouveau **`finally`**, est lancée.

Si la levée de l'exception se produit dans un **`finally`**, une sortie brutale du bloc est provoquée, et la recherche d'un verrou (**`catch`** dédié ou **`finally`**) est lancée.

La figure 6.2 présente le déroulement d'un tel cas de figure. Une `IOException` est levée, récupérée par un **`catch`** adapté, mais au cours de l'exécution du traitement, une nouvelle exception de type `RuntimeException` cette fois-ci est levée. Le traitement de l'`IOException` est interrompu, mais une clause **`finally`** était associée. Son code est exécuté avant de relancer la `RuntimeException` qui passe un premier verrou puis se trouve définitivement arrêtée par un **`catch`** dédié dont le code associé est exécuté.

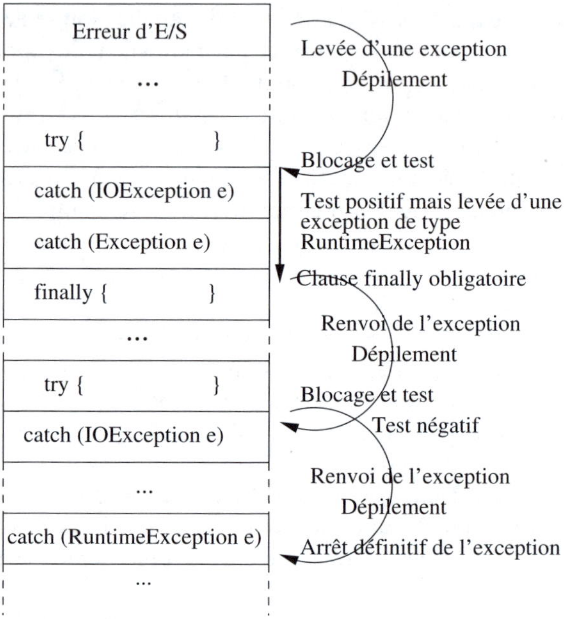

Figure 6.2 Exception avec relance

6.1.3 *Errare machina est*

Le langage Java décrit deux types d'événements exceptionnels : les erreurs `java.lang.Error`, qui correspondent à des événements irrécupérables suivis de l'arrêt de la machine virtuelle, et les exceptions dont nous avons parlé jusqu'à présent.

La première catégorie, le type `Error`, n'est pas d'un grand intérêt sur le plan de la programmation. Les erreurs ne sont pas réellement destinées à être dérivées et correspondent effectivement à des situations pour lesquelles votre intervention n'est pas attendue. Elle peuvent par exemple concerner des problèmes liés à la JVM elle-même [2]. Notez bien qu'elles ne sont pas dérivées des exceptions mais issues d'une classe voisine et consti-

2. Toutefois, ne négligez pas la consultation de l'API `java.lang` pour les explorer.

tuent un arbre de classes parallèle. Nous avons vu qu'il y avait obligation de prévenir les exceptions. Bien entendu, les `Error` ne sont pas prévisibles et ne doivent généralement pas faire l'objet d'un traitement particulier. Il existe aussi une catégorie d'exceptions dont l'apparition est imprévisible et dont le traitement ne peut être rendu obligatoire par le compilateur. Il s'agit des exceptions instances de la classe `java.lang.RuntimeException` ou de l'une de ses sous-classes qui sont levées lors de l'exécution d'une application. Par exemple, l'exception `ArithmeticException` est levée lors d'une division par zéro.

Ces événements exceptionnels, qu'ils soient des erreurs ou des exceptions ont tous pour ancêtre commun la classe `java.lang.Throwable` dont le nom sonne comme une interface.

Le code de gestion des exceptions peut effectuer toute sorte d'actions, à la mesure de l'événement, et peut faire appel aux différentes méthodes de la classe `Throwable`. Le tableau 6.1 donne une description des méthodes les plus fréquemment employées.

`Throwable`	`getCause()` Renvoie l'objet `Throwable` cause de l'événement et **`null`** si ce dernier est inconnu ou s'il n'existe pas.
`String`	`getMessage()` Renvoie le message associé à l'événement `Throwable`.
`void`	`printStackTrace()` Affiche la description de l'événement `Throwable` ainsi que l'état courant de la pile sur `System.error`. Il existe deux versions surchargées permettant de désigner explicitement le flux d'impression.
`String`	`toString()` Renvoie une représentation de l'événement `Throwable` sous forme de chaîne.

Tableau 6.1 Méthodes des exceptions

Avant de donner un exemple de gestion, nous allons présenter les quatre possibilités d'instanciation [3] d'une `java.lang.Exception`.

3. Suivant la sous-classe, toutes les versions des constructeurs ne sont pas toujours disponibles.

`Exception()` Construit une nouvelle exception sans message spécifique.
`Exception(String message)` Construit une nouvelle exception avec un message spécifique.
`Exception(String message, Throwable cause)` Construit une nouvelle exception avec un message spécifique et un événement de type `Throwable`.
`Exception(Throwable cause())` Construit une nouvelle exception avec un événement de type `Throwable` et un message égal à `cause.toString()` si l'événement n'est pas égal à **`null`** et vide sinon.

Tableau 6.2 Constructeurs des exceptions

Nous voyons, dans le tableau 6.2 que nous pouvons inclure un message lors de l'instanciation d'une exception. C'est ce message qui est utilisé notamment pour le retour de la méthode `toString()` héritée de `java.lang.Throwable`. Il est aussi possible de fournir un événement `Throwable` lors de l'instanciation de l'exception. Ceci permet, entre autres, de *chaîner* les exceptions. Ainsi, si la nature de l'événement impose après traitement d'envoyer une nouvelle exception, celle-ci peut conserver l'historique des exceptions ayant amené à sa création.

```
public class RTTException {
    // exemple de capture d'une RuntimeException
    static void lèveException() {
        int a = 10, b = 2;
        for (int i = 1; i < 10; i++){
            System.out.println(b);
            a = a/(b--); // Division par zéro ?
        }
    }
    public static void main(String args[]){
        try { // bloc protégé
            lèveException();
        }
        catch (ArithmeticException e)
            // arrêt des erreurs d'arithmétique
            {e.printStackTrace();}
    }
}
```

Passons maintenant à notre exemple dont le code précède. Il s'agit très simplement d'une mise en scène du traitement que l'on peut être amené à faire lors de la manipulation d'opérations arithmétiques.

Le code est compilé sans aucune erreur, car il n'est pas possible statiquement de détecter la possible levée d'une exception. En effet, s'il est clair que la division par zéro est inéluctable, ceci n'est pas prévisible au niveau du compilateur qui ne peut donc demander à ce que la méthode `lèveException` s'en préoccupe.

L'exécution suivante montre clairement qu'une exception `ArithmeticException` est levée lors de la troisième itération et que le message généré par JAVA, `/ by zero`, décrit précisément l'événement qui a provoqué cette situation.

```
java RTTException
```

```
2
1
0
java.lang.ArithmeticException: / by zero
at RTTException.lèveException(RTTException.java:7)
at RTTException.main(RTTException.java:12)
```

L'impression de la pile d'exécution décrit l'histoire du calcul qui a amené à cette interruption. La méthode `RTTException.main` a fait appel à la méthode `RTTException.lèveException` qui a provoqué la levée de l'exception et très précisément à la ligne 7 du fichier `RTTException.java` où se trouve l'énoncé incriminé `a=a/(b--)`. Remarquez que les méthodes sont des méthodes de classe et qu'elles sont qualifiées en conséquence.

Cet exemple montre deux choses importantes. La première, c'est qu'il n'est pas nécessaire que JAVA et son compilateur imposent de se préoccuper des exceptions pour le faire. Le genre de situation illustré ici est fréquemment rencontré dans la vie quotidienne du programmeur. La seconde, c'est qu'il est très aisé de maîtriser, à l'aide des constructions du langage et des méthodes liées aux événements `Throwable`, tout type de situation exceptionnelle avec la plus grande liberté d'action. On imagine sans problème toutes sortes de situations où la possibilité d'arrêter l'erreur avant qu'il ne soit trop tard permet de garantir une sûreté de fonctionnement à la hauteur des espoirs des concepteurs de JAVA.

6.1.4 *Deus ex machina*

Il est tout à fait possible de définir ses propres classes d'exceptions en héritant de la classe `Exception` ou de l'une de ses sous-classes. Une fois une classe d'exceptions définie, il est possible de poser dans la pile d'exécution, un ou plusieurs verrous spécifiques à cette classe. Il s'agit là de l'aspect le plus intéressant des exceptions.

Ainsi, dans votre application, vous pouvez décider des circonstances précises qui nécessiteront d'interrompre l'exécution en cours *et* de l'endroit précis où vous récupérerez la main pour la reprise de l'exécution. Voici un exemple élémentaire, mais qui illustre déjà la puissance de ce mécanisme. Il s'agit de la mise en œuvre d'une sortie élégante et directe de niveaux de traitement multiples d'une application que l'on pourrait imaginer interactive.

```
// une nouvelle classe d'exception dérivée d'Exception
class ExceptionDeSortie extends Exception {
    // redéfinition de deux constructeurs
    ExceptionDeSortie () { }
    ExceptionDeSortie (String s) { super(s); }
}
```

Tout d'abord, une nouvelle classe d'exception est définie, `ExceptionDeSortie`. Elle ne contient que deux versions du constructeur, une sans paramètre et une avec un paramètre : une chaîne représentant le message qui sera transmis par l'exception.

L'application, très simple, ne comporte que trois méthodes **`static`** [4]. La méthode `sortie` se contente de lever l'exception `ExceptionDeSortie` en fournissant comme message la chaîne `Par ici la sortie!`. La méthode `onEmpile`, en fonction d'une valeur obtenue *via* `Math.random()`, fera appel à `sortie` ou s'appellera récursivement en

4. Rappelons que dans une méthode **`static`**, il ne peut être fait appel directement qu'à d'autres méthodes de classe.

affichant le niveau d'appel. Il y a donc possibilité d'empiler de nombreux appels récursifs, dont la sortie se fera directement grâce à la levée d'une exception.

```
// l'application illustrant la sortie directe
public class SortieException {
    // la méthode transmettra une exception
    static void sortie () throws ExceptionDeSortie {
        throw new ExceptionDeSortie("Par ici la sortie!");
    }
    static void onEmpile(int i)
    // cette méthode transmettra aussi une exception
        throws ExceptionDeSortie {
        // Affichage du niveau d'appel récursif
        System.out.println("Niveau " + i);
        // Si l'aléa = 1 alors on sort
        if (((int)(Math.random()*10))!= 1) onEmpile(i+1);
        else sortie();
    }
    // le main pose un try et le verrou
    public static void main (String args []){
        try { onEmpile(0); }
        catch (ExceptionDeSortie e) {
            e.printStackTrace();
            System.out.println("Ouf ! " + e);
        }
    }
}
```

6

La méthode `main` fait appel à la méthode `onEmpile` au travers d'un bloc **`try`** et définit le verrou adapté à l'exception. C'est dans le bloc associé à ce verrou que sera affiché l'exception ainsi que le message déterminé lors de l'instanciation.

Voici dans l'encadré suivant, un exemple d'exécution de l'application.

```
java SortieException
```

```
Niveau 0
Niveau 1
Niveau 2
Niveau 3
ExceptionDeSortie: Par ici la sortie!
at SortieException.sortie(SortieException.java:5)
at SortieException.onEmpile(SortieException.java:14)
at SortieException.onEmpile(SortieException.java:13)
at SortieException.onEmpile(SortieException.java:13)
at SortieException.onEmpile(SortieException.java:13)
at SortieException.main(SortieException.java:18)
Ouf! ExceptionDeSortie: Par ici la sortie!
```

Cette exécution nous montre que la sortie des appels récursifs (ici 3) se fait simplement et directement. L'état de la pile d'exécution au moment de la levée de l'exception est donné par l'application de la méthode `printStackTrace()` à l'exception (`e.printStackTrace`). La présentation de la pile est précédée de l'affichage des informations sur l'exception comme dans le message final construit par la dernière ligne du code.

6.2 Les processus légers

Nous sommes tous habitués à disposer de la puissance de calcul de nos ordinateurs comme bon nous semble, sans même avoir idée des acrobaties qu'est amené à faire le système d'exploitation pour nous donner l'impression que nous avons à notre disposition autant de processeurs que nécessaire. Il s'agit bien évidemment d'une simulation, basée sur le partage du temps de calcul en fonction des besoins des différentes applications qui s'exécutent en concurrence.

Devant l'intérêt de cette notion, différentes approches d'intégration ont été proposées et Java a choisi celle des threads. Il s'agit de processus dits *légers* par rapport aux processus gérés par les systèmes d'exploitation qui ne partagent aucune ressource *interne* et communiquent par des points particuliers appelés des *sockets*. Les threads partagent le même espace de données et l'intégration offerte par JAVA, basée sur les notions de classe et d'interface, offre une mécanique bien ajustée d'usage relativement aisé.

6.2.1 Présentation des mécanismes

Les processus JAVA sont des sortes de flots de contrôle au sein d'une même application qui s'exécutent concurremment sous l'autorité de la *Java Virtual Machine*. La JVM est un processus système qui offre, en son sein, des possibilités de partage de son temps CPU.

Pour utiliser les possibilités offertes par les processus légers, il faut que la classe, dont vous voulez que les instances s'exécutent en concurrence, hérite de la classe `java.lang.Thread`, ou implémente l'interface `java.lang.Runnable`[5]. L'encadré qui suit présente une classe `ProcessThread` qui hérite de `Thread` et une classe `ProcessRunnable` qui implémente `Runnable`.

Attention, il est obligatoire de passer par l'implémentation de l'interface dès lors que votre classe doit hériter d'une autre classe.


```
class ProcessThread extends Thread {
    // une classe dérivée de Thread
    public ProcessThread() { ... }
    ...
    public void run() { ... }
}
class ProcessRunnable implements Runnable {
    // une classe implémentant Runnable
    public ProcessRunnable() { ... }
    ...
    public void run() { ... }
}
```

La classe `Thread` définit l'ensemble des méthodes de manipulation et de gestion des processus légers et implémente l'interface `Runnable`. Pour en disposer, il faut donc obtenir une instance de cette classe. En instanciant votre classe dérivée de `Thread`, vous obtenez directement un ob-

5. Avec JAVA 8, cette interface est devenue fonctionnelle, cf. chapitre 7.

jet du type `Thread`[6]. Si votre classe n'hérite pas de `Thread`, mais implémente `Runnable`, vous devez procéder à la création d'un thread, *via* **new**, en fournissant l'instance de votre classe comme paramètre du constructeur `Thread`. Ainsi, les deux méthodes vous amènent à l'obtention d'une instance de la classe `Thread`, comme dans l'exemple qui suit.

```
public class TestThreads {
    public static void main(String [] args) {
        // instanciation des deux classes précédentes
        ProcessThread   pt1 = new ProcessThread();
        ProcessRunnable pr2 = new ProcessRunnable();
        // pr2 doit être "transformé" en Thread
        Thread pt2 = new Thread(pr2);
        // ceci fait, les deux processus démarrent
        pt1.start();
        pt2.start();
    }
}
```

Tout commence donc par l'instanciation de la classe *threadée*. L'objet obtenu est un thread inactif qui attend d'être démarré par l'application de la méthode `start()` qui lance l'exécution de la méthode `run()`.

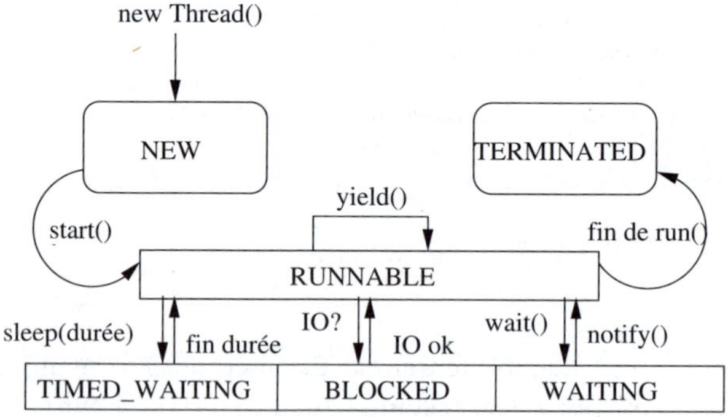

Figure 6.3 Cycle de vie des threads

6. Cf. chapitre 4.

Les différents états d'un thread, décrits dans la figure 6.3, sont donnés dans l'énumération `Enum Thread.State` (cf. tableau 6.3).

BLOCKED	thread en attente de la libération d'une donnée.
NEW	tread qui n'a pas encore commencé à s'exécuter.
RUNNABLE	thread exécutable, prêt à disposer de la puissance de calcul.
TERMINATED	thread dont l'exécution est terminée.
TIMED_WAITING	thread en attente avec une durée maximum spécifiée.
WAITING	thread en attente.

Tableau 6.3 États des threads

Une fois activé, le processus devient `RUNNABLE`, c'est-à-dire qu'il fait partie de l'ensemble des processus éligibles, qui disposent, l'un après l'autre, de la capacité de calcul de la JVM. Ici intervient ce que l'on appelle le scheduler, qui attribue du temps CPU à chacun des processus éligibles, les uns après les autres, *modulo* la priorité qui leur est attribuée savamment dosée avec divers facteurs liés à l'état de la JVM et du système d'exploitation.

La figure 6.3 montre vers quels états le processus peut évoluer. Le plus fréquent est l'état `BLOCKED` dont il pourra sortir lorsque l'événement qui a provoqué son blocage sera achevé. Sinon, lorsque la méthode `run` s'achève, le processus est terminé, il entre dans l'état `TERMINATED`. De même, si une exception est levée pendant l'exécution et qu'elle n'est pas capturée, le processus se termine[7]. Les deux autres états, `WAITING` et `TIMED_WAITING`, dénotent une attente qui peut être bornée par une durée. La plupart de ces événements sont gérés par des méthodes spécialisées que nous présenterons dans le paragraphe suivant. Il reste un cas de passage à l'état `BLOCKED`, il s'agit de l'attente d'une ressource non disponible. Sur le schéma, le cas présenté est un accès aux entrées-sorties. Un tel blocage se produit lors d'accès concurrents de plusieurs processus à des ressources partagées. Celles-ci doivent être verrouillées par le processus qui y accède, empêchant ainsi tout autre processus de les manipuler, le temps nécessaire pour lui d'achever son traitement.

7. Une troisième possibilité existe, mais elle est *dépréciée* car non sûre, il s'agit de la méthode `stop()`.

6.2.2 La gestion des threads

Le constructeur de la classe `Thread` est surchargé et accepte différentes invocations. La première, sans paramètre, alloue simplement un nouvel objet de type `Thread`. Nous l'avons vu dans l'exemple précédent, il est possible de fournir un objet de type `Runnable`, comme présenté dans l'exemple initial et dans le chapitre 8. Une chaîne de caractères peut aussi être fournie, elle sera le nom du processus. Nous avons ainsi la possibilité d'invoquer le constructeur sous les quatre formes suivantes [8] :

- `Thread()`,
- `Thread(Runnable cible)`,
- `Thread(Runnable cible, String nom)`
- `Thread(String nom)`

Le tableau 6.4 donne une description des méthodes de manipulation des caractéristiques des processus.

Diverses méthodes destinées à s'assurer de l'état d'un processus, ainsi que des méthodes d'accès en lecture et écriture du nom et du niveau de priorité d'un thread sont proposées. Le niveau de priorité d'un processus (un **`int`**) va de 1 à 10, du moins prioritaire au plus prioritaire, comme indiqué dans le tableau 6.5. Un niveau de priorité par défaut est défini et attribué à tous les processus à leur création, il faut donc employer la méthode `setPriority()` pour en changer.

Le tableau 6.6 présente quant à lui, les principales méthodes de gestion des processus.

Il est temps de passer à un exemple, nous reviendrons plus tard sur les détails des méthodes de gestion principales. Pour ce faire, nous allons, en deux étapes, écrire un programme, appelons-le *Belle Marquise*, qui tentera, modestement, d'illustrer la pédagogie du maître de philosophie de monsieur Jourdain.

La première version de notre *Belle Marquise* se contentera de générer les éléments de la célèbre phrase, mais de façon concurrente !

---

8. Il est aussi possible de faire référence à la notion de groupe de processus, associée à la classe `java.lang.ThreadGroup`, mais ceci sort du cadre de cet ouvrage.

static Thread	currentThread() Renvoie une référence sur le thread actif.
static void	dumpStack() Affiche une trace de la pile d'exécution du thread courant.
String	getName() Renvoie le nom du thread.
int	getPriority() Renvoie la priorité du thread.
Thread.State	getState() Renvoie l'état courant du thread.
static boolean	interrupted() Renvoie **true** si le thread est interrompu.
boolean	isAlive() Teste si le thread est actif.
void	setName(String name) Change le nom du thread.
void	setPriority(**int** newPriority) Change la priorité du thread.

Tableau 6.4 Méthodes de manipulation des threads

public static final int	MAX_PRIORITY	0
public static final int	MIN_PRIORITY	1
public static final int	NORM_PRIORITY	5

Tableau 6.5 Priorités des threads

Nous allons définir une classe *standard* qui contiendra une classe interne [9] dérivée de `Thread` et qui aura en charge de générer un élément de la phrase. Cette classe interne `AfficherThread` implémente la méthode `run` de manière classique. En effet, très souvent cette méthode consiste en une boucle *infinie* de traitement. Ici, ce traitement consiste pour le processus à s'endormir pendant un temps aléatoire et à afficher l'élément de phrase. Ces énoncés sont contrôlés par un **try**, car la méthode `sleep()`

9. Cf. chapitre 4.

void	`interrupt()` Interrompt le thread.
void	`join()` ou `join(`**`long`**` millis)` ou `join(`**`long`**` millis, `**`int`**` nanos)` Attend que le thread meurt, au plus le temps indiqué en millisecondes et nanosecondes si ces paramètres sont fournis.
void	`notify()` Réveille le thread précédemment mis en attente.
void	`run()` Cette méthode par défaut ne fait rien. Si le thread est issu d'un objet de type `Runnable`, c'est la méthode `run` de cet objet qui est exécutée ou sinon sa redéfinition éventuelle.
static void	`sleep(`**`long`**` millis)` ou `sleep(`**`long`**` millis, `**`int`**` nanos)` Provoque l'endormissement du thread pour une durée égale au nombre de millisecondes auquel s'ajoutent les éventuelles nanosecondes.
void	`start()` Provoque le démarrage du thread, la *Java Virtual Machine* appelle alors sa méthode `run`.
void	`wait()` ou `wait(`**`long`**` timeout)` ou `wait(`**`long`**` timeout, `**`int`**` nanos)` Met le thread en attente d'un `notify` invoqué par un autre processus ou du dépassement du temps passé en paramètre.
void	`yield()` Force le scheduling, le thread cède sa place aux autres processus éligibles.

Tableau 6.6 Gestion des threads

est susceptible de lever une exception `InterruptedException`. Le constructeur n'a rien de particulier, il détermine la valeur, une `String` de l'élément qui sera affiché.

```
public class MarquiseThreadée {
    // une classe interne sous-classe de Thread
    static class AfficherThread extends Thread {
        String message;
```

```
        AfficherThread( String message ) {
            this.message = message;
        }
        // ne fait que de l'affichage mais en concurrence
        // potentielle avec d'autres instances...
        public void run() {     // version "habituelle"
            try {               // de run sous forme
                while (true){   // de boucle infinie
                    int i = (int)( Math.random()*100);
                    Thread.sleep(i);
                    System.out.println(message);
                }
            }
            catch (InterruptedException e) {
                e.printStackTrace();}
        }
    }
    ...
}
```


La classe `MarquiseThreadée` nous sert ainsi d'illustration à l'usage conjoint des classes internes et des threads. Notez que le fait d'avoir qualifié notre classe interne de **`static`** la rend accessible de l'extérieur de la classe `MarquiseThreadée` par la notation employée pour tout élément de classe, à savoir `MarquiseThreadée.AfficherThread`.

Le code qui suit explicite la mise en route de notre application au travers de la méthode `main`. Nous y procédons simplement à l'instanciation des cinq processus chargés de générer les éléments de la phrase : *mourir d'amour me font vos beaux yeux belle Marquise.*

```
public class MarquiseThreadée {
    ... // le code de l'encadré précédent
    public static void main( String args [] ) {
        // cinq instances de la classe interne
        new AfficherThread("vos beaux yeux").start();
        new AfficherThread("belle Marquise").start();
        new AfficherThread("d'amour").start();
        new AfficherThread("mourir").start();
        new AfficherThread("me font").start();
    }
}
```

La génération se produira de manière désordonnée, les processus s'endormant les uns après les autres pour une durée aléatoirement déterminée. Cette application ne s'arrête pas, elle s'exécute indéfiniment, il faut l'interrompre péremptoirement (`ctrl-C` sous UNIX). En JAVA, une application qui donne naissance à des threads ne s'arrête que lorsque *tous* les processus sont terminés (état `TERMINATED`).

La vie des processus est amenée à subir des interruptions décidées par la JVM et son gestionnaire, mais aussi par le programmeur.

En dehors de la détermination du niveau de priorité, il y a trois méthodes principales pour contrôler l'activité d'un thread (cf. tableau 6.6).

La première, la méthode de classe `sleep()` permet d'endormir le processus pour une durée déterminée à l'avance. Pendant ce temps, le processus ne consomme plus de puissance de calcul, mais conserve la propriété des éventuels verrous qu'il aurait posés sur des données (cf. le paragraphe suivant sur la synchronisation). Cette méthode est susceptible de lever l'exception `InterruptedException` et doit donc être intégrée dans un bloc **`try`**.

La méthode `join()` permet une coordination entre processus. Un processus qui applique cette méthode à un processus `P1` verra son exécution suspendue jusqu'à la mort de `P1`. Une durée d'attente maximale peut être fournie comme indiqué dans le tableau 6.6.

La méthode `interrupt()` réveille un processus endormi par `sleep()` ou `wait()`. Attention, cette fonctionnalité a toujours posé quelques problèmes pour son implémentation, surtout vis-à-vis d'opérations d'entrées-sorties bloquantes.

La dernière méthode que nous évoquerons est la méthode `yield()`, dont l'action consiste pour un processus à rendre la main, passer son tour. Son usage, simple et sans conséquence fâcheuse, permet de gérer explicitement l'ordonnancement des processus. Sachez toutefois que JAVA n'impose pas une efficacité constante à cette méthode, que certaines implémentations peuvent même ignorer.

Nous avons réalisé une version par trop simpliste de notre *Belle Marquise*, il faut la faire évoluer et pour cela, nous allons appliquer le schéma classique en programmation concurrente des *Producteurs-Consommateurs*.

6.2.3 La synchronisation

Avant d'aborder la programmation de la nouvelle version de notre *Marquise*, intéressons-nous au délicat problème de la synchronisation, pierre d'achoppement de tout programme concurrent conséquent !

Un problème de synchronisation apparaît dès lors qu'au moins deux processus peuvent accéder à au moins une même ressource. Il est indispensable, dans ce cas, d'assurer que deux processus ne pourront pas modifier en même temps la même ressource, ce qui ôterait toute cohérence au système. Il faut s'assurer aussi que tous les processus pourront, à un moment ou à un autre, accéder aux ressources partagées afin de ne pas bloquer le système.

En JAVA, la gestion de l'accès simultané à des ressources est basée sur le concept de moniteur développé par C.A.R. Hoare. Pour simplifier, un moniteur d'exclusion mutuelle est un verrou que pose un processus sur une ressource libre, en interdisant ainsi l'accès à tout autre que lui. Si un processus requiert une ressource déjà accaparée, alors il se met en attente. Une fois le traitement terminé, le processus qui a posé le verrou doit signaler la libération de la ressource. JAVA met cette approche en œuvre grâce à un qualificateur et un énoncé. Tous les deux posent un verrou qui bloque tout autre accès, ce qui synchronise de fait les différents processus concurrents. La première forme est basée sur le qualificateur de méthode **synchronized** :

```
...
synchronized int uneMéthodeÀSynchroniser() {
   ...
}
...
```

L'exécution d'une méthode ainsi qualifiée *verrouille* l'objet auquel elle est appliquée, celui qui est accessible par **`this`**. Il peut y avoir plusieurs méthodes **`synchronized`** dans une même classe, mais la synchronisation est individuelle, *i.e.* plusieurs processus peuvent provoquer l'exécution simultanée de plusieurs méthodes synchronisées à condition que ces méthodes s'appliquent à des instances différentes d'une même classe. En revanche, si deux processus (ou plus) demandent l'application de méthodes différentes, mais synchronisées sur un seul et même objet, alors seul le premier se verra satisfait, les autres devant attendre l'enlèvement du verrou posé par leur devancier. Notez qu'avec cette approche, l'enlèvement du verrou est automatiquement lié à la fin de l'exécution de la méthode.

L'autre possibilité de protection des accès concurrents est mise en pratique avec l'énoncé :

```
...
synchronized (expression) {
   ... // code à synchroniser
}
...
```

L'exemple de la méthode qualifiée peut se récrire de la manière suivante :

```
...
int uneMéthodeÀSynchroniser() {
    synchronized (this) {
        ... // code du corps de la méthode
    }
}
...
```

Dans ce cas, la synchronisation a le mérite d'être plus clairement exprimée et surtout, elle permet une localisation fine du mécanisme. L'expression est évaluée et un verrou est posé sur l'objet obtenu. L'objet concerné par les accès concurrents, le résultat du calcul de l'expression, est clairement indiqué. Il faut savoir que ce type de verrou est réentrant, *i.e.* le processus qui a posé un verrou peut poser le même autant de fois que nécessaire. Il peut le faire directement par appel récursif, itération, etc. ou indirectement par l'intermédiaire d'autres méthodes ou blocs de code mais appliqués au *même* objet. Le propriétaire d'un verrou dispose de la ressource comme bon lui semble, il ne peut se bloquer lui-même.

Pour compléter cette panoplie, JAVA propose les méthodes `wait()`, et `notify()` dont *tout* objet dispose puisqu'elles sont définies dans la classe `Object`.

La méthode `wait()` indique que le possesseur d'un verrou y renonce en attendant qu'un événement particulier se produise et que le processus qui a profité de la relâche de son verrou lui rende. Ainsi, un processus qui possède un verrou se doit de faire appel à `notify()` pour signifier aux autres processus qu'il n'a plus besoin de la ressource et qu'il libère le verrou, comme indiqué dans l'exemple qui suit :

```
...
synchronized (...) { // début du bloc contrôlé
    ... // actions diverses
    // tests de vérification des données
    wait(); // les données ne sont pas prêtes
    // attente d'un notify() transmis par ailleurs
    // réveil et reprise du cours de l'exécution
    ... // actions sur les données
    // le besoin de verrouiller n'est plus
    notify() // message de réveil des processus endormis
    ... // actions diverses
} // fin du bloc
...
```

Ce schéma de verrouillage, suivi d'un endormissement par `wait()` si l'information n'est pas prête et d'un réveil par `notify()` transmis par le processus qui s'est accaparé la ressource, peut être appliqué de manière répartie entre diverses méthodes synchronisées. Chacune s'occupe alors de l'un des aspects de l'exemple. Il n'y a pas d'obligation à regrouper les actions à synchroniser dans un seul et même bloc. En revanche, il est indispensable de se préoccuper des besoins de chacun des processus et de disposer les appels au couple `wait()-notify()` de manière à éviter les situations de blocage qui ne manqueraient pas de se produire sinon. Ces situations d'interblocage sont appelées des *dead locks* ou *famine*. Elles apparaissent, par exemple, quand un processus attend qu'un autre processus agisse sur une donnée qu'il a lui-même verrouillée !

Un processus ayant passé la main à l'aide de `wait()` et informé par un autre de la libération de la ressource par un `notify()` se réveille. Il reprend son exécution là où il l'avait interrompue et tente de récupérer l'accès à la ressource. Cet accès n'est pas garanti, il dépend de l'état courant de la *Java Virtual Machine* et de son gestionnaire des processus. Ce qui est certain par contre, c'est qu'un processus mis en attente par `wait()` ne se réveille jamais de lui-même. C'est pour cette raison qu'une version surchargée de `wait()` acceptant une durée limite d'attente (un *timeout*) a été ajoutée.

Revenons à notre exemple. Le schéma Producteur-Consommateur consiste en une application composée de deux parties qui partagent une seule et même ressource. D'un côté nous avons le (ou les) Producteur(s) qui dépose(nt) des données dans une structure et de l'autre nous avons le (ou les) Consommateur(s) qui enlève(nt) les données de la même structure. Bien évidemment, ces deux parties s'exécutent en concurrence et doivent donc veiller à l'intégrité des informations qu'elles manipulent. Pour ce faire, lorsqu'un Producteur ajoute une donnée dans la structure, il doit être impossible pour tout autre processus Consommateur ou même Producteur d'y accéder, et réciproquement.

Notre *Marquise* sera constituée de cinq producteurs, un pour chaque partie de la phrase. Ils vont générer autant de fois que nécessaire leur bout de phrase et le déposer dans une `List`. De l'autre côté, nous avons plusieurs consommateurs qui vont piocher dans cette structure afin de récupérer les cinq morceaux et constituer une phrase complète. Pour rendre la chose *amusante*, les producteurs verront leur génération perturbée par le hasard, comme dans la version précédente, afin de rompre avec le trop bel ordonnancement que nous serions amenés à constater sinon.

```
import java.util.*;
public class ProducteurDeMessages implements Runnable {
  static int MAXQUEUE=100; // le nombre maximum d'éléments
  List <String> messages;  // la ressource partagée
  String message;         // le morceau de phrase
  int nbMes;              // le nombre de messages à générer

  ProducteurDeMessages(String mes, int nbMes,
                       List <String> messages) {
```

```
    this.message=mes;
    this.nbMes=nbMes;
    this.messages = messages;
  }
  public void run() {  // la méthode "moteur"
    int i = 0;
    while (i<nbMes) {  // message déposé nbMes fois
        déposeMessage(); // ajout du message
        i++;
        try { // endormissement aléatoire pour perturber
              // le trop bel ordonnancement
            Thread.sleep((int)(Math.random()*10));
        } catch ( InterruptedException e ) { }
    }
  }
  ...
}
```


Le code précédent explicite la fonction de nos producteurs. Elle consiste à introduire dans la structure partagée `List messages`, par la méthode `déposeMessage`, autant de bouts de phrase que nécessaire.

Le code qui suit est plus intéressant : il établit la synchronisation des accès à `List messages`. Pour cela, l'énoncé **`synchronized`** est employé pour assurer le contrôle. Si le nombre maximum de messages déposés dans la structure est atteint, alors le processus s'endort et relâche son verrou jusqu'à ce qu'un autre processus signifie par un `notify()` que le cours normal de l'exécution peut reprendre. Ce signal devra être émis par un processus consommateur qui seul peut ôter un message de la structure. Nous voyons ici que le jeu du contrôle des accès consiste bien en une synchronisation de l'ensemble des processus qui interviennent. Les producteurs seuls sont vite *bloqués*, c'est alors aux consommateurs d'agir pour avancer dans leur tâche et débloquer ainsi les premiers et réciproquement ! Une fois réveillé et le message ajouté, alors il faut l'annoncer aux autres processus endormis et lâcher le verrou.

```
public class ProducteurDeMessages implements Runnable {
  ...
  // la méthode d'accès concurrent
  private void déposeMessage() {
    // la synchronisation se fait sur la structure
    synchronized (messages) {
        while (messages.size() >= MAXQUEUE)
            // impossible d'ajouter le message
            try {
                messages.wait(10); // passe la main
            }
            catch(InterruptedException e) {
                e.printStackTrace();
            }
        messages.add(message); // ajout effectif
        messages.notify(); // relâchement du verrou
    }
  }
}
```

Passons aux consommateurs, ces processus qui vont construire la phrase à partir des éléments générés par les producteurs en piochant dans la structure de données partagée *et* contrôlée. Le code qui suit concerne les aspects habituels de toute classe, les variables, le constructeur et la méthode de démarrage des processus. Le constructeur détermine le nombre de phrases à construire et fournit la ressource partagée, `List messages`.

```
import java.util.*;
public class BelleMarquise implements Runnable {
  List <String> messages;      // la ressource partagée
  int nbPhrasesMax,nbPhrases; // pour le contrôle
  StringBuffer phrase;         // la phrase en construction

  BelleMarquise(int nbPhrases, List <String> messages) {
    this.nbPhrasesMax = nbPhrases;
    this.nbPhrases = 0;
    this.messages = messages;
    this.phrase = new StringBuffer();
  }
```

```
    public void run() { // méthode de démarrage
      int nbÉléments = 0;// on part de rien
      while (nbPhrases < nbPhrasesMax) {
          // construction de nbPhrasesMax phrases
          String message = récupèreMessage(phrase);
          // mécanique de production des phrases
          phrase.append(message + " ");
          nbÉléments++;// doit atteindre 4
          try {
              Thread.sleep((int)(Math.random()*20));
          } catch (InterruptedException e) {
              e.printStackTrace();
          }
          if (nbÉléments == 4){ // phrase complète ?
              System.out.println(phrase);   // on affiche
              nbÉléments = 0;
              nbPhrases++;
              phrase = new StringBuffer();} // ça repart !
          }
      }
      ...
}
```


Le code suivant s'occupe de la sélection d'un morceau de phrase qui n'a pas déjà été retenu et ajouté dans la phrase en construction. La première chose à faire est de poser un verrou sur la structure `messages` afin de synchroniser les accès de tous les processus. Ensuite, if faut s'assurer que cette structure n'est pas vide pour pouvoir chercher à l'intérieur un morceau qui n'a pas déjà été intégré à la phrase en construction. Si la structure est vide, il n'y a plus qu'à attendre qu'un (ou plusieurs) `ProducteurDeMessages` y dépose son message. C'est l'objet du `wait(10)` [10]. La version surchargée est ici employée afin d'assurer un réveil du processus et d'éviter qu'il ne reste en attente trop longtemps voire indéfiniment. Dans la partie de sélection, l'approche est similaire, si la recherche dépasse les disponibilités, alors le processus passe la main. Notons que l'usage de la méthode `wait()` impose le recours au couple **`try`**, **`catch`**. Une fois le morceau choisi, il est

10. L'indication d'un `timeout` n'est pas indispensable, mais sert d'illustration de son emploi.

retiré de la structure et un message de relaxe du verrou est envoyé pour le réveil des processus qui se seraient endormis.

```
public class BelleMarquise implements Runnable {
  ...
  public String récupèreMessage(StringBuffer phrase) {
    int i = 0;
    String message;
    synchronized (messages) {         // pose du verrou
        while (messages.isEmpty())    // il n'y a plus rien !
            try {
                messages.wait(10);    // on passe, on attend
            } catch(InterruptedException e) {
                e.printStackTrace();
            }
        do { // mécanique de sélection d'un bon morceau
            if (messages.size()>i)
                // on scrute la ressource et on prend
                message = (String) messages.get(i++);
            else { // on dépasse les limites,
                   // on recommencera
                i = 0;
                message = ""; // à 0 avec un message bidon
                try { // on passe, on attend
                     messages.wait(10);
                }
                catch(InterruptedException e) {
                    e.printStackTrace();
                }
            }
        } while (phrase.indexOf(message)>-1); // contenu ?
        messages.remove(i-1); // on l'enlève
        messages.notify(); // on relâche le verrou
        return message;   // on renvoie le morceau choisi
    }
  }
  ...
}
```

Voici enfin le code de lancement de l'application. Nous avons tout d'abord, l'analyse de l'éventuel paramètre de la ligne de commande, puis la création de la structure `List messages` qui sera partagée par *tous* les processus de l'application et qui fait l'objet des plus grands soins. Une référence vers cette structure est fournie à l'appel des constructeurs des classes `Producteur` et `BelleMarquise`.

```
public class BelleMarquise implements Runnable {
    ... // le lancement de notre BelleMarquise
  public static void main(String args[]) {
    int nbPhrases = 2, nbMots = 8;
    if (args.length == 1) {
        nbPhrases = Integer.parseInt(args[0]);
        nbMots = nbPhrases*4;
    }
    List <String> messages = // LA structure !
        new ArrayList <String>();
    // un processus pour chacun des bouts de phrase
    ProducteurDeMessages prod1 = // un Runnable
        new ProducteurDeMessages("vos beaux yeux",
                                  nbMots, messages);
    new Thread(prod1).start();    // un Thread
        ...
    // création de 4 BelleMarquises
    BelleMarquise jourdain1 =      // un Runnable
        new BelleMarquise(nbPhrases, messages);
    new Thread(jourdain1).start(); // un Thread
        ...
    }
}
```

6

Pour finir, voici un exemple d'exécution de notre application :

```
java BelleMarquise 1
```

```
vos beaux yeux me font d'amour belle marquise mourir
d'amour vos beaux yeux mourir me font belle marquise
mourir me font d'amour vos beaux yeux belle marquise
belle marquise mourir d'amour vos beaux yeux me font
```

Chaque instance de `BelleMarquise` a construit une phrase. L'aspect construction désordonnée des phrases n'est pas dû à la simple concurrence, mais au fait que les processus générateurs des morceaux de phrase s'endorment tous après avoir déposé leur message et ce pour une durée déterminée de manière aléatoire.

7 Les fonctions anonymes

Les fonctions anonymes, ou encore *lambda expressions*, est la notion fondamentale des langages de programmation *fonctionnels* comme LISP ou HASKELL. Attendues depuis plusieurs années, elles font maintenant partie de la version 8, et ouvrent le langage JAVA sur un monde très différent du monde impératif objet.

Dans le modèle impératif, la description des fonctions est faite par une suite d'instructions, basée sur la notion de changement d'état de la mémoire de la machine sur laquelle est exécuté le programme. En revanche, dans le modèle fonctionnel, la notion d'affectation des langages impératifs n'existe pas, et un programme sera décrit par une fonction, *composition*, sans effet de bord, de plusieurs autres fonctions. L'exécution d'un programme sera l'application de la fonction sur des valeurs prises dans un ensemble de départ pour obtenir des résultats dans un ensemble d'arrivée.

Rappelons, tout d'abord, qu'en mathématiques une fonction est une relation telle que chaque élément de l'ensemble départ possède, au plus, une image dans l'ensemble d'arrivée. Par exemple, une fonction qui met en relation deux entiers et leur somme peut être notée sous la forme :

$$(x, y) \to x + y$$

Cette notation désigne une valeur fonctionnelle (comme 10.6 désigne une valeur réelle, ou `"bonjour"` une chaîne de caractères). Dans la mesure où cette fonction ne possède aucun nom, elle est dite anonyme.

Les versions antérieures de JAVA, à l'aide des classes anonymes [1], permettaient, plus ou moins facilement, de mettre en œuvre la notion de fonction anonymes. Aujourd'hui, la version 8 intègre pleinement cette notion,

1. Cf. le chapitre 4

et fait entrer JAVA dans un modèle de programmation radicalement différent du modèle objet qui a prévalu jusqu'à présent.

L'objectif de ce chapitre n'est pas de faire un cours de programmation fonctionnelle. Son but premier est de fournir les notions de base sur les fonctions anonymes telles qu'elles ont été mises en œuvre par JAVA afin de permettre au lecteur une bonne utilisation de l'API qui, tout en gardant la compatibilité avec ses versions antérieures, a profondément été remaniée pour intégrer les fonctions anonymes. Nous verrons en particulier, au chapitre 9, leur utilisation pour le traitement efficace de grands flots données avec la nouvelle notion de stream, introduite avec la version 8.

Dans cet optique, ce chapitre présente tout d'abord la façon dont est dénotée une valeur fonctionnelle en JAVA, et sa déclaration de type associée. Nous verrons ensuite, à travers des exemples très simples, comment évaluer une fonction anonyme, et l'utiliser comme paramètre ou résultat d'une méthode. Nous poursuivrons avec la notion de *fermeture* pour comprendre comment une fonction anonyme accède aux variables de son environnement. Enfin, nous conclurons avec les *méthodes par défaut*, nouvelle notion introduite pour permettre une compatibilité ascendante avec le code d'applications antérieures à la version 8.

Dans la suite de ce chapitre, les termes *lambda*, *lambda expression* ou *fonction anonyme* seront employés indifféremment.

7.1 La déclaration

▪ Valeur fonctionnelle

Pour dénoter une valeur fonctionnelle particulière, comme par exemple la lambda expression qui calcule la somme de ses paramètres, JAVA propose une notation proche de celle qu'on retrouve en mathématique :

```
(x,y) -> x + y
```

On remarque que le type des paramètres `x` et `y` n'est pas précisé. Mais, on aurait pu fixer les types des paramètres en écrivant :

```
(int x, int y) -> x + y
```

Toutefois, dans la plupart des cas, le compilateur est en mesure de déterminer automatiquement le type des paramètres en fonction du contexte d'utilisation du lambda. On appelle cela l'inférence de types. L'indication du type des paramètres est alors inutile. Le type du résultat du lambda est, quant à lui, *toujours* déterminé par inférence.

JAVA est un langage typé. Si on souhaite affecter une valeur fonctionnelle à une variable, il faudra indiquer son type. Quel est donc le type d'une valeur fonctionnelle ?

■ Type d'une fonction anonyme

Pour JAVA, une fonction anonyme est une interface, appelée *interface fonctionnelle*, qui ne contient qu'une *unique* méthode abstraite. Toutefois, nous verrons plus loin qu'il sera possible d'inclure des méthodes supplémentaires appelées, *méthodes par défaut*.

Par exemple, pour déclarer le type de la valeur fonctionnelle précédente qui prend deux entiers en paramètre et renvoie un entier comme résultat, nous déclarerons l'interface fonctionnelle suivante :

```
interface FoncInt {
  int apply(int x, int y);
}
```

où `apply` est le nom de la méthode qui permettra l'évaluation de la lambda expression.

Le lambda précédent qui calcule la somme de ses deux paramètres peut être affecté à une variable de type `FoncInt` :

```
FoncInt f = (x,y) -> x + y;
```

On peut affecter à `f` toute valeur fonctionnelle correspondant au type `FontInt` :

```
FoncInt f = (x,y) -> x * x + y;
```

7

En JAVA, le corps d'une lambda expression ne se limite pas à une simple expression. Puisque JAVA est un langage impératif, un bloc d'instructions, avec des déclarations de variables, peut être défini, comme dans les deux exemples suivants :

```
(x) -> { assert x>=0;
         return Math.sqrt(x);
       }

() -> {
        System.out.print("n = ");
        int n = StdInput.readlnInt();
        System.out.println(n*n);
      }
```

Bien que la variable n soit déclarée *dans* le lambda, il est important de noter qu'elle *n'est pas* locale au lambda. Si une autre variable n a déjà été déclarée dans le bloc de définition du lambda, le compilateur signalera l'erreur : n *déjà déclarée*.

Les deux lambdas précédents sont représentés par les interfaces fonctionnelles suivantes :

```
interface FoncDouble {
  double apply(double x);
}

interface Procédure {
    void apply() throws IOException;
}
```

Les fonctions anonymes peuvent être génériques [2] permettant de paramétrer le type des paramètres et du résultat du lambda. Par exemple, une fonction avec deux paramètres est décrite par l'interface fonctionnelle :

```
interface BiFunction<T, U, R> {
  R apply(T t, U u);
}
```

2. Cf. chapitre 5.

Dans l'API, le nouveau paquetage `java.util.function` propose tout un ensemble d'interfaces fonctionnelles prêtes à l'emploi. C'est le cas de l'interface fonctionnelle `BiFunction` précédente. La variable `f` précédente sera, avec cette interface fonctionnelle, re-déclarée comme suit :

```
BiFunction<Integer, Integer, Integer> f = (x,y) -> x + y;
```

Pour les procédures, `java.util.function` propose également l'interface fonctionnelle `Consumer` avec la méthode `accept` à un paramètre :

```
interface Consumer<T> {
  void accept(T t);
}
```

Le tableau suivant montre quelques-unes des interfaces fonctionnelles définies par le paquetage `java.util.function`.

Interface	Rôle
`Consumer<T>`	représente une procédure à un paramètre e type T
`Function<T,R>`	représente une fonction à un paramètre de type T qui renvoie une résultat de type R
`Predicate<T>`	représente une fonction booléenne à un paramètre de type T
`UnaryOperator<T>`	représente un opérateur unaire, opérande et résultat de type T et
`BinaryOperator<T>`	représente un opérateur binaire, opérandes et résultat de type T

De nombreuses autres interfaces fonctionnelles, génériques ou non, sont définies dans l'API, comme par exemple `Iterable<E>` [3], ou encore `Runnable` [4], pour définir du code à exécuter dans un thread. L'exemple suivant crée et exécute deux threads, dont le code à exécuter (une simple écriture sur la sortie standard) est défini par deux valeurs fonctionnelles de type `Runnable`.

3. Cf. chapitre 9.

4. Cf. chapitre 6

```
Runnable r = () -> System.out.println("1");
new Thread(r).start();
// ci-dessous le type Runnable est déterminé par inférence
new Thread(() -> System.out.println("2")).start();
```

7.2 L'utilisation

Dans cette section, nous allons tout d'abord voir comment évaluer une fonction anonyme pour obtenir un résultat. Nous verrons ensuite comment utiliser une fonction anonyme comme paramètre et comme résultat d'une méthode [5].

7.2.1 Évaluation

Évaluer une lambda expression consiste simplement à appliquer la méthode abstraite de l'interface fonctionnelle, type de la lambda expression, sur des paramètres effectifs. Ci-dessous, on évalue le lambda `f` précédent pour calculer la somme des entiers 2 et 3 et écrire le résultat sur la sortie standard.

```
System.out.println(f.apply(2,3));
```

```
5
```

7.2.2 Lambda en paramètre

Un des intérêts principaux des lambdas est leur utilisation comme paramètre ou comme résultat d'une méthode. L'API [6] de la version 8 a profondement été remaniée pour exploiter ces propriétés.

Prenons l'exemple d'une classe `Table` qui possède une variable `tab` de type tableau d'entiers.

5. Une fonction qui peut être utilisée comme paramètre ou comme résultat d'une autre fonction est dite d'ordre supérieur.

6. Cf. le chapitre 9.

```
class Table {
    int tab[];
}
```

Nous souhaitons écrire la méthode `sousTableau` qui renvoie un tableau d'entiers composé des valeurs du tableau `tab` qui vérifient un certain prédicat booléen. Ce prédicat booléen sera représenté par un lambda. Nous utiliserons l'interface fonctionnelle générique `Predicate` du paquetage `java.util.function` définie comme suit :

```
public interface Predicate<T> {
  boolean test(T t);
}
```

L'écriture de la méthode `sousTableau` consiste à parcourir le tableau `tab`, et à appliquer la méthode `test` du prédicat. Si la valeur vérifie le prédicat, celle-ci est mémorisée dans un tableau auxiliaire. La méthode renvoie une copie du tableau auxiliaire de taille égale au nombre effectif d'éléments vérifiant le prédicat.

```
int [] sousTableau(Predicate<Integer> p) {
    int lg = 0;
    int aux[] = new int[tab.length];
    for (int x : tab)
        if (p==null || p.test(x))
            aux[lg++] = x;
    return Arrays.copyOf(aux, lg);
}
```

Pour appliquer cette méthode à un objet de type `Table`, il suffit de passer une valeur fonctionnelle de type `Predicate<Integer>`. Le fragment de code suivant, crée deux sous-tableaux formés des nombres pairs et positifs à partir de ceux de la table `t`.

```
Table t = new Table();
...
int[] tabIntPairs = t.sousTableau(x -> (x&1) == 0);
int[] tabIntPositifs = t.sousTableau(x -> x>=0);
```

Notez que pour faire ce travail de filtrage, il est toujours possible d'utiliser une classe anonyme qui implémente la méthode `test` de `Predicate`, comme cela était le cas avant la version 8 de JAVA. Ainsi, pour obtenir le sous-tableau d'entiers pairs, on écrit :

```
int[] tabIntPairs=t.sousTableau(new Predicate<Integer>() {
                public boolean test(Integer t) {
                    return (t&1) == 0;
                }
            });
```

Toutefois, on voit que l'utilisation des lambdas permet une écriture plus concise ; il n'est plus utile de créer explicitement avec l'opérateur **new** un objet `Predicate`. Cette écriture est aussi plus lisible que celle utilisant les classes anonymes.

Nous verrons au chapitre 9 comment ce travail de filtrage peut s'écrire simplement avec la nouvelle notion de flot d'éléments, appelée stream qui s'appuie sur les lambdas. Si la suite d'entiers est contenue dans un flot d'entiers `t`, récupérer un tableau formé des entiers pairs s'écrit directement :

```
int [] tabIntPairs = t.filter(x -> (x&1) == 0)
                      .toArray();
```

Référencement de méthode

Lorsque le lambda désigne une méthode existante, JAVA propose une notation, appelée référencement de méthode[7], avec laquelle, on nommera simplement la méthode à utiliser, sans donner les paramètres. Dans l'exemple précédent, imaginons que notre classe `Table` possède la méthode :

```
static boolean estPair(int x) {
    return (x&1) == 0;
}
```

7. En anglais *method references*.

L'écriture de la création du sous-tableau est encore plus concise. Il suffit de donner le nom de la classe, suivie de ::, suivi nom de la méthode qui sera utilisée.

```
int[] tabIntPairs = t.sousTableau(Table::estPair);
```

Si la méthode `estPair` n'était pas statique, il aurait fallu écrire :

```
int[] tabIntPairs = t.sousTableau(t::estPair);
```

Dans la notation de référencement de méthode, la partie gauche qui précède :: est soit un nom de classe, soit une référence à un objet. La partie droite est, quant à elle, soit le nom d'une méthode, soit le mot-clé **new**.

Dans ce dernier cas, on référence un constructeur de la classe désignée par la partie gauche. Par exemple, si on veut utiliser un lambda pour créer une chaîne de caractères, on écrit `String::new`, et pour créer un tableau de chaînes de caractères, on écrit `String[]::new`. Le fragment de code suivant initialise deux variables `l1` et `l2` avec les deux valeurs précédentes, puis les évalue pour créer la chaîne `"Bonjour"` et un tableau de dix chaînes. L'interface fonctionnelle `InFunction` prend un entier en paramètre, dans l'exemple, le nombre d'éléments du tableau à créer, et renvoie le tableau créé.

```
Function<String,String> l1 = String::new;
System.out.println(l1.apply("Bonjour"));

IntFunction<String[]> l2 = String[]::new;
String[] ts = l2.apply(10);
System.out.println(ts.length);
```

```
Bonjour
10
```

7.2.3 Lambda résultat de fonction

L'utilisation de fonctions qui renvoient comme résultat une fonction est un des principes de base de la programmation fonctionnelle. Par exemple, la composition de fonctions, la programmation par continuation, ou encore la curryfication utilisent cette propriété. Une description de ces mécanismes de programmation sort du cadre de cet ouvrage, mais le lecteur intéressé pourra lire dans [1] leurs descriptions et leurs mises en œuvre en JAVA. Ici, nous verrons simplement la composition de deux fonctions.

En mathématiques, la composition de deux fonctions $f\ :\mathcal{T} \rightarrow \mathcal{R}$ et $g\ :\mathcal{R} \rightarrow \mathcal{Z}$, est la fonction notée $g \circ f\ :\mathcal{T} \rightarrow \mathcal{Z}$, telle que :

$$(g \circ f)(x) = g(f(x))$$

La méthode `compose`, donnée ci-dessous, prend comme paramètres deux lambdas `f` et `g` de type interface fonctionnelle générique `Function` et renvoie le lambda qui applique à son paramètre `x` la composition `g ∘ f`.

```
<T,R,Z> Function<T,Z> compose(Function<T,R> f,
                              Function<R,Z> g)
{
    return x -> g.apply(f.apply(x));
}
```

La méthode `compose` est elle-même générique [8], c'est-à-dire paramétrée sur le type des ensembles de départ et d'arrivée des fonctions anonymes. Notez bien la compatibilité des types de départ et d'arrivée.

Dans le code suivant, `gof1` est la fonction qui calcule d'abord le cosinus d'un réel, puis le multiplie par 2, et `gof2` est la fonction qui extrait d'abord le premier caractère d'une chaîne de caractère et renvoie vrai ou faux selon que ce caractère est un chiffre ou non.

```
Function<Double,Double> gof1 =
    compose(x -> Math.cos(x), x -> 2*x);

Function<String,Boolean> gof2 =
    compose(x -> x.charAt(0), x -> Character.isDigit(x));
```

8. Cf. la section 5.5, page 113.

Ci-dessous un exemple d'utilisation de ces deux fonctions :

```
System.out.println(gof1.apply(Math.PI));
System.out.println(gof2.apply("2015"));
```

```
-2
true
```

7.3 La fermeture

Un lambda peut accéder à ses paramètres et ses variables locales, appelées *occurrences liées*, ou à des variables déclarées dans son environnement, appelées *occurrences libres*. Dans ce second cas, se pose la question de la valeur d'une occurrence libre au moment où on y accède.

On appelle fermeture [9], le couple formé d'un lambda et de son environnement au moment :

- de sa *définition*, si la portée est *statique* [10] ;
- de son *exécution*, si la portée est *dynamique*.

Pour déterminer les valeurs des occurrences libres au moment de l'évaluation d'une lambda expression, il suffira de consulter l'environnement qui lui est associé dans sa fermeture.

En JAVA la portée est statique. Les valeurs des occurrences libres sont donc recherchées dans l'environnement de définition de la fonction anonyme. Dans l'exemple suivant, la valeur écrite sur la sortie standard est donc 1.

```
interface Procédure { void apply(); }
...
int x=1;
Procédure p = () -> { System.out.println(x); };
p.apply();
```

```
1
```

9. En anglais *closure*.
10. On dit aussi *lexicale*.

Il est important de noter que, comme pour les classes anonymes, les variables libres manipulées par la fonction anonyme doivent être **final** [11], ce qui ne permet donc pas leur modification. Si nous avions écrit :

```
Procédure p = () -> { System.out.println(x++); };
```

le compilateur aurait signalé l'erreur :

```
error: local variables referenced from a lambda expression
must be final or effectively final
```

Un autre point important que nous avons déjà évoqué plus haut, est que la déclaration d'une variable dans un lambda ne lui est pas locale. Contrairement aux classes anonymes qui ouvrent un nouveau bloc lexical, elle appartient à l'environnement de déclaration de la lambda expression. En reprenant, l'exemple précédent, et en déclarant une variable locale au lambda de même nom x :

```
int x=1;
Procédure p = () -> { int x=2; System.out.println(x); };
```

le compilateur signalera l'erreur de la double déclaration de x :

```
error: variable x is already defined in method ...
```

Ces contraintes peuvent poser des difficultés de programmation, en particulier lorsqu'on souhaite écrire des lambda récursives.

On souhaite écrire une lambda expression récursive qui calcule la factorielle de son paramètre. Cette lambda expression sera du type de l'interface fonctionnelle suivante, définie dans le paquetage `java.util.function` :

```
interface FonctionIntInt {
  int apply(int x);
}
```

11. Il n'est pas utile de déclarer la variable libre explicitement **final**, le compilateur le fait pour vous.

Puisque les fonctions anonymes ne possèdent pas de nom, comment dénoter l'appel récursif ? L'idée est d'utiliser une variable. Une première écriture de ce lambda est le suivant :

```
FonctionIntInt fact = n -> n == 0 ? 1
                                  : n * fact.apply(n-1);
```

Mais le compilateur JAVA signale une erreur indiquant que la variable `fact` peut ne pas avoir été initialisée, puisqu'on utilise la variable `fact` alors que celle-ci n'a pas encore de valeur. La solution serait d'utiliser une variable auxiliaire :

```
FonctionIntInt fact = (x) -> {
    FonctionIntInt f = null;
    f = n -> n == 0 ? 1 : n * f.apply(n-1);
    return f.apply(x);
};
```

Mais le compilateur JAVA indique aussi une erreur car `f` est une variable (effectivement) **`final`** et ne peut donc pas être modifiée dans le lambda `fact`.

Dans un contexte purement séquentiel, la solution pour contourner ce problème consiste à utiliser une référence sur un objet mutable, comme par exemple un tableau. On déclare la variable auxiliaire `f` de type tableau, ainsi la référence `f` ne sera pas modifiée.

```
FonctionIntInt fact = (x) -> {
   FonctionIntInt [] f = { null };
   f[0] = n -> n == 0 ? 1 : n * f[0].apply(n-1);
   return f[0].apply(x);
};

System.out.println("6!=" + fact.apply(6));
```

```
6!=720
```

Toutefois, cette utilisation d'objets mutables dans un contexte multi-threads (parallèle) doit être proscrite. Suivant la philosophie de la programmation fonctionnelle, dans laquelle les lambdas fournissent des résultats à partir de données qu'elles ne peuvent modifier, JAVA impose que

7

les variables libres des fonctions anonymes soient **final**. En l'absence d'effet de bord, l'intégrité des valeurs manipulées par les lambdas sera garanti.

7.4 Les méthodes par défaut

Précédemment, nous avons écrit qu'une interface fonctionnelle ne pouvait contenir qu'une unique méthode abstraite. En fait, elle peut contenir d'autres méthodes, appelées *méthodes par défaut*.

Une méthode par défaut est une méthode déclarée avec une implémentation par défaut qui peut être redéfinie par une classe d'implémentation de l'interface. Ces méthodes sont introduites par le mot-clé **default** et ne peuvent manipuler que leurs paramètres et leur variables locales.

D'une façon générale, les méthodes par défaut ont été définies dans Java 8 pour autoriser l'ajout de nouvelles fonctionnalités à des interfaces existantes (pas uniquement fonctionnelles) pour garantir la compatibilité du code des applications existantes qui utilisent ces interfaces dans leur ancienne version. Elles permettent en particulier d'ajouter et de redéfinir des méthodes à base de lambdas. Sans cette notion, les anciennes applications seraient dans l'obligation, pour fonctionner, d'implémenter les nouvelles méthodes ajoutées dans les nouvelles versions des interfaces.

C'est, par exemple, le cas de l'interface `Iterable<E>`. Jusqu'à la version 7 de Java, cette interface ne possédait qu'une seule et unique méthode à implémenter, `iterator()` qui renvoie un objet de type `Iterator<E>`[12]. Les classes qui implémentent cette interface (comme les sous-classes de l'interface `Collection`) permettent, par l'intermédiaire de l'itérateur, le parcours un à un des éléments de la structure de données qu'elles définissent.

La version 8 de Java ajoute à cette interface la méthode par défaut `forEach` qui permet d'appliquer un lambda de type `Consumer<E>` sur chacun des éléments de la structure de données de la classe implémentant `Iterable<E>`. Cette interface possède aujourd'hui la forme suivante :

12. Cf. page 190

```
public interface Iterable<T> {
   // méthode à implémenter
   public Iterator<T> iterator();
   // méthode par défaut
   public default void forEach(Consumer<? super T> action) {
        for (T t : this)
            action.accept(t);
   }
}
```

Sans cette nouvelle notion de méthode par défaut, toutes les classes implémentant l'interface `Iterable` auraient été dans l'obligation d'implémenter la méthode `forEach`, mettant ainsi en cause la compatibilité du code existant.

Bien évidemment, une classe a toujours la possibilité de redéfinir une méthode par défaut dont elle hérite.

Ces méthodes par défaut ne sont pas sans soulever un problème d'ambiguïté lorsque qu'une classe implémente deux interfaces qui possèdent une méthode par défaut de même nom :

```
interface I1 { default void m() {} }
interface I2 { default void m() {} }
class C implements I1, I2 {}
```


Ainsi, l'appel de la méthode `m` dans `new C().m()` provoque une erreur de compilation signalant l'ambiguïté. De quelle méthode `m` s'agit-il ? Celle de `I1` ou celle de `I2` ?

Java n'autorise pas l'héritage multiple, et avant la version 8, ce problème ne se posait pas puisque, nécessairement, le corps de la méthode `m` devait être défini dans une classe d'implémentation héritière. La version 8 de Java n'autorise pas l'héritage multiple d'une méthode par défaut venant d'interfaces disjointes (*i.e.* sans relation d'héritage qui les lie, comme dans l'exemple précédent). Pour lever l'ambiguïté, et régler le problème, la classe `C` devra redéfinir la méthode `m`. Si elle souhaite utiliser une des deux méthodes définies par défaut, elle pourra le spécifier en qualifiant l'appel. Par exemple, si elle choisit la méthode `m` de `I2`, on écrira :

```
class C implements I1, I2 {
    public void m() {
        I2.super.m();
    }
}
```

La plupart des interfaces fonctionnelles définies dans le paquetage `java.util.function` possèdent des méthodes par défaut. Par exemple, `Function`, vue précédemment, possède deux méthodes par défaut, `andThen` et `compose`, qui renvoient la composition de la lambda expression courante (**`this`**) et celle passée en paramètre. Ces deux méthodes diffèrent en fonction de l'ordre d'application des lambdas. Avec `andThen`, le lambda en paramètre est appliqué après **`this`** ; pour `compose`, c'est l'inverse.

En utilisant ces deux méthodes par défaut, les déclarations des variables `gof1` et `gof2` de la page 156 peuvent se récrire comme suit :

```
// on applique d'abord Math.cos(x)
Function <Double,Double> g = x -> 2*x;
Function <Double,Double> gof1 = g.compose(x -> Math.cos(x));

// on applique d'abord x -> x.charAt(0)
Function <String,Character> f = x -> x.charAt(0);
Function <String,Boolean> gof2 =
                    f.andThen(x -> Character.isDigit(x));
```

8 Les entrées-sorties

Traditionnellement les mécanismes d'entrée-sortie des langages de programmation permettent l'échange de données entre le programme et la mémoire secondaire[1] au moyen de fichiers. JAVA définit la notion de flot qui permet l'échange d'informations entre le programme et des entités de nature très différente, comme les mémoires centrales et secondaires, ou encore un ordinateur distant accessible par un réseau. Ces flots sont des suites linéaires d'octets ou de caractères, sans autre organisation particulière de l'information. Dans ce chapitre, nous commencerons par la présentation des flots en général. Puis, à partir d'exemples classiques, nous détaillerons l'utilisation des fichiers séquentiels et à accès direct.

8.1 Les différents flots

JAVA distingue les flots d'*entrée* des flots *sortie*. Les premiers permettent la lecture de l'information depuis une entité *source* vers le programme. Inversement, les seconds permettent l'écriture depuis le programme vers une entité *destination*.

Les flots sont également discernés selon la nature de l'information échangée. Un premier groupe correspond aux *flots d'octets*, avec de l'information codée sur 8 bits, c'est-à-dire de type **`byte`**. Le second est associé aux *flots de caractères*, avec de l'information de type **`char`** du jeu UNICODE.

Les classes nécessaires à la manipulation de ces flots sont localisées dans le paquetage `java.io`[2]. Elles contiennent toutes des méthodes pour la

---

1. *e.g.* les disques.

2. Le paquetage `java.nio`, apparu avec la version 1.4.2, définit de nouvelles classes pour une gestion plus fine et efficace des entrées-sorties. Faute de place, il ne sera pas évoqué ici.

lecture et l'écriture de données de différents types. Notez également que la plupart d'entre elles peuvent émettre des exceptions dont il faudra tenir compte.

Le paquetage `java.io` contient un nombre important de classes, et une étude détaillée de chacune d'entre elles serait trop fastidieuse. Il est en revanche essentiel de comprendre les mécanismes de connexion de ces classes que nous appliquerons ensuite aux fichiers. À partir d'exemples classiques, nous en présenterons l'utilisation la plus courante.

8.2 La construction de flots

Les classes à partir desquelles les flots sont construits dérivent toutes de quatre classes données par le tableau suivant :

Flots	Entrée	Sortie
d'octets	`InputStream`	`OutputStream`
de caractères	`Reader`	`Writer`

`InputStream` et `OutputStream` servent à la lecture et l'écriture des flots d'octets, alors que `Reader` et `Writer` s'appliquent aux flots de caractères. Ces classes sont abstraites, ce qui veut dire que l'on ne peut pas en créer directement des instances avec **`new`**. Toutefois, elles permettent de définir des entités sources ou destinations quelconques qui sont renvoyées comme résultat par de nombreuses méthodes. Par exemple, la méthode `getInputStream()` de la classe `Socket` renvoie un flot d'octets provenant d'un ordinateur distant avec lequel une connexion réseau a été établie au préalable.

Les noms des classes qui représentent des entités sources ou destinations sont formés en faisant précéder le type du flot par le type de l'entité.

Ainsi, pour les flots d'octets, `File` représente l'accès à la mémoire secondaire à travers la notion de fichier, `ByteArray` celui de l'accès à la mémoire centrale à travers la notion de tableau d'octets et `Piped` celui de l'accès à un processus avec la notion de tube (en anglais *pipe*). Les classes ainsi définies sont données par le tableau suivant :

Entrée	Sortie
`FileInputStream`	`FileOutputStream`
`ByteArrayInputStream`	`ByteArrayOutputStream`
`PipedInputStream`	`PipedOutputStream`

Pour les flots de caractères, on retrouve les mêmes sortes d'entité source et destination, plus celle de chaîne de caractères pour des lectures et des écritures dans des objets de type `String`.

Entrée	Sortie
`FileReader`	`FileWriter`
`CharArrayReader`	`CharArrayWriter`
`StringReader`	`StringWriter`
`PipedReader`	`PipedWriter`

Ces classes peuvent être *composées* avec d'autres pour apporter de nouvelles fonctionnalités au flot initial. La règle de formation des noms des classes reste la même.

Le tableau suivant donne les noms de ces classes pour les flots d'octets. Certains flots d'entrée n'ont pas leur équivalent en sortie !

Entrée	Sortie
`BufferedInputStream`	`BufferedOutputStream`
`DataInputStream`	`DataOutputStream`
`PushBackInputStream`	
`ObjectInputStream`	`ObjectOutputStream`
`SequenceInputStream`	

Les classes `Buffered` permettent des entrées-sorties, en principe, plus efficaces. Les classes `Data` permettent de manipuler des objets de type élémentaire comme par exemple des entiers ou des booléens. Avec la classe `PushBackInputStream`, il est possible de *défaire* une lecture (*i.e.* la valeur lue est réinjectée dans le flot d'entrée). Les classes préfixées par `Object` manipulent des flots d'objets non élémentaires (*i.e.* représentés par des classes). La classe `SequenceInputStream` représente une concaténation de flots d'entrée d'octets.

Les flots de caractères peuvent être également composés avec les classes données dans le tableau suivant :

Entrée	Sortie
BufferedReader	BufferedWriter
LineNumberReader	
PushBackReader	

Les classes `Buffered` et `PushBackReader` ont le même rôle que précédemment. La classe `LineNumberReader` permet de gérer une numérotation des lignes du flot d'entrée.

Comment se fait la composition ? Toutes ces classes possèdent des constructeurs qui ont comme paramètre des flots. Ainsi, si on veut créer un flot de sortie d'objets de type élémentaire sur un tableau d'octets, on créera d'abord un flot `ByteArrayOutputStream` que l'on fournira au constructeur de `DataOutputStream`. Ceci s'écrit comme suit :

```
DataOutputStream dos = new DataOutputStream(
                           new ByteArrayOutputStream());
```

Avec le flot `dos` ainsi défini, il sera alors possible d'écrire, par exemple, des entiers ou des booléens dans un tableau d'octets.

Ces compositions doivent avoir un sens. Celles de flots de natures différentes sont interdites. Les flots d'entrée et de sortie ne peuvent être composés entre eux, tout comme les flots d'octets et de caractères. L'exemple suivant produit deux erreurs de compilation :

```
StringReader sr = new StringReader("12345");
DataInputStream dis = new DataInputStream(sr);
// erreur de compilation
BufferedWriter bis = new BufferedWriter(sr);
// idem
```

Par ailleurs, notez qu'il est aussi possible de faire plusieurs compositions successives.

```
FileInputStream f = new FileInputStream("fich");
DataInputStream df = new DataInputStream(f);
BufferedInputStream dfb = new BufferedInputStream(df);
```

Il est important de savoir aussi que les flots d'octets et de caractères peuvent être mis en relation à l'aide de classes spécifiques qui assurent une passerelle entre ces deux types de flots.

Pour les flots d'entrée, la connexion est faite à l'aide de la classe `InputStreamReader`. Les octets lus sur le flot sont convertis en caractères selon un jeu de caractères spécifique. Celui-ci peut être indiqué au constructeur sous forme d'objet de type `Charset` ou de son nom (de type `String`) : US-ASCII, ISO-8859-1, UTF-8, etc. [3]. S'il n'est pas précisé, un jeu de caractères par défaut est choisi. Il est alors fonction de la localisation et du jeu de caractères utilisé par le système d'exploitation (ici fr_FR et UTF-8).

```
InputStream is = ...;
InputStreamReader ir = new InputStreamReader(is);
// ou
InputStreamReader ir = new InputStreamReader(is,"UTF-8");
```

Le nom du jeu de caractères utilisé par défaut est obtenu avec la méthode `System.getProperty` et le paramètre `file.encoding`.

```
System.out.println(System.getProperty("file.encoding"));
```

```
UTF-8
```

La classe `OutputStreamWriter` joue le même rôle de passerelle mais pour les flots de sortie. Cette fois-ci, ce sont les caractères écrits sur le flot qui sont convertis en octets selon le type de jeu de caractères utilisé. Comme précédemment, celui-ci peut être indiqué ou non au constructeur :

```
OutputStream os = ...;
OutputStreamWriter ow = new OutputStreamWriter(os);
```

3. Cf. la documentation de la classe `java.nio.charset.Charset` de l'API.

```
// ou
OutputStreamWriter ow =
                     new OutputStreamWriter(os,"US-ASCII");
```

8.3 Les fichiers

Nous allons voir comment appliquer les principes de la section précédente aux fichiers qui sont une des notions les plus couramment utilisées. Des exemples mettant en jeu les flots pour des connexions réseaux seront présentés dans le chapitre 9.

Les fichiers d'octets sont représentés par des instances des classes `FileInputStream` et `FileOutputStream`, ceux de caractères par des instances de `FileReader` et `FileWriter`.

8.3.1 Les constructeurs

Les classes qui définissent les fichiers possèdent des constructeurs auxquels on spécifie le fichier à ouvrir en lecture ou en écriture dans le SGF (*Système de Gestion de Fichiers*) du système d'exploitation utilisé. Les règles d'ouverture des fichiers sont classiques.

L'ouverture en lecture positionne en début de fichier, c'est-à-dire sur le premier composant s'il existe. Le fichier doit évidemment exister et être accessible. Dans le cas contraire, les exceptions `FileNotFoundException` ou `SecurityException` sont émises.

L'ouverture en écriture d'un fichier existant l'initialise à vide. Le fichier doit posséder les droits en écriture. S'il n'existe pas, un nouveau fichier est créé si les droits de création dans le répertoire l'autorisent. Comme précédemment, si les droits d'accès ne sont pas respectés l'exception `SecurityException` est émise.

Les constructeurs des fichiers en écriture peuvent posséder un paramètre booléen supplémentaire pour indiquer un mode ajout. Lorsque ce paramètre est égal à **`true`**, le contenu du fichier est conservé et les écritures se font à la suite des données déjà existantes.

Le fichier à ouvrir peut être donné au constructeur à partir d'un paramètre de type String, File ou FileDescriptor.

Le nom du fichier est une chaîne de caractères qui suit les conventions de nommage du système d'exploitation. Attention à bien doubler le caractère \ dans la notation des fichiers Windows.

```
// unix
FileInputStream f = new FileInputStream("rép/fich");
// dos
FileWriter g = new FileWriter("C:\\dossier\\fich");
// windows
FileReader h =new FileReader("\\\\ordi\\dossier\\fich");
// mode ajout choisi
FileOutputStream i = new FileOutputStream("f", true);
```

La classe File cherche à donner une représentation abstraite des noms de fichiers du système d'exploitation sous-jacent. Toutefois, elle vise plus particulièrement les systèmes de fichiers hiérarchisés d'UNIX et de Windows de MICROSOFT. Sa variable de classe separatorChar donne la valeur du caractère utilisé comme séparateur par le système dans la notation des noms de fichiers.

Il est possible de construire un objet File à partir d'une chaîne de caractères exprimant le nom du fichier de façon relative ou absolue. Il peut être également construit à partir de deux composants : le répertoire parent et le fichier (dans le répertoire). Le répertoire parent est une chaîne de caractères ou un objet File. Enfin, un dernier constructeur admet en paramètre une URL de type URI [4].

```
File r1 = new File("\\\\ordi\\dossier");
File r2 = new File("rép");
File f1 = new File(r1, "fich");
File f2 = new File(r2, "fich");
File url = new File(new URI("http://www/index.html"));
```

La classe File propose de nombreuses méthodes de manipulation de fichiers. Il est en effet possible de créer ou de supprimer des répertoires et

4. Cf. chapitre 9.

des fichiers, de tester la nature d'un fichier (ordinaire, répertoire, lien...), ses droits d'accès, etc. Voici un exemple de l'utilisation de la méthode statique `createTempFile`. Sous sa première forme, elle crée un fichier dans le répertoire temporaire par défaut [5], ici le répertoire `/tmp`.

```
File tmpFile = File.createTempFile("img",".jpg");
System.out.println(tmpFile.getAbsoluteFile());
```

```
/tmp/img3306.jpg
```

La méthode `getAbsoluteFile` renvoie un objet `File` qui représente le chemin absolu du fichier.

Dans sa seconde forme, on spécifie le répertoire où créer le fichier temporaire. Dans cet exemple, ce répertoire est créé s'il n'existe pas au préalable.

```
File tmpRép = new File("tmp");
if (! tmpRép.exists())
    tmpRép.mkdir();
File tmpFile = File.createTempFile("img",".jpg",tmpRép);
```

Une instance de la classe `FileDescriptor` représente un descripteur de fichier ouvert dans le SGF. Les classes `FileInputStream` et `FileOutputStream` possèdent toutes deux la méthode `getFD` qui renvoie le descripteur du fichier courant.

Notez que la classe `FileDescriptor` contient les descripteurs des trois fichiers standard définis par les trois variables de classe suivantes :

```
// descripteur de l'entrée standard
public static final FileDescriptor in;
// descripteur de la sortie standard
public static final FileDescriptor out;
// descripteur de la sortie d'erreur standard
public static final FileDescriptor err;
```

5. Il dépend du système utilisé.

8.3.2 Fichiers d'octets

Les opérations élémentaires sur les flots d'octets sont celles d'écriture et de lecture séquentielle d'octets faites par les méthodes suivantes :

Entrée	Sortie
`int read()`	`void write(int b)`
`int read(byte[] b)`	`void write(byte[] b)`

Dans sa forme la plus simple, la méthode `read` renvoie le prochain octet lu sur le flot d'entrée. Lorsque la fin de fichier est atteinte, la méthode renvoie la valeur -1. De façon symétrique, la méthode `write` écrit un octet (son paramètre) dans le flot de sortie. Le fragment de code suivant recopie octet par octet le contenu d'un fichier *f* sur un fichier *g*.

```
FileInputStream is = new FileInputStream("f");
FileOutputStream os = new FileOutputStream("g");
byte b;
while ((b = (byte) is.read()) != -1)
      // écrire les n octets lus
      os.write(b);
// fin de fichier atteinte
```

Notez que le type de retour de la méthode `read` est **`int`**, ce qui explique la conversion de type explicite en **`byte`**.

Il est également possible de lire et d'écrire par bloc d'octets. La méthode `read(b,i,n)` lit les `n` prochains octets et les place dans le tableau de **`byte`** `b` à partir de l'indice `i`. Cette méthode renvoie le nombre d'octets effectivement lus. Il peut être inférieur à `n` ou -1 si la fin de fichier est atteinte. La forme `read(b)` est équivalente à `read(b,0,b.length)`. Les écritures par bloc d'octets se font avec la méthode `write(b,i,n)` qui écrit `n` octets du tableau `b` à partir de l'indice `i`. La forme `write(b)` est en fait équivalente à `write(b,0,b.length)`.

Le fragment de code précédent peut être récrit pour faire une copie par bloc de 512 octets :

```
byte [] b = new byte [512];
int n;
while ((n = is.read(b))> 0)
```

8

```
        os.write(b,0, n);
// fin de fichier atteinte
```

Notez que la classe `FileInputStream` propose également la méthode `available` qui renvoie le nombre d'octets restants qui peuvent être lus.

La fermeture des flots est faite par la méthode `close`. Cette méthode est commune à tous les types de flots. Le code de copie précédent s'achève donc par :

```
is.close();
os.close();
```

Si le programmeur choisit de gérer les exceptions, il pourra utiliser la forme de l'énoncé **try** [6] parue avec la version 7 de JAVA, qui prend automatiquement en charge la fermeture des ressources, ici celle des fichiers. Le fragment de code précédent s'écrira alors :

```
try (FileInputStream is = new FileInputStream("f");
     FileOutputStream os = new FileOutputStream("g"))
{
     // code de recopie de f dans g
}
catch (FileNotFoundException e) {...}
catch (IOException e) {...}
// pas de close() explicte
```

Héritière de `OutputStream`, la classe `FileOutputStream` possède la méthode `flush`. Celle-ci force le vidage du tampon de sortie géré par JAVA. Les octets sont transmis immédiatement au SGF.

```
os.write(b);
os.flush(); // forcer l'écriture
```

Enfin, l'exception `IOException` est émise par les méthodes `read`, `write`, `flush` ou `close` si une erreur se produit lors d'une de ces opérations.

6. Cf. chapitre 6.

8.3.3 Fichiers d'objets élémentaires

Les fichiers d'objets élémentaires sont construits par la composition d'objets `FileInputStream` ou `FileOutputStream`, d'une part et d'objets `DataInputStream` ou `DataOutputStream`, d'autre part.

```
// fichier d'entrée
DataInputStream fdi = new DataInputStream(
                               new FileInputStream("f"));
// fichier de sortie
DataOutputStream fdo = new DataOutputStream(
                               new FileOutputStream("g"));
```

Ces classes implémentent chacune l'interface `DataInput` ou `DataOutput` qui définissent les méthodes de lecture et d'écriture des objets élémentaires. Leurs noms sont `read` ou `write` suffixés par le nom du type de l'objet.

Par exemple, `readDouble` et `readBoolean` lisent respectivement un réel double et un booléen, alors que `writeByte` et `writeInt` écrivent un octet et un entier. Les méthodes `readUTF` et `writeUTF` permettent la lecture et l'écriture de chaînes de caractères, à partir d'un format UTF-8 légèrement modifié. Les principales méthodes sont données ci-dessous :

Entrée	Sortie
	void writeBoolean(**boolean** v)
byte readByte()	**void** writeByte(**byte** v)
char readChar()	**void** writeChar(**int** v)
double readDouble()	**void** writeDouble(**double** v)
float readFloat()	**void** writeFloat(**float** v)
long readLong()	**void** writeLong(**long** v)
short readShort()	**void** writeShort(**short** v)
String readUTF()	**void** writeUTF(String v)

Le fragment de code suivant crée un fichier à partir d'une suite de n réels tirés au hasard.

```
DataOutputStream f = new DataOutputStream(
                         new FileOutputStream("fichDouble"));
// écrire n réels tirés aléatoirement dans f
for (int i=0; i<n; i++)
    f.writeDouble(Math.random());
f.close();
```

La fin de fichier d'un `DataInputStream` est décelée par l'exception `EOFException`. Celle-ci est émise lorsqu'une méthode `read` cherche à faire une lecture alors qu'il n'y a plus de valeur à lire. La programmation d'un parcours de fichier sera donc placée dans un énoncé **`try`**.

Considérons maintenant que le stock d'un magasin est enregistré dans un fichier. Ce fichier est une suite de trois valeurs : une chaîne de caractères au format UTF pour le nom de l'article, un réel pour son prix et un booléen qui indique s'il est disponible. Le fragment de code suivant liste sur la sortie standard les articles disponibles dans le magasin. Notez que la fermeture du fichier est assurée par l'énoncé **`try`**.

```
try(DataInputStream g = new DataInputStream(
                           new FileInputStream("stock")))
{
  while (true) {
    String article = g.readUTF();
    double prix = g.readDouble();
    if (g.readBoolean())
        // article disponible
        System.out.println(article + " " + prix + " €");
  }
}
catch (EOFException e) {}
catch (FileNotFoundException e) {...}
catch (IOException e) {...}
```

8.3.4 Fichiers d'objets non élémentaires

Les classes `ObjectInputStream` et `ObjectOutputStream` définissent des flots d'objets non élémentaires, c'est-à-dire des tableaux ou des objets représentés par des classes. Les deux principales méthodes de ces classes sont celles de lecture et d'écriture données par le tableau suivant :

Entrée	Sortie
`Object readObject()`	`void writeObject(Object obj)`

Considérons maintenant qu'un article, avec ses trois valeurs, soit défini par la classe `Article` suivante :

```
class Article implements Serializable {
    String nom;
    double prix;
    boolean disponible;
}
```

Le stock du magasin de l'exemple précédent peut maintenant être représenté par un fichier d'`Article`. Notez que les objets écrits sur de tels flots doivent obligatoirement implémenter l'interface `Serializable`, mais aucune méthode n'est à redéfinir.

La méthode `writeObject` écrit la valeur de l'objet passé en paramètre sur le flot. Le type du paramètre est `Object`. Grâce au polymorphisme, cette méthode écrira donc des objets de n'importe quel type.

En considérant que la classe `Article` possède un constructeur qui initialise ses trois champs, le code suivant écrit deux articles sur le fichier *stock*.


```
try(ObjectOutputStream f = new ObjectOutputStream(
                              new FileOutputStream("stock"))
                                  )
{
  f.writeObject(new Article("canapé", 2999.99, true));
  f.writeObject(new Article("table", 1000.0, false));
}
```

La lecture sur un flot d'objets se fait avec la méthode `readObject`. Le type de la valeur renvoyée par cette méthode est `Object`. Le compilateur réclame une conversion explicite pour accéder à l'objet lu. La fin de fichier est détectée par l'exception `EOFException`.

L'affichage des articles disponibles dans le magasin peut alors être récrit de la façon suivante :

```
try(ObjectInputStream g = new ObjectInputStream(
                             new FileInputStream("stock")))
{
  while (true) {
      Article a = (Article) g.readObject();
      if (a.disponible)
          System.out.println(a.nom + " " + a.prix + " €");
  }
}
catch (EOFException e) {}
```

Les classes `ObjectInputStream` et `ObjectOutputStream` fournissent également des méthodes de lecture et d'écriture pour les types élémentaires semblables à celles des classes `DataInputStream` et `DataOutputStream`.

8.3.5 Fichiers de caractères

Pour traiter des fichiers de caractères, c'est-à-dire contenant du texte, on utilise les classes `FileReader` et `FileWriter`. Ces deux classes héritent respectivement des classes `InputStreamReader` et `OutputStreamWriter` dont nous avons parlé page 167 et ne définissent pas de nouvelles méthodes. En fait, les créations suivantes d'objets `FileReader` et `FileWriter` :

```
... new FileReader("f")
... new FileWriter("g")
```

sont équivalentes à :

```
... new InputStreamReader(new FileInputStream("f"))
... new OutputStreamWriter(new FileOutputStream("g"))
```

8.4 Les fichiers à accès direct

Les instances de la classe `RandomAccessFile` définissent des fichiers d'octets à accès direct. Toutefois, ce ne sont pas des flots dans la mesure où cette classe ne dérive ni de `InputStream` ni de `OutputStream`.

La classe possède deux constructeurs differenciés par le type de leur premier paramètre, `String` ou `File`, pour désigner le fichier à ouvrir. Leur second paramètre est une chaîne, `"r"` ou `"rw"`, qui spécifie le mode d'ouverture, *lecture* ou *lecture/écriture*.

```
File f = new File(....);
RandomAccessFile rf1 = new RandomAccessFile(f,"r");
RandomAccessFile rf2 = new RandomAccessFile("h","rw");
```

Ces fichiers sont un peu comme des tableaux dynamiques dont les composants (les octets) sont accessibles à l'aide d'un indice appelé « pointeur de fichier » (*file pointer*).

Pour une instance de `RandomAccessFile`, la méthode `getFilePointer` renvoie la valeur du pointeur de fichier. La méthode `seek` permet de modifier cette valeur. Son paramètre est le numéro d'ordre de l'octet où positionner le pointeur de fichier. La position du premier octet est 0, celle du dernier `length()-1`. Notez qu'il est possible d'indiquer une position au-delà de la fin du fichier ou de changer la longueur du fichier avec la méthode `setLength`. Toutefois, une lecture à une position où il n'y a pas de valeur émet l'exception `IOException`.

Dans le fragment de code suivant, la première instruction positionne le pointeur sur le vingt et unième octet (s'il existe) du fichier `rf1`. La seconde, le place dix positions après la fin de ce fichier. L'ouverture du fichier `rf2` en mode ajout (lecture/écriture) a placé son pointeur en fin de fichier. La dernière instruction effectue un retour en arrière de quatre positions.

```
rf1.seek(20);
rf1.seek(rf1.length()+10);
rf2.seek(rf2.getFilePointer()-4);
```

Les lectures et les écritures se font à la position donnée par le pointeur du fichier. Après l'opération, la valeur du pointeur est incrémentée de la taille de l'objet lu ou écrit. Notez qu'il est donc possible de traiter ces fichiers de façon purement séquentielle comme les flots InputStream ou OutputStream.

Par ailleurs, la classe RandomAccessFile implémente les interfaces DataInput et DataOutput. Les types de valeurs lues ou écrites sont les mêmes qu'avec les classes DataInputStream et DataOutputStream.

```
// on écrit 10 entiers
for (int i = 0; i<10; i++)
     rf2.writeInt(i);
// on lit le 2ème entier
rf2.seek(4);
int i = rf2.readInt(); // i == 1
// on se place 4 octets après la fin
// et on écrit la constante true
rf2.seek(rf2.length()+4);
rf2.writeBoolean(true);
```

Après l'exécution du code précédent, quelles sont les valeurs des octets situés entre la dernière valeur entière et le booléen ? Réponse : ces octets ont pour valeur 0.

8.5 Les sorties formatées

Les classes PrintStream et PrintWriter définissent des flots de sortie d'octets ou de caractères pour des écritures formatées.

Elles proposent plusieurs constructeurs avec les paramètres habituels de type String, File, OutputStream ou Writer. Elles fournissent aussi un constructeur avec un paramètre supplémentaire, de type booléen, qui indique si le tampon de sortie doit être vidé systématiquement après chaque écriture ou non (comportement par défaut).

```
PrintStream ps = new PrintStream("f");
Writer w = ....,
PrintWriter pw = new  PrintWriter(w, true);
```

Ces deux classes définissent essentiellement deux méthodes `print` et `println` dont le paramètre est un des huit types élémentaires, une chaîne de caractères ou un `Object` [7]. La méthode `println` est semblable à `print`, mais elle écrit le caractère de passage à la ligne, `\n`, à la suite de son paramètre.

Ces méthodes convertissent d'abord leur paramètre en chaîne de caractères à l'aide de la méthode `String.valueOf`, qui peut, *in fine*, appliquer la méthode `toString`. Toutes les méthodes `print` de `PrintStream` convertissent les caractères de la chaîne obtenue en octets selon l'encodage courant avant de les écrire sur le flot. Celles de la classe `PrintWriter` écrivent des caractères UNICODE.

```
double d = .....;
ps.print("d = " + d);
ps.println(new Date());
pw.println("Texte unicode : ...");
```

Depuis la version 5.0, ces classes proposent également une méthode `printf` semblable à celle du langage C. L'en-tête de cette méthode est le suivant :

```
printf(String format, Object... args)
```

Le paramètre `format` décrit la façon dont la suite de paramètres `args` sera écrite. Il suit la syntaxe :

```
%[num_param$][indic][largeur][.précision]conversion
```

Le champ `num_param` indique le numéro d'ordre du paramètre. Le premier a le numéro 1. Le champ `indic` représente des caractères (dépendant du mode de conversion) qui modifient le format d'écriture. Le champ `largeur` est un entier qui exprime le nombre de caractères sur lequel le paramètre sera écrit. Dans le cas de l'écriture de réels, un second entier, le champ `précision`, peut être utilisé pour donner la précision de la partie décimale. Enfin, le champ `conversion` est un ou plusieurs caractères qui spécifient selon quel mode de conversion le paramètre doit être écrit.

7. Ou évidemment n'importe quelle sous-classe.

Tous ces attributs peuvent prendre de nombreuses valeurs qu'il serait vraiment trop long à décrire ici. Le détail de ces attributs est donné dans la page de documentation de la classe `java.util.Formatter`. L'exemple suivant en donne un simple aperçu, et nous convions le lecteur à se reporter à la documentation pour une description complète.

```
int i = 10;
double d = 23.6789;
ps.printf("%d %f\n",i, d);
ps.printf("!%2$8.1f! :%1$5d:\n",i, d);
pw.printf("%tc\n", new Date());
```

```
10 23,678900
! 23,7! : 10:
sam. févr. 21 12:19:46 CET 2015
```

Dans cet exemple, le premier `printf` écrit sous forme décimale l'entier `i` et le réel double `d`. Le second `printf` écrit d'abord le réel, puis l'entier. Les numéros d'ordre des paramètres ont été indiqués. Les deux valeurs sont écrites sur une largeur minimale de 8 et 5 caractères. La partie décimale du réel est limitée à un chiffre. Enfin, le dernier `printf` écrit la date du jour et l'heure courante.

Vous avez sûrement remarqué que les écritures ont tenu compte de la localisation (*i.e.* virgule pour le réel et la date en français). La méthode `printf` possède une seconde forme, avec un premier paramètre pour indiquer une localisation particulière.

```
double d = 23.6789;
ps.printf(Locale.US, "%f\n",d);
pw.printf(Locale.US, "%tc\n", new Date());
```

```
23.678900
Sat Feb 21 12:21:43 CET 2015
```

8.6 Les fichiers standard

Les fichiers standard – l'entrée, la sortie et la sortie d'erreur – sont définis dans `java.lang.System` par les trois variables de classe suivantes :

```
static InputStream in; // l'entrée standard
static PrintStream out; // la sortie standard
static PrintStream err; // la sortie d'erreur standard
```

Par défaut, l'entrée standard est liée au clavier, et les sorties standard à l'écran. Toutefois, les systèmes d'exploitation offrent des mécanismes qui permettent de rediriger ces fichiers standard vers d'autres périphériques ou fichiers (*e.g.* les opérateurs < ou >) .

Pour les sorties standard, les variables `System.out` et `System.err` sont des instances de la classe `PrintStream`. Les méthodes `print`, `println` et `printf` sont donc applicables sur ces instances.

```
System.out.print("i = " + i);
System.out.printf("%tc\n", new Date());
System.err.println("erreur : ...");
```

La variable `System.in` est une instance de `InputStream`, un flot d'octets. La méthode `read` lit donc des octets et ne permet pas une lecture simple d'objets élémentaires (entiers, réel, etc.) sur l'entrée standard.

8.6.1 Console

Depuis la version 6 de JAVA, le paquetage `java.io` propose la classe `Console` qui permet de gérer, s'il existe, le dispositif d'entrée/sortie interactif lié à la machine virtuelle JAVA. Une instance (unique) de `Console` est renvoyée par la méthode `System.console`, ou **`null`** si elle n'existe pas. Les méthodes `reader` et `writer` renvoient, respectivement, des instances de type `Reader` et `PrintWriter`, les flots associés à l'entrée et à la sortie de la console.

La classe `Console` propose une méthode d'écriture formatée, `printf`, semblable à celle des classes `PrintStream` et `PrintWriter`. Elle offre également une méthode `readLine`, qui lit une ligne de caractères sur la console et renvoie la chaîne de caractères correspondantes (sans la fin de ligne). Une seconde version de cette méthode permet d'écrire une invite (éventuellement formatée) avant la lecture.

```
Console console;
if ((console = System.console()) != null) {
     String  nom = console.readLine("votre nom ? > ");
     console.printf("Bonjour %10s !\n", nom);
}
```

La classe `Console` propose aussi deux méthodes `readPassword` (avec et sans paramètre d'invite) pour lire une information confidentielle, comme par exemple un mot de passe, qui ne sera pas affichée à l'écran lors de sa frappe au clavier. Ces méthodes renvoient un tableau de caractères contenant les caractères lus. Notez que ce type de retour a été choisi pour des raisons de sécurité. Il permet au programmeur de réduire plus facilement la durée de vie de l'information confidentielle en mémoire.

```
Console console;
if ((console = System.console()) != null) {
     char[] mdp = console.readPassword("Mot de Passe :");
     if (mdp != null) {
        // vérifier le mot de passe
        .... // code de traitement
        // effacer le mot de passe
        java.util.Arrays.fill(mdp, ' ');
     }
}
```

Les méthodes de lecture de la classe `Console` ne permettent pas la lecture d'objets de type élémentaire. Une telle lecture nécessite une opération de conversion de la suite de caractères lue au clavier dans le type élémentaire qu'elle représente.

Pour cela, il est possible d'utiliser un petit analyseur de texte défini par la classe `Scanner` du paquetage `java.util`. Cette classe contient de nombreuses méthodes pour lire des objets de tous les types élémentaires [8] du langage.

8. mais aussi des `BigInteger`.

La lecture d'un entier et d'un réel au clavier s'écrit simplement :

```
Console console;
if ((console = System.console()) != null) {
    Scanner sc = new Scanner(console.reader());
    int   i = sc.nextInt();
    float f = sc.nextFloat();
    ...
}
```

9 L'API

L'*Application Programming Interface* de Java est formée de plusieurs milliers de classes regroupées en paquetages qui portent sur des domaines variés de l'informatique. Dans les chapitres précédents, nous en avons déjà évoquées certaines, mais il est évidemment impossible de décrire toutes les autres dans celui-ci. Nous nous limiterons [1] à quelques-unes d'entre elles qui portent sur des thèmes qui nous paraissent fondamentaux. Nous commencerons par les collections et les tables associatives qui sont utilisées dans de nombreuses applications. Nous présenterons ensuite, les *flots d'éléments* (stream*s*), apparus avec la version 8 de Java, qui donnent une nouvelle vision des collections, et qui offrent un plus haut niveau d'abstraction pour leur traitement notamment à l'aide de fonctions anonymes [2]. Nous présenterons ensuite des classes utilisées pour la communication réseau. Enfin, nous terminerons par les classes graphiques AWT, Swing et Applet.

9.1 Les collections et les tables

L'API propose plusieurs sortes de collections et de tables associatives. Toutes les classes et les interfaces qui les décrivent sont placées dans le paquetage `java.util`.

9.1.1 Les collections

Les collections sont des structures de données dynamiques qui servent à conserver de l'information, des *éléments* selon la terminologie Java, de façon structurée.

---

1. Nous consacrerons le chapitre suivant à JDBC.
2. Cf. chapitre 7.

L'interface générique `Collection<E>` décrit le comportement commun à *toutes* les collections. Elle est paramétrée sur le type de ses éléments. Les méthodes de base de cette interface sont l'ajout ou la suppression d'éléments, et le test d'égalité de collection.

Les collections peuvent prendre plusieurs formes. Parmi elles, les *listes*, les *files d'attentes* et les *ensembles*. Elles sont respectivement décrites par les interfaces génériques `List<E>`, `Queue<E>` et `Set<E>` héritières toutes trois de `Collection<E>`.

Une liste est une suite linéaire d'éléments accessibles par un indice entier. Une file d'attente est aussi une suite d'éléments avec des méthodes spécialisées d'ajout en queue et de suppression en tête de file (modèle FIFO « *First In - First Out* »). Un ensemble mémorise les éléments sans ordre spécifique, et ses éléments ne sont en particulier pas accessibles à l'aide d'un indice. Contrairement aux listes, les ensembles n'autorisent qu'une seule occurrence d'un élément.

L'interface générique `SortedSet<E>` décrit le comportement des ensembles ordonnés. Elle est une sous-interface de `Set<E>`. L'ensemble ou ses éléments doivent être munis d'une relation d'ordre afin de comparer les éléments entre eux. La relation d'ordre peut être fournie, soit à la construction d'un ensemble à l'aide d'un objet `Comparator<E>` (une interface fonctionnelle, et donc un lambda), soit par les éléments de l'ensemble qui doivent alors implémenter de la méthode `compareTo` de l'interface générique `Comparable<E>`.

Les classes génériques `Vector<E>`, `ArrayList<E>` et `LinkedList<E>` implémentent l'interface `List<E>`. Elles diffèrent sur le modèle de représentation de la liste. Les deux premières utilisent un tableau. Elles sont semblables, hormis le fait que l'implémentation de `Vector<E>` est synchronisée, c'est-à-dire utilisable en toute sécurité dans un contexte multithreads[3] et pas celle de `ArrayList<E>`. D'autre part, `LinkedList<E>` utilise une structure doublement chaînée. Notez qu'elle implémente également l'interface `Queue<E>`.

3. Cf. chapitre 6.

Parmi les classes qui implémentent `Queue<E>`, il y a `ArrayBlocking-Queue<E>` et `LinkedBlockingQueue<E>` qui définissent, par l'intermédiaire de l'interface `BlockingQueue<E>`, des méthodes d'ajout et de retrait *bloquantes*. Elles attendent que la file ne soit pas ni vide ni pleine pour que les opérations puissent être effectuées. Ces classes permettent de mettre en œuvre facilement le modèle producteur-consommateur à l'aide de threads.

`PriorityQueue<E>` et `PriorityBlockingQueue<E>` définissent des files d'attentes avec priorité (bloquante pour la seconde). Les éléments de la file sont ordonnés dans un tas [4] et le premier de la file est le plus petit des éléments. La relation d'ordre sur les éléments est celle de leur type ou celle donnée par un comparateur au moment de la construction de l'objet.

Dans la version 6 apparaît l'interface `Deque<E>` (*Double Ended Queue*), héritière de `Queue<E>`. Une dèque est une suite d'éléments qui combine à la fois les modèles de file d'attente et de pile. La classe `ArrayDeque<E>` en propose une implémentation en tableau, alors `LinkedBlockingDeque<E>` en est une implémentation bloquante à l'aide d'une structure chaînée. Notez que la classe `LinkedList<E>` implémente aussi l'interface `Deque<E>`.

La classe générique `HashSet<E>` implémente l'interface `Set<E>` pour définir des ensembles représentés par des tables d'adressage dispersé [5].

La classe générique `TreeSet<E>` implémente `SortedSet<E>` pour définir des ensembles ordonnés représentés par des arbres binaires.

Les graphes donnés par les figure 9.1 et 9.2 résument les relations d'héritage de ces interfaces et classes. Les flèches en pointillés désignent une relation d'implémentation, et les autres d'héritage.

Les classes que nous venons de mentionner sont les principales. Toutefois, sachez qu'il en existe plusieurs autres, comme `Stack<E>` qui dérive de `Vector<E>` pour définir des piles génériques, ou encore la classe `LinkedHashSet<E>` qui définit des tables d'adressage dispersé

4. Un tas (*heap* en anglais) est un arbre binaire parfait partiellement ordonné cf. [1].

5. En anglais *hash table*.

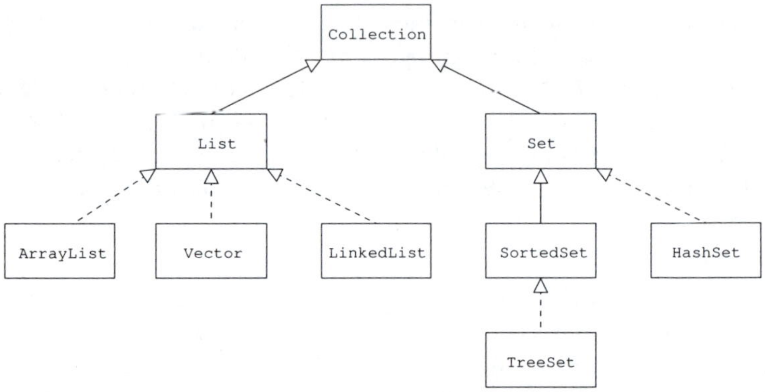

Figure 9.1 Graphe d'héritage de Collection (1/2)

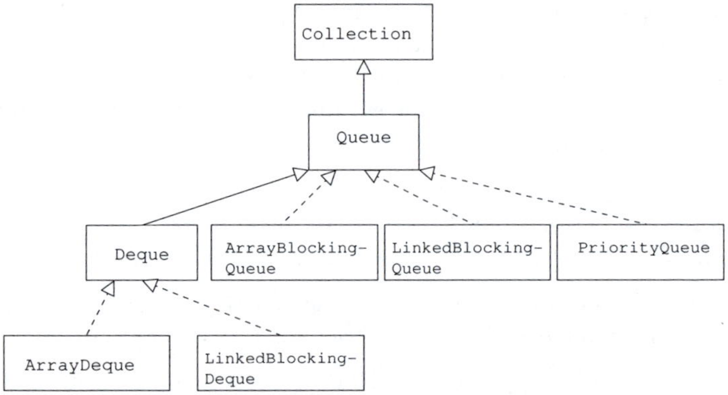

Figure 9.2 Graphe d'héritage de Collection (2/2)

dont l'ordre d'insertion des éléments est conservé à l'aide d'une structure chaînée.

Toutes les collections possèdent au moins deux constructeurs. Le premier, sans paramètre, construit une collection vide. Le second crée une collection à partir d'une autre passée en paramètre, même si les collections sont de nature différente. Toutefois les types des éléments doivent être compatibles.

```
List<String> vs = new Vector<String>();
SortedSet<String> ts = new TreeSet<String>(vs);
```

D'autre part, la *classe* `Collections` [6] possède de nombreuses méthodes statiques de manipulation de collections. Parmi elles, citons les méthodes `min` et `max` qui renvoient le minimum et le maximum d'une collection. Chacune de ces méthodes possède deux formes. Si les éléments de la collection sont comparables, c'est-à-dire qu'ils implémentent l'interface `Comparable`, seule la collection est transmise. Dans le cas contraire, un comparateur des éléments doit être passé en second paramètre. Il implémente l'interface fonctionnelle `Comparator<E>` et ses méthodes `compare` et `equals`. L'exemple suivant récupère le maximum de la collection `vs` précédemment déclarée, et le minimum d'une collection `c` d'instances d'une classe `X`. Le comparateur est une lambda expression de type `Comparator<X>` qui renvoie un **`int`**.

```
String smax = Collections.max(vs);
List<X> c = new LinkedList<X>();
X smin = Collections.min(c, (a,b)->/* comparaison */));
```

Notez également que seule la classe `Vector` est synchronisée. Toutefois, les méthodes `synchronizedList` et `synchronizedSet` de `Collections` transforment leur paramètre en listes ou ensembles synchronisés.

```
Set<X> s = new HashSet<X>();
Set<X> syncS = Collections.synchronizedSet(s);
```

Toutes les collections implémentent également l'interface `Serializable`. Une collection pourra être écrite ou lue telle quelle sur, par exemple, un fichier.

6. À ne pas confondre avec l'interface `Collection<E>`, sans *s*.

Iterateur

D'une façon générale, un itérateur est un objet qui permet le parcours séquentiel des éléments d'une structure de données indépendamment de son implémentation.

Toutes les collections possèdent la méthode `iterator` qui renvoie un objet de type `Iterator<E>` [7] utilisable pour parcourir la collection élément par élément. Si `c` est une collection de type `Collection<Integer>`, son parcours s'écrit :

```
// parcours de la collection d'entiers c
for (Iterator<Integer> i=c.iterator(); i.hasNext(); ){
    Integer x = i.next();
    // traiter l'entier x
}
```

L'interface `Collection<E>` hérite de l'interface fonctionnelle `Iterable<E>`. L'énoncé *foreach* [8] peut alors être appliqué à tout type de collection. L'énoncé précédent est récrit plus simplement :

```
for (Integer x : c) {
    // traiter l'entier x
}
```

L'interface fonctionnelle `Iterable` possède la méthode par défaut [9] `forEach`. Cette méthode parcourt la collection courante et applique un lambda, son paramètre, de type `Consumer<E>` sur chacun des éléments. Avec cette méthode, le traitement de tous les éléments d'une collection `c` s'écrit simplement :

```
c.forEach((x) -> /* traiter l'entier x */ );
```

7. Il existe également une interface `Enumeration<E>`, similaire à `Iterator<E>`, mais sans méthode `remove`. Cette interface est aujourd'hui obsolète.

8. Cf. chapitre 1 page 22.

9. Cf. chapitre 7.

Listes

Les méthodes de base des listes sont `add`, `get`, `set` et `remove` qui ajoute, renvoie, modifie et supprime un élément dans la liste à un indice donné (l'indice du premier élément est 0). Si l'indice n'est pas spécifié, l'ajout est par défaut en fin de liste. La méthode `size` renvoie le nombre d'éléments de la liste.

`Vector` et `ArrayList` sont des tableaux dynamiques à utiliser lorsque l'on doit manipuler des éléments situés à des indices quelconques. Mais pour des raisons d'efficacité, la structure chaînée de `LinkedList` sera plus adaptée pour des accès en début et fin de liste. Les instances de cette classe possèdent des méthodes spécifiques d'ajout, d'accès à une valeur et de suppression en début et en fin de liste, comme par exemple, `addFirst` et `addLast`.

Nous allons maintenant donner un petit exemple d'utilisation d'une liste. Des prénoms sont enregistrés, un par ligne, dans un fichier de texte dans un ordre quelconque. On souhaite les afficher sur la sortie standard par ordre alphabétique. Pour cela, on crée une liste, puis on lit les prénoms un à un dans le fichier. Pour chaque prénom, on recherche son rang d'insertion dans la liste et on l'insère à sa place. On utilise une instance de `Scanner`[10] pour la lecture des prénoms dans le fichier. Le code est donné ci-dessous :

```
Scanner entrée = new Scanner(new File("LesPrénoms"));
List<String> liste = new ArrayList<String>();
while (entrée.hasNextLine()) {
    String prénom = entrée.nextLine();
    int lg = liste.size(), r;
    // chercher le rang d'insertion du prénom
    for (r=lg-1; r>=0 &&
               liste.get(r).compareTo(prénom)>0; r--)
           /* énoncé vide */;
    // r+1 est ce rang d'insertion
    liste.add(r+1,prénom);
} // afficher les prénoms par ordre alphabétique
System.out.println(liste);
```

10. Cf. chapitre 8 page 182.

9

Notez aussi que les objets de type `List` possèdent une méthode `subList` qui renvoie la sous-liste comprise entre deux indices passés en paramètre.

La méthode `listIterator` renvoie une instance de `ListIterator` (sous-classe de `Iterator`). Cet itérateur spécifique aux listes en permet un parcours simplifié grâce à de nombreuses méthodes *ad-hoc.*

Enfin, la classe `Collections` offre de nombreuses méthodes spécifiques de manipulation de liste comme celles d'initialisation à une valeur particulière, d'inversion, de permutation aléatoire ou encore de tri. Cette dernière aurait pu être utilisée pour trier la liste de prénoms précédente :

```
// créer la liste à partir du fichier
while (entrée.hasNextLine())
    liste.add(entrée.nextLine());
// trier la liste de prénoms et l'afficher
Collections.sort(liste);
System.out.println(liste);
```

Files d'attente

Les méthodes de base des files d'attente sont `add`, `remove`, et `element` qui ajoute en queue de file, supprime en tête de file, et renvoie la valeur de l'élément en tête de liste. Ces méthodes lèvent une exception si l'opération échoue. Ces méthodes possèdent aussi une seconde version (`offer`, `pool`, et `peek`) qui font le même travail, mais qui renvoient **`false`** ou **`null`** en cas d'erreur.

`ArrayBlockingQueue<E>` et `LinkedBlockingQueue<E>` proposent une implémentation de ces méthodes à l'aide, respectivement, d'un tableau et d'une structure chaînée. Ces files d'attente peuvent être bloquantes sur les opérations de suppression lorsque la file est vide, ou d'ajout lorsqu'elle est pleine. Ceci permet de mettre en œuvre facilement le modèle producteur-consommateur.

Les classes `ArrayDeque<E> LinkedBlockingDeque<E>` implémentent la notion de dèque dans un tableau et dans une structure chaînée. Une dèque possède à la fois les propiétés d'une file d'attente et d'une pile ; les ajouts et les suppressions peuvent se faire aux deux extrémités de la structure. Les noms des méthodes sont celles des files suffixées par `first` ou `last`. Les dèques implémentent l'interface `Stack<E>`, les méthodes `push`, `pop` et `peek` sont donc aussi définies.

L'exemple suivant vérifie si un mot placé dans une dèque est un palindrome[11] ou non en parcourant la dèque par ses deux extrémités.

```
Deque<Character> mot = new ArrayDeque<Character>();
// affecter une valeur à mot ...
boolean illest = true;
while (mot.size() != 0) { // dèque non vide
   char carDébut = mot.peekFirst();
   mot.pollFirst();
   if (mot.size() != 0) {
        // dèque non vide
        char carFin =  mot.peekLast();
        mot.pollLast();
        if (carDébut != carFin)
            illest = false;
   }
}
System.out.println(illest ? "Palindrome"
                          : "Pas un palindrome");
```

Ensembles

Rappelons que l'accès aux éléments d'un ensemble ne se fait pas par un indice et qu'une seule occurrence de chaque élément est possible. L'ajout avec la méthode `add` est effectif si l'élément n'est pas déjà présent. Dans ce cas, la méthode renvoie **`true`**, et **`false`** sinon. La méthode booléenne `contains` teste la présence d'un élément.

La classe `HashSet<E>` définit des tables d'adressage dispersé. On ne peut ici rappeler les principes algorithmiques de fonctionnement de ces tables, mais sachez que la fonction d'adressage primaire est donnée par la méthode `hashCode` de la classe `Object` et que les collisions sont résolues par chaînage externe.

11. Un palindrome est un mot qui peut se lire de la gauche vers la droite et inversement, comme par exemple *radar*.

Dans les compilateurs, la table des mots réservés est bien souvent représentée par une table d'adressage dispersé. La table sert à vérifier si un identificateur est un mot-clé du langage ou si c'est un nom défini par le programmeur. La construction de la table s'écrira :

```
Set<String> motsRés = new HashSet<String>();

motsRés.add("if");
motsRés.add("public");
motsRés.add("while");
// etc.
```

On peut maintenant tester si l'identificateur `ident` est un mot-clé ou pas.

```
if (! motsRés.contains(ident)) {
   // identificateur défini par le programmeur
}
```

La classe `TreeSet<E>` définit des arbres binaires ordonnés. Les éléments sont comparables, c'est-à-dire qu'ils implémentent l'interface `Comparable<E>`. Si ce n'est pas le cas, il faudra passer au constructeur de l'ensemble une instance de `Comparator<E>`.

Comme pour les instances de la classe `HashSet`, les méthodes `add` et `contains` sont applicables. L'exemple précédent de l'affichage par ordre alphabétique des prénoms contenus dans un fichier peut maintenant s'écrire très simplement avec une instance de `TreeSet`.

```
Scanner entrée = new Scanner(new File("LesPrénoms"));
SortedSet<String> arbre = new TreeSet<String>();
while (entrée.hasNextLine()) {
    arbre.add(entrée.nextLine());
}
// afficher les prénoms par ordre alphabétique
System.out.println(liste);
```

9.1.2 Les tables associatives

Les tables associatives sont comme des collections, mais dans lesquelles chaque valeur d'élément mémorisé est pourvue d'une *clé*. L'idée est d'associer une clé à une valeur. L'accès à la valeur se fait toujours à partir de sa clé. Par exemple, on peut imaginer une table des assurés sociaux. La clé est le numéro INSEE grâce auquel on accède aux informations spécifiques d'un assuré.

L'interface générique `Map<K,V>` définit le comportement des tables associatives. Le paramètre `K` donne le type des clés, alors que `V` donne celui des valeurs. Les clés sont uniques dans la table (*i.e.* deux valeurs différentes ne peuvent donc pas avoir la même clé).

Les trois principales méthodes que l'interface possède sont l'ajout d'une clé et de sa valeur correspondante (`put`), la recherche d'une valeur à partir de sa clé (`get`) et la suppression d'une valeur à partir de sa clé (`remove`).

Les tables associatives sont principalement définies par trois classes génériques : `HashTable<K,V>`, `HashMap<K,V>` et `TreeMap<K,V>`. Les deux premières implémentent l'interface `Map<K,V>`, alors que la troisième implémente l'interface `SortedMap<K,V>`, une sous-interface de `Map<K,V>`. Le graphe d'héritage est donné par la figure 9.3.

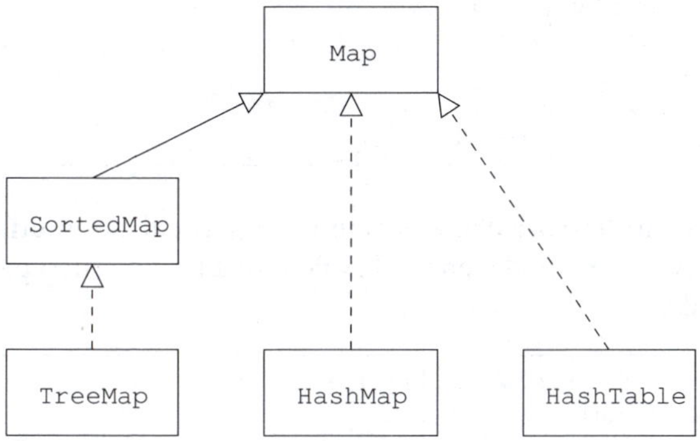

Figure 9.3 Graphe d'héritage de Map

HashTable<K,V> et HashMap<K,V> définissent des tables d'adressage dispersé semblables à celles proposées par HashSet<E>. La première implémente des méthodes synchronisées et pas la seconde. La classe TreeMap<K,V>, comme TreeSet<E>, définit un arbre binaire ordonné. On utilise cette classe lorsqu'il est nécessaire de conserver un ordre sur les clés des valeurs.

Ces classes possèdent au moins deux constructeurs. Le premier, sans paramètre, construit une table associative vide. Le second crée une table à partir d'une autre passée en paramètre. Dans ce cas, la compatibilité des clés et des valeurs est exigée. La classe TreeMap possède un autre constructeur avec comme paramètre un Comparator<E>.

Dans l'exemple suivant, on crée une table associative dans laquelle on associe aux participants d'une compétition leur score. Les clés sont les noms des personnes, et les valeurs (les scores) des entiers. L'utilisation d'une instance de TreeMap nous permet d'obtenir la liste triée par ordre alphabétique.

```
Map<String,Integer> résultats =
                         new TreeMap<String,Integer>();
résultats.put("Paul", 80);
résultats.put("Karim", 100);
résultats.put("Aude", 150);
résultats.put("Claude", 90);
// etc.
// afficher la liste par ordre alphabétique
System.out.println(résultats);
```

Pour obtenir le score d'une personne en particulier, on utilise la méthode get. Cette méthode renvoie la valeur **null** si la clé n'est pas présente dans la table.

```
Integer score = résultats.get(participant);
if (score == null)
   // participant inconnu
else
  // afficher le score du participant
```

Properties

La classe `Properties` est une sous-classe de `Hashtable`. Elle définit des tables associatives entre chaînes de caractères, appelées *propriétés*. Elle met donc en correspondance des clés et des valeurs uniquement de type `String`.

La particularité d'une instance de `Properties` est de pouvoir être reliée à une autre instance de `Properties`. Lorsque la recherche d'une propriété échoue dans une table, elle se poursuit récursivement dans la table associée. Ainsi, plusieurs tables de type `Properties` peuvent être reliées les unes aux autres.

Cette classe possède deux constructeurs. Le premier sans paramètre crée une table vide. Le second fait de même, mais relie l'instance créée à celle passée en paramètre.

Les méthodes `put` et `get` de `Hashtable` sont remplacées par les méthodes `setProperty` et `getProperty` qui respectivement insèrent dans la table une propriété avec sa valeur, et recherche une valeur à partir de sa propriété. Un second paramètre peut être passé à la méthode `getProperty`. Il correspond à la valeur par défaut si la recherche échoue dans la table courante et dans celles qui lui sont reliées (si elles existent).

```
Properties p1 = new Properties();
Properties p2 = new Properties(p1);

p1.setProperty("Auteur", "Molière");
p2.setProperty("Compositeur", "Bach");

System.out.print(p1.getProperty("Auteur"));
System.out.print(p2.getProperty("Compositeur"));
System.out.println(p2.getProperty("Acteur","inconnu"));
```

```
Molière Bach inconnu
```

Les propriétés sont lues et sauvegardées dans un fichier de texte à l'aide des méthodes `load` et `store`. Les méthodes `loadFromXML` et `storeToXML` font de même mais dans un format XML simplifié.

L'interprète Java gère lui-même une table des propriétés de l'environnement d'exécution. Elle contient une trentaine de propriétés comme par exemple `java.version` la version de l'environnement d'exécution JAVA, `os.version` la version du système d'exploitation, ou encore `os.arch` le type de machine sur laquelle est exécutée la machine virtuelle.

La classe `System` du paquetage `java.lang` contient des méthodes de classe qui en permettent l'accès.

```
System.out.print(System.getProperty("java.version"));
System.out.print(System.getProperty("os.version"));
System.out.println(System.getProperty("os.arch"));
```

```
1.8.0_31 3.16.0-31-generic amd64
```

Notez qu'il est possible de modifier cette table de propriétés système. On peut ajouter et même supprimer des propriétés.

```
System.setProperty("sa.prop", "lui");
System.out.println(System.getProperty("sa.prop"));

System.clearProperty("java.version");
System.out.println(System.getProperty("java.version"));
```

```
lui null
```

9.2 Les flots d'éléments

La version 8 de JAVA introduit la notion de flot d'éléments (en anglais stream[12]). C'est la notion de monade qu'on trouve en programmation fonctionnelle dans les langages HASKELL ou SCALA. Les flots permettent, en particulier, de définir une nouvelle abstraction sur les collections pour le traitement massif de données. Le nouveau paquetage `java.util.stream` contient les interfaces et les classes qui permettent de manipuler les flots d'éléments.

Un flot est vu comme une suite d'éléments sur lequel une série d'opérations spécifiques pourra être appliquée, de façon séquentielle ou parallèle. La majorité des opérations prend une *lambda expression* en paramètre. Suivant l'esprit de la programmation fonctionnelle, l'enchaînement

12. Attention de ne pas confondre avec les *streams* du paquetage `java.io`.

des opérations ne doit pas modifier la collection. Pour cela, les lambdas ne doivent pas faire d'effet de bord, ni accèder à des structures mutables [13].

Jusqu'à présent le parcours des éléments d'une collection devait être explicitement programmé par l'utilisateur à l'aide, par exemple, d'un `Iterator<E>`. C'est la notion d'itération externe.

Au contraire, avec les flots d'éléments, le détail du parcours, et en particulier les optimisations possibles, ainsi que l'exécution en parallèle des différentes opérations appliquées sur les éléments sont de la responsabilité du flot. C'est la notion d'itération interne.

Pour l'utilisateur, l'intérêt est d'avoir à se consacrer uniquement à la définition des opérations et à l'ordre dans lequel il faut les appliquer, sans se préoccuper de la mise en œuvre.

Les flots d'éléments induisent une approche *fonctionnelle* de la programmation du traitement des collections, différente du modèle *objet impératif* [14] jusque-là habituellement utilisé par les versions antérieures de JAVA.

9.2.1 stream et parallelStream

L'interface générique `Collection<E>` possède deux méthodes par *défaut*, `stream` et `parallelStream`. Ces deux méthodes créent et renvoient un flot d'éléments de type `Stream<E>` à partir des éléments de la collection. On pourra ensuite appliquer sur le flot des opérations de façon *séquentielle* ou *parallèle*.

```
Collection<String> c = ....;
// construire un Stream<String> séquentiel
c.stream()
... // appliquer des opérations

// construire un Stream<String> parallèle
c.parallelStream()
... // appliquer des opérations
```

13. Normalement JAVA l'interdit. Toutefois, au chapitre 7, on a vu qu'il était possible de contourner cet interdit.

14. Cf. chapitre 7.

Il existe également des interfaces spécialisées IntStream, LongStream et DoubleStream, respectivement, pour traiter des flots d'éléments de type Integer, Long et Double.

La notion de flot est elle-même indépendante de celle de collection. Un flot peut être construit, directement, par énumération des valeurs à insérer dans le flot, à l'aide la méthode of. Pour les entiers, la méthode range construit un intervalle de valeurs.

```
Stream<String> s= Stream.of("Karim","Tim","Maud","Mathieu");
DoubleStream ds = DoubleStream.of(1e-7, -34.12, 100.0, 0.0);
IntStream is1 = IntStream.of(2, -3, 9);
IntStream is2 = IntStream.range(0,4); // 0, 1, 2, 3
```

9.2.2 Opérations de base

L'interface générique Stream<E> définit de nombreuses opérations à appliquer sur un flot de E. On distingue deux sortes d'opérations : celles dites intermédiaires, qui renvoient comme résultat un flot, utilisé par l'opération suivante, et celles dites finales, dont le résultat n'est pas un flot.

Dans cette section, nous verrons à travers un exemple les opérations intermédiaires filter, map, sorted, ainsi que l'opération finale forEach. Les prototypes de ces quatre premières opérations sont donnés par le tableau suivant :

Stream<E>	filter(Predicate<? **super** E> p) renvoie un flot formé des éléments qui vérifient le prédicat booléen p.
void	forEach(Consumer<? **super** E> a) applique le lambda a sur chacun des éléments de **this**.
Stream<R>	map(Function<? **super** E,? **extends** R> f) renvoie un flot dont chaque élément est le résultat de type R de l'application du lambda f sur les éléments de **this**.
Stream<E>	sorted() renvoie un flot formé des éléments de **this** triés selon la relation d'ordre associée par défaut aux éléments

Prenons l'exemple d'une collection d'objets de type `Élève`. Cette classe, donnée ci-dessous, mémorise le nom de l'élève et les notes qu'il a obtenues à différents examens dans une `Collection` d'entiers.

```
class Élève {
    private String nom;
    private Collection<Integer> notes;
    Élève(String nom,  Collection<Integer> notes) {
        this.nom = nom;
        this.notes = notes;
    }
    String getNom() { return this.nom; }
    Collection<Integer> getNotes() { return this.notes; }
}
```

Soit la collection d'élèves `c` définie comme suit :

```
Collection<Élève> c =
  Arrays.asList(
        new Élève("Karim",   Arrays.asList(17)),
        new Élève("Tim",     Arrays.asList(18, 9, 15, 20)),
        new Élève("Maud",    Arrays.asList(17, 9, 19)),
        new Élève("Mathieu", Arrays.asList(13, 16, 15))
  );
```

Le fragment de code suivant écrit sur la sortie standard, en ordre alphabétique, les noms des élèves qui commencent par la lettre « M ». Vous noterez les références aux méthodes `getNom` et `println` à l'aide de `::` présenté à la page 155 au chapitre 7.

```
c.stream()
     .filter(e -> e.getNom().startsWith("M"))
     .map(Élève::getNom)
     .sorted()
     .forEach(System.out::println);
```

```
Mathieu
Maud
```

La méthode `filter` renvoie un flot formé des éléments qui vérifient le prédicat booléen, de type `Predicate<E>`, passé en paramètre. Ici, le lambda teste si la première lettre du nom est un « M ».

La méthode `map` transforme chaque élément du flot en une chaîne de caractères (*i.e.* les noms des élèves). Le résultat est un flot de `String`.

La méthode `sorted` renvoie un flot dont les éléments, ici de type `String`, sont triés de façon croissante. Notez qu'il existe une seconde version de cette méthode à qui on passe un `Comparator<E>` en paramètre. Celui-ci définit la relation d'ordre à appliquer pour le tri des éléments.

Enfin, la méthode finale `forEach` applique une action, définie par son paramètre, un lambda de type `Consumer<E>`, sur chacun des éléments du flot, ici son écriture sur la sortie standard.

`Stream` propose également la méthode `peek`, similaire à `forEach`, mais qui renvoie le flot courant des éléments après application de l'action. C'est une opération intermédiaire, mais dans la mesure où elle est susceptible de modifier le flot, elle ne suit pas le modèle fonctionnel, et doit être utilisée avec précaution, particulièrement dans un contexte parallèle.

La plupart du temps, cette méthode est utilisée pour la mise au point, pour tracer les valeurs du flot. En insérant dans notre code les appels à `peek`, on met en évidence l'ordre d'enchaînement des opérations :

```
c.stream()
    .filter(e -> e.getNom().startsWith("M"))
    .peek(e ->  System.out.println("filter: " + e.getNom()))
    .map(Élève::getNom)
    .peek(e -> System.out.println("map: " + e)
    .sorted()
    .forEach(System.out::println);
```

```
filter: Maud
map: Maud
filter: Mathieu
map: Mathieu
Mathieu
Maud
```

9.2.3 Enchaînement des opérations

Il est important de comprendre que dans le cas d'un flot séquentiel, issu de la méthode `stream`, l'exécution de *l'ensemble* des opérations ne se fait pas de façon séquentielle, au sens où l'exécution d'une opération *ne débute pas* une fois l'opération précédente achevée. Ainsi, l'opération `map` ne commence pas une fois le filtrage de l'intégralité du flot effectué. Au contraire, toutes les opérations (sauf le tri qui a besoin de tous les éléments) se font au fur et à mesure sur chaque élément de façon *verticale*. Comme le montre le fragment de code précédent, quand l'élève *Maud* est traitée, le filtre transmet immédiatement son nom à `map` qui est exécuté. Ensuite, le filtre poursuit son exécution et transmet l'élève *Mathieu* à `map`, qui fournira enfin à `sorted` un flot formé des deux élèves.

La convention d'écriture des opérations dans le code JAVA (*i.e.* les unes en dessous des autres), suggère ce traitement vertical de l'information. Notez que l'ordre des opérations a de l'importance. Si on intervertit les opérations `filter` et `map` dans l'exemple, le résultat obtenu sera le même, mais la méthode `map` sera exécutée quatre fois, au lieu de deux.

Les flots parallèles permettent de tenir compte efficacement des architectures multicœurs des machines actuelles. Si, dans l'exemple précédent, nous utilisons la méthode `parallelStream` pour créer un flot parallèle, quatre threads sont créés pour filtrer en parallèle les quatre élèves. Les deux threads qui traitent les deux élèves filtrés, *Maud* et *Mathieu*, exécutent ensuite `map` en parallèle pour transmettre à `sorted` le flot à trier. Le tri se fait selon un algorithme parallèle.

La gestion des threads est assurée par un objet `ForkJoinPool`. Quatre threads (trois, plus le thread principal `main`) sont utilisés par défaut. Ce nombre peut être augmenté par modification de la propriété `java.util.concurrent.ForkJoinPool.common.parallelism`.

La méthode `parallel` permet de changer la nature du flot courant, c'est-à-dire transformer un flot séquentiel en parallèle. D'autre part, la méthode booléenne `isParallel` teste si le flot courant est parallèle ou pas.

9.2.4 toArray et collect

Pour convertir un flot en un objet mutable, l'interface Stream fournit les méthodes toArray et collect. Le résultat étant un objet pouvant être modifié, ces deux méthodes sont des opérations finales.

Dans l'exemple suivant, on transforme, à l'aide de la méthode toArray, le flot d'élèves en un tableau formé des noms de tous les élèves qui ont au moins une note inférieure à 10.

```
String [] t = c.stream()
               .filter(e -> e.getNotes().stream()
                                        .anyMatch(n -> n<10))
               .map(Élève::getNom)
               .toArray(String[]::new);
```

Ce code crée deux flots : le premier pour traiter les élèves, le second pour traiter les notes de chacun des élèves. La méthode anyMatch renvoie **true** et arrête le parcours du flot de notes dès que le prédicat est vérifié. La méthode toArray contruit un tableau dont le type des éléments et leur nombre sont spécifiés par le lambda passé en paramètre. Celui-ci possède comme paramètre un entier qui donne la taille du tableau à construire. Dans le code précédent, on aurait pu écrire de façon équivalente toArray(i -> **new** String[i]).

En plus de la méthode toArray précédente, l'interface Stream propose une méthode plus générale, collect, qui convertit le flot courant en n'importe quel type de données. Elle prend comme paramètre un objet de type Collector. Le paquetage java.util.stream contient la classe Collectors qui est une fabrique de Collector. Elle propose de nombreuses méthodes statiques qui renvoient des Collector spécialisés. Par exemple, Collectors.toList, Collectors.toSet, ou Collectors.toMap, renvoient des Collector pour créer, respectivement, des List, des Set ou des Map à partir du flot d'éléments courant.

Le fragment de code suivant crée, à partir de la collection d'élèves, un ensemble de noms des élèves et l'écrit sur la sortie standard.

```
System.out.println(c.stream()
                    .map(Élève::getNom)
                    .collect(Collectors.toSet()));
```

```
[Maud, Mathieu, Tim, Karim]
```

La classe `Collectors` propose de nombreuses autres méthodes pour construire des `Collector` selon des organisations particulières des éléments du flot. Par exemple, la méthode `joining` renvoie un `Collector` qui concatène tous les éléments du flot convertis en chaîne de caractères. Cette méthode accepte un séparateur d'éléments. Le code suivant crée et écrit la liste ordonnée des noms élèves séparés par un tiret :

```
System.out.println(c.stream()
                    .map(Élève::getNom)
                    .sorted()
                    .collect(Collectors.joining(" - ")));
```

```
Karim - Mathieu - Maud - Tim
```

9.2.5 Optional

Le code suivant fabrique une liste des moyennes de chaque élève. La liste des notes de chaque élève est convertie en un flot d'entiers. La méthode `average` en calcule la moyenne et renvoie un objet de type `OptionalDouble`. On récupère sa valeur avec la méthode `getAsDouble`.

```
c.stream()
 .map(e -> e.getNotes().stream()
                       .mapToInt(Integer::valueOf)
                       .average()
                       .getAsDouble())
 .collect(Collectors.toList()));
```

```
[17.0, 15.5, 15.0, 14.66]
```

Pourquoi la méthode `average` ne renvoie-t-elle pas directement un `Double` ? La version 8 de Java a introduit la classe `Optional`, et ses versions spécialisées, `OptionalInt`, `OptionalLong` et `OptionalDouble` pour représenter la présence ou l'absence d'une valeur. Ces classes fournissent en particulier la méthode boolénne `isPresent` pour tester la présence de la valeur.

L'intérêt des objets `Optional` est de ne pas avoir à arrêter l'enchaînement du traitement d'un flot d'éléments lorsqu'une opération ne renvoie pas de valeur. Habituellement, l'absence de valeur est représentée par la référence **`null`** ou est traitée par une exception. Avec les objets `Optional`, le traitement des flots d'éléments se fera de façon uniforme.

Dans le code précédent, si un élève n'a pas de note, l'appel de la méthode `getAsDouble` provoque une erreur puisque le calcul de la moyenne ne fournit pas de résultat. Il suffit donc de tester la présence de la valeur de la moyenne. En cas d'absence, on peut fournir une valeur de remplacement. C'est ce que fait la méthode `orElse`.

```
c.stream()
 .map(e -> e.getNotes().stream()
                               .mapToInt(Integer::valueOf)
                               .average()
                               .orElse(0))   // 0 si pas de note
 .collect(Collectors.toList()));
```

9.2.6 flatMap

Nous voulons maintenant calculer la moyenne de toutes les notes des élèves. Une façon de procéder est d'additionner les notes de chaque élève, puis d'additionner toutes les sommes intermédiaires pour enfin calculer la moyenne. Mais, il y a beaucoup plus simple. Il suffit de concaténer toutes les listes de notes des élèves, et procéder au calcul de la moyenne à partir du flot obtenu de toutes les notes. Pour cela, on utilise la méthode `flatMap`, dont le lambda passé en paramètre renvoie un flot d'éléments.

Dans notre exemple, `flatMap` renvoie simplement le flot de notes d'un élève qui viendra s'aggréger à ceux des autres élèves dans l'enchaînement des opérations. Notez l'utilisation de la méthode `averagingInt` qui renvoie un `Collector` à partir duquel on obtient la moyenne des notes.

```
System.out.println(c.stream()
      .flatMap(e -> e.getNotes().stream())
      .collect(Collectors.averagingInt(Integer::valueOf)));
```

```
15.27
```

D'une façon générale, la méthode `flatMap` permet de tranformer un flot de flots d'éléments en un seul flot d'éléments, comme le met en évidence le exemple suivant :

```
Stream.of(Stream.of("a", "b"), Stream.of("c", "d", "e"))
      .flatMap(s -> s)
      // flatMap construit un flot formé des 5 chaînes de
      // caractères et non pas de deux flots comme map
      // l'aurait fait
```

9.2.7 reduce

La méthode `reduce` permet de réduire l'ensemble des éléments de type `E` d'un flot à une seule valeur d'un type éventuellement différent de `E`. La réduction se fait par l'application d'un lambda à deux paramètres, les deux éléments à combiner.

L'exemple suivant, réduit le flot d'éléments à l'élève qui possède la meilleure moyenne et l'écrit sur la sortie standard. Le lambda en paramètre, calcule et compare la moyenne des notes de deux élèves, et renvoie celui qui possède la meilleure.

```
c.stream()
 .reduce((e1, e2) ->
   // renvoie moyenne(e1)<moyenne(e2) ? e1 : e2
   e1.getNotes().stream()
     .collect(Collectors.averagingInt(Integer::valueOf))
   >
   e2.getNotes().stream()
     .collect(Collectors.averagingInt(Integer::valueOf))
   ? e1 : e2)
 .ifPresent(System.out::println);
```

Dans sa forme la plus complète, cette méthode admet trois paramètres un élément neutre , un lambda d'accumulation et un lambda combineur. Le type de l'élément neutre et des valeurs renvoyées par les deux lambdas est celui du resultat de la méthode `reduce`.

Mettons en évidence cette seconde forme à l'aide de l'exemple suivant qui fabrique une chaîne de caractères formée de tous les noms des élèves encradrés par une barre verticale, *e.g.* `|Karim|Tim|Maud|Mathieu|`.

```
c.stream()
.reduce("|", // élément neutre
        (a, e) -> a +e.getNom() +"|", // accumulateur
        (s1, s2) -> s1+s2) // combineur
```

Pour comprendre l'écriture précédente, utilisons un style impératif. L'effet de la réduction précédente est équivalent à :

```
String s = "|"; // élément neutre
BiFunction<String, Élève, String>
                accumulateur =  (s, e) -> s+e.getNom()+"|";
for (Élève e : c)
    s = accumulateur.apply(s, e);
```

Vous aurez noté que le combineur n'apparaît pas dans le code précédent. En fait, il intervient dans le calcul d'une réduction sur un flot parallèle. L'accumulateur s'exécute alors en parallèle, et le combineur est utilisé pour concaténer les chaînes de catactères obtenues séparément par les différents threads.

Les méthodes `count`, `max` et `min` de l'interface `Stream` sont des cas particuliers de réduction [15]. Elles calculent le nombre d'éléments, le maximum et le minimum d'un flot. Les prototypes de ces fonctions sont donnés ci-dessous.

15. De même que la méthode `average`, vue précédemment.

long	`count()` renvoie le nombre d'éléments du flot courant.
`Optional<E>`	`max(Comparator<? super E> cmp)` renvoie le maximum du flot courant selon la relation de comparaison `cmp`
`Optional<E>`	`min(Comparator<? super E> cmp)` renvoie le minimum du flot courant selon la relation de comparaison `cmp`

Nous désirons connaître maintenant l'élève qui possède la moyenne la plus élevée. À l'aide de la méthode `max`, l'écriture sur la sortie standard du major de la classe s'écrit :

```
c.stream()
 .max(Comparator.comparing(e ->
     e.notes.stream()
       .collect(Collectors.averagingInt(Integer::valueOf))))
 .ifPresent(System.out::println);
```

Pour simplifier l'écriture des comparateurs, la version 8 de JAVA a ajouté à l'interface `Comparator<E>` la méthode statique `comparing` qui prend une fonction de comparaison, un lambda, et renvoie le `Comparator` à appliquer. Dans l'exemple précédent, on passe simplement la méthode de calcul de la moyenne en paramètre de la méthode `comparing`. L'interface `Comparator<E>` propose également les méthodes spécialisées `comparingInt`, `comparingLong` et `comparingDouble`. Puisque la moyenne est de type `Double`, nous aurions dû utiliser la méthode `comparingDouble` dans l'exemple précédent.

9.3 Le réseau

Dans cette section, nous décrirons deux outils de programmation réseau : les URL et les sockets. Les classes qui permettent la programmation des communications réseau sont situées dans le paquetage `java.net`.

9.3.1 Les URL

La classe `URL` définit une URL[16] (*Uniform Resource Locator*) et des moyens accès à la ressource qu'elle désigne. Rappelons qu'une URL est une adresse normalisée qui représente une ressource accessible sur une machine selon un protocole et un port donnés. Les protocoles de communication sont par exemple `http`, `https`, `ftp`, `file`... La forme (simplifiée) d'une URL est la suivante :

```
protocole://[utilisateur@]hôte[:port][/chemin/fichier]
```

La classe `URL` possède plusieurs constructeurs dont le ou les paramètres indiquent la ressource à laquelle on veut accéder. On peut passer en paramètre une seule chaîne qui donne l'adresse complète, ou encore transmettre les composants de l'adresse sous forme de paramètres distincts.

```
URL u1 = new URL("http://wwww.unice.fr/");
URL u2 = new URL("ftp","ftp.unice.fr","pub");
```

Les deux constructeurs précédents choisissent comme numéro de port celui qui est normalement associé au protocole (dans l'exemple, 80 pour `http` et 21 pour `ftp`). Dans une troisième forme, le constructeur admet un paramètre supplémentaire pour spécifier ce numéro du port. Enfin, il est possible de créer une URL relativement à une autre. Le code suivant en propose un exemple.

```
URL u3 = new URL("ftp","ftp.unice.fr",21,"pub");
URL u4 = new URL(u3,"Divers");
```

Notez que l'exception `MalformedURLException` est émise par ces constructeurs, si le protocole indiqué est inconnu.

Les différentes parties qui composent une URL peuvent être obtenues par les méthodes `getFile`, `getHost`, `getPath`, `getProtocol`

16. La notion plus générale d'URI (*Uniform Resource Identifier*) est représentée en JAVA par la classe `URI`. Un URI sert à identifier une ressource physique ou abstraite qui n'est pas nécessairement associée à un protocole de communication.

et getPort. Si le port n'a pas été explicitement indiqué, la méthode getDefaultPort renvoie le port choisi par défaut.

Pour accéder à la ressource désignée par l'URL, on crée une instance de URLConnection, puis après avoir défini ses paramètres, on établit enfin la connexion proprement dite.

C'est la méthode openConnection qui renvoie une instance de URLConnection qui représente la connexion à la ressource désignée par l'URL. L'accès en lecture ou en écriture à la ressource se fera ensuite à partir de cette instance. Les paramètres de connexion sont positionnés à l'aide de méthodes booléennes comme par exemple setDoInput, setDoOutput ou setIfModifiedSince. La méthode connect établit la connexion.

L'accès en lecture et en écriture à la ressource se fait simplement à l'aide des méthodes getInputStream et getOutputStream qui ouvrent des flots d'octets d'entrée et de sortie sur la ressource. Notez que ces méthodes font un appel implicite à connect si celui-ci n'a pas été fait au préalable.

Le fragment de code suivant copie le contenu d'un fichier f local dans la ressource de même nom située dans le répertoire in de l'utilisateur vg sur la machine taloa.unice.fr selon le protocole ftp. La connexion sous l'identité vg réclame un mot de passe qui est indiqué (en clair) dans la notation de l'URL. Si l'utilisateur et son mot de passe ne sont pas indiqués, une connexion ftp anonyme est établie avec comme mot de passe l'adresse mail de l'utilisateur qui exécute le programme.

```
URL u = new URL("ftp://vg:secret@taloa.unice.fr/in/f");
URLConnection uc = u.openConnection();
// indiquer l'accès en écriture
uc.setDoOutput(true);
// créer un flot de sortie
OutputStream os = uc.getOutputStream();
FileInputStream is = new FileInputStream("f");
// copie le fichier f.txt
int b;
while ((b = is.read()) != -1)
    os.write((byte) b);
// fin de fichier
is.close(); os.close();
```

9

Notez que pour un simple accès en lecture à une ressource, la classe URL propose la méthode openStream qui évite de passer par la création d'un objet de type URLConnection. Le code suivant affiche sur la sortie standard le contenu d'un fichier f situé dans le répertoire local de l'utilisateur rjp. Le protocole utilisé est file qui offre l'accès à un système de fichier local ou distant.

```
URL u = new URL("file:///home/rjp/f");
InputStream is = u.openStream();
int b;
while ((b = is.read()) != -1)
    System.out.println((char) b);
// fin de fichier
is.close();
```

9.3.2 Type d'une ressource

Les ressources désignées par les URL sont *typées* suivant la spécification MIME (*Multipurpose Internet Mail Extensions*). Ce typage est formé d'un type principal (text, image, audio, application...), et un sous-type (html, gif, pdf...). Ainsi, le type d'une ressource peut être text/html, video/mpeg, ou application/pdf.

La méthode getContentType renvoie le type de la ressource désignée par l'URL. L'exemple suivant écrit le type MIME associé à deux ressources html et gif.

```
URL u1 = new URL("http://www/index.html");
URL u2 = new URL("http://www/images/photo.jpg");
URLConnection uc1 = u1.openConnection();
URLConnection uc2 = u2.openConnection();
uc1.connect();
uc2.connect();
// écrire les types des ressources
System.out.print(uc1.getContentType());
System.out.println(uc2.getContentType());
```

```
text/html image/jpeg
```

La classe `URLConnection` possède la méthode `getContent` pour récupérer le contenu de l'ensemble d'une ressource. Dans la mesure où la ressource est quelconque, le type de retour de cette méthode est `Object`. Une conversion de type est donc à expliciter en fonction de la ressource. Par exemple, pour récupérer l'image précédente, on applique cette méthode à `uc2`. Pour une image, le type de retour de la fonction doit être `ImageProducer`. On écrit donc :

```
ImageProducer ip = (ImageProducer) uc2.getContent();
```

Enfin, sachez que la classe `URLConnection` possède deux sous-classes `HttpURLConnection` et `JarURLConnection` spécialisées, respectivement, pour les communications selon le protocole `http` et pour l'accès à des archives jar [17] distantes (ou locales).

9.3.3 Les sockets

Les *sockets* [18] définissent des interfaces de programmation pour la communication, selon les protocoles TCP et UDP d'Internet, entre des processus distants, mais aussi bien entre des processus locaux (*i.e.* sur une même machine).

Les sockets (*prise* en français) sont des points d'attachement pour la communication entre deux machines. Elles sont identifiées par un numéro de port et une adresse IP. Rappelons qu'un port est une valeur entière [19] associée à un service de communication (http, ftp, telnet, ssh...). Pour faire communiquer des processus distants entre eux, au moins deux sockets, une par processus, associées chacune à un port, doivent exister, assurant chacune la communication vers l'autre. La figure 9.4 présente ce schéma de communication.

Le paquetage `java.net` possède deux classes `DatagramSocket` et `Socket` pour représenter les sockets selon les protocoles UDP et TCP.

17. Cf. chapitre 11.

18. À l'origine, les sockets sont issues de UNIX 4.2 BSD.

19. Les numéros jusqu'à 1024 sont réservés (*i.e.* 80 pour http, 441 pour https...), au-dessus, ils sont libres.

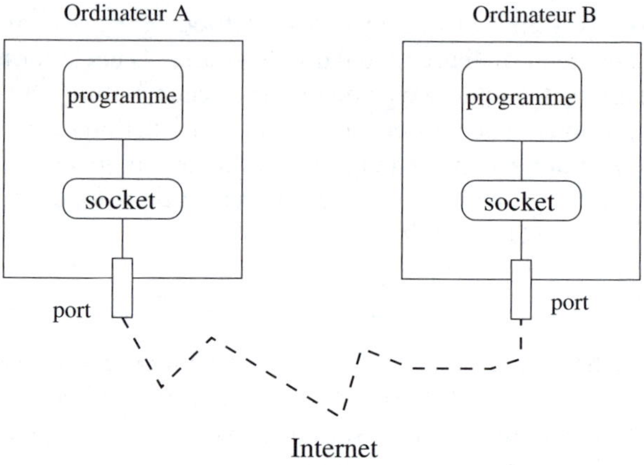

Figure 9.4 Processus distants communiquants

Rappelons que ce sont deux protocoles de la couche transport d'Internet. Le premier propose une commutation par paquets indépendants (les *datagrammes*), alors que le second fonctionne en mode connecté (il établit un circuit virtuel préalable pour assurer une connexion fiable).

Une troisième classe `MulticastSocket` définit des sockets pour envoyer simultanément des datagrammes (avec le protocole UDP) à un groupe de machines destinatrices.

La classe abstraite `SocketAddress` définit une adresse de socket indépendante de tout protocole. En fait, l'API propose une seule sous-classe `InetSocketAddress` qui implémente des adresses de socket pour le protocole IP. Ces adresses sont donc formées à partir d'une adresse IP et d'un numéro de port.

Dans ce qui suit, nous commencerons par la représentation des adresses IP en Java, puis nous donnerons les modes d'utilisation de ces trois types de sockets. Il est possible de programmer de nombreux modèles de connexion réseau. Toutefois, pour limiter la taille des codes Java présentés, les exemples que nous donnerons se limiteront toujours à l'émission de données depuis une machine locale (ou cliente) vers une ou plusieurs machines distantes (ou serveurs).

Adresses IP

Les adresses Internet sont représentées par des instances de la classe `InetAddress`. Cette classe possède deux sous-classes `Inet4Address` et `Inet6Address` pour manipuler respectivement des adresses du protocole IPv4 (sur 32 bits) et IPv6 (sur 128 bits). Ces classes n'ont pas de constructeurs, et les instances sont obtenues à l'aide de méthodes de classe spécifiques. La méthode `getLocalHost` renvoie l'adresse IP de la machine locale. La méthode `getByName` renvoie l'adresse IP correspondant à celle de la machine transmise en paramètre. Ce dernier de type `String` est une adresse symbolique ou numérique. Notez que la classe `java.net.IDN`, apparue avec la version 6, fournit des méthodes de conversion de noms de domaine internationaux (IDN) entre le jeu de caractères Unicode et un encodage compatible ASCII (ACE). Enfin, la méthode `getByAddress` fournit une instance de `InetAddress` à partir d'un tableau d'octets. Dans ce dernier cas, il n'y a pas de résolution de nom par le DNS (*Domain Name Service*). Le fragment de code suivant construit trois instances de `InetAddress` pour la même machine.

```
InetAddress adr;
adr=InetAddress.getByName("taloa.unice.fr");
adr=InetAddress.getByName("134.59.1.7");
adr=InetAddress.getByAddress(new byte[] {122,59,1,7});
```

La classe `InetAddress` possède plusieurs autres méthodes pour vérifier la nature de l'adresse (locale, loopback, multicast, etc.). La méthode `isReachable` teste si une machine est accessible à partir de son adresse IP. Le temps (en millisecondes) maximum passé à tester la connexion est transmis en paramètre.

```
if (!adr.isReachable(1000)) {
   // taloa.unice.fr inaccessible
   // en moins d'une seconde
```

Datagramme

Avec le protocole UDP, l'entité élémentaire transmise est le *datagramme*. Il est représenté par la classe `DatagramPacket`. Une instance de cette classe sert aussi bien à l'émission qu'à la réception.

Un datagramme à émettre comporte des données contenues dans un tableau d'octets, le nombre d'octets effectifs à transmettre et l'adresse de socket de la machine réceptrice (le port de connexion et l'adresse IP). Les constructeurs de la classe permettent l'initialisation de l'instance avec ces informations.

Le fragment de code suivant construit un datagramme pourvu du message *blablabla* à destination de la machine `m.unice.fr` sur le port 2015 à partir d'une machine locale.

```
// adresse du destinataire
InetAddress dest = InetAddress.getByName("m.unice.fr");
String msg = "blablabla";
// convertir le message en tableau de bytes
byte [] data = msg.getBytes();
// port de la socket de destination
int port = 2015;
// créer le datagramme à transmettre
DatagramPacket paquet =
         new DatagramPacket(data, data.length, dest, port);
```

Le datagramme est prêt à être expédié à l'aide d'une socket. Une instance de `DatagramSocket` permet l'émission *et* la réception des datagrammes. Le constructeur par défaut crée une socket attachée au premier port libre sur la machine locale. Les autres constructeurs ont comme paramètres le port, l'adresse IP ou l'adresse de socket (de type `SocketAddress`) de la machine réceptrice.

L'état de la socket peut être contrôlé par plusieurs méthodes. La méthode booléenne `isBound` teste l'attachement à une adresse de socket, et `bind` le crée à une adresse passée en paramètre si cela n'est pas déjà fait. La méthode `close` ferme la socket et `isClosed` teste sa fermeture. La classe `DatagramSocket` implémente l'interface `AutoCloseable` et la fermeture de la socket pourra être prise en charge automatiquement par un énoncé try-with-resources [20].

La transmission d'un datagramme est faite avec la méthode `send`. Le code suivant crée une socket attachée au premier port libre de la machine locale et émet le datagramme `paquet` avec son message *blablabla*.

20. Cf. chapitre 6.

```
DatagramSocket socket = new DatagramSocket();
socket.send(paquet);
```

Côté réception, une seconde socket et un second datagramme doivent être créés pour récupérer les données expédiées par la machine émettrice.

On crée une instance de `DatagramPacket` munie d'un tableau d'octets pour accueillir le message transmis. La taille du tableau doit être suffisante, sinon les octets en trop seront perdus.

```
// création d'un datagramme de réception
byte [] data = new byte [512];
DatagramPacket paquet =
                    new DatagramPacket(data, data.length);
```

La réception d'un datagramme nécessite une socket associée à un port (ici 2015, celui spécifié par le datagramme de la machine émettrice). Après création d'une instance de `DatagramSocket`, l'application de la méthode `receive` permet la réception du datagramme. Son exécution est bloquante jusqu'à la réception du datagramme.

```
// réception du datagramme
int port = 2015;
DatagramSocket socket = new DatagramSocket(port);
socket.receive(paquet);
```

Le message *blablabla* contenu dans le datagramme peut être ensuite récupéré avec la méthode `getData`. D'autres méthodes, comme `getAddress` qui renvoie l'adresse IP de la machine émettrice, permettent d'accéder ou de modifier l'état du datagramme.

```
// afficher le message et sa provenance
String msg =
        new String(paquet.getData(), 0, paquet.getLength());
System.out.println(msg + " : ");
System.out.print(paquet.getAddress().getHostName());
```

Multicast

Le multicast permet à un émetteur d'envoyer un datagramme, non plus à une seule machine, mais à un ensemble de machines réceptrices. On pourra par exemple concevoir un programme de *chat* basé sur ce modèle de communication.

Émetteurs et récepteurs utilisent une socket spéciale, instance de la classe `MulticastSocket`, pour gérer la connexion. Cette classe est une sous-classe de `DatagramSocket`. Le constructeur par défaut crée une socket attachée au premier port libre sur la machine locale. Les autres constructeurs ont comme paramètres le port, l'adresse IP ou l'adresse de socket de la machine réceptrice. Le code suivant crée une socket multicast attachée à la machine locale sur le port 2015.

```
int port = 2015;
MulticastSocket socket = new MulticastSocket(port);
```

Par l'intermédiaire de cette socket, l'émetteur expédie des datagrammes comme précédemment. Toutefois, il ne peut plus mentionner l'adresse d'une machine destinatrice particulière. Il doit utiliser une adresse multicast de classe D (de 224.0.0.1 à 239.255.255.255 pour IPv4). L'émission du datagramme est faite comme précédemment avec la méthode `send`. Le fragment de code suivant crée l'adresse multicast, et le datagramme à cette destination avec des données préalablement placées dans le tableau d'octets `data`, puis l'expédie.

```
// côté émetteur
InetAddress adr = InetAddress.getByName("224.0.0.1");
paquet = new DatagramPacket(data,data.length,adr,port);
socket.send(paquet);
```

Pour recevoir les datagrammes, les machines réceptrices doivent adhérer à un *groupe multicast* lié à l'adresse multicast utilisée par l'émetteur. L'adhésion au groupe se fait avec la méthode `joinGroup` de la classe `MulticastSocket` avec en paramètre l'adresse multicast.

```
// côté récepteur
InetAddress adr = InetAddress.getByName("224.0.0.1");
// joindre le groupe
socket.joinGroup(adr);
```

Notez que l'émetteur peut ou non appartenir au groupe multicast vers lequel il expédie les datagrammes. La classe `MulticastSocket` possède également la méthode `leaveGroup` pour quitter le groupe dont l'adresse multicast est donnée en paramètre. Enfin, la réception des datagrammes se fait comme précédemment avec la méthode `receive`.

Mode connecté TCP

La communication en mode connecté avec TCP est faite selon un modèle client-serveur.

Commençons par le côté client. Une socket, instance de la classe `Socket`, assurera la connexion avec le serveur. Le constructeur par défaut crée une socket sans connexion. Celle-ci pourra être faite ultérieurement par les méthodes `bind` (pour attacher localement la socket) et `connect` (pour la connexion au serveur). Les autres constructeurs possèdent des paramètres qui décrivent le port et l'adresse IP de connexion au serveur. Le fragment de code suivant crée une socket associée au premier port local libre pour une connexion au serveur `m.unice.fr` sur le port 2015.

```
int port = 2015;
Socket socket = new Socket();
socket.bind(new InetSocketAddress("localhost", 0));
socket.connect(new InetSocketAddress("m.unice.fr", port));
```


Ou, directement, avec le constructeur :

```
Socket socket = new Socket("m.unice.fr", port,
                    InetAddress.getByName("localhost"), 0);
```

Lorsque la socket a établi la connexion, l'échange de données entre le serveur et le client se fait par des flots d'octets ouverts en lecture ou en écriture. Les méthodes `getInputStream` et `getOutputStream` de la classe

Socket renvoient ces flots. L'écriture ou la lecture des données se fait ensuite à l'aide des méthodes habituelles [21]. Notez que les lectures sont bloquantes.

Le fragment de code suivant lit l'entrée standard de la machine locale, et transmet chaque ligne lue au serveur m.unice.fr. Lorsque la fin de fichier est atteinte, le flot et la socket sont fermés. Notez que la socket peut n'être fermée que dans un seul sens.

```
DataOutputStream out =
             new DataOutputStream(socket.getOutputStream());
for (;;) {
    String msg = System.console().readLine("> ");
    if (msg == null) break;
    // écrire le message
    out.writeChars(msg); out.writeChar('\n');
}
out.close();
socket.close();
```

Côté serveur, une instance de la classe ServerSocket représente une socket serveur en attente de connexions des clients. Le constructeur par défaut crée une instance de socket serveur sans attachement. Il faudra le préciser par la suite avec la méthode bind. Les paramètres des autres constructeurs spécifient cet attachement. Le nombre de connexions à ce serveur est par défaut égal à 50. Il est toutefois possible de modifier cette valeur à la construction de l'instance.

Le code suivant crée une socket serveur pour la machine locale (*i.e.* m.unice.fr, puisque ce code s'exécute sur le serveur, celui-ci est la machine locale) pour le port 2015.

```
int port 2015;
ServerSocket socketServeur = new ServerSocket(port);
// ou bien
ServerSocket socketServeur = new ServerSocket();
socketServeur.bind(new InetSocketAddress(
                         InetAddress.getLocalHost(),port));
```

21. Cf. chapitre 8.

La socket serveur créée peut maintenant *accepter* des connexions provenant des clients. C'est le rôle de la méthode `accept` qui renvoie une socket instance de `Socket` dédiée au client (accepté). Cette méthode est bloquante jusqu'à ce qu'une connexion soit établie. Notez que la socket est du même type que celle utilisée par le client.

```
// création de la socket pour le client
Socket s = socketServeur.accept();
```

Une fois la connexion établie, l'émission ou la réception de données se fait par l'intermédiaire de flots d'octets. Le fragment de code suivant crée un flot d'octets d'entrée, écrit l'adresse du client connecté et affiche les lignes de texte émises par celui-ci.

```
// création du flot d'entrée
BufferedReader in =
           new BufferedReader(
                new InputStreamReader(s.getInputStream()));
// afficher l'adresse du client
System.out.print(s.getInetAddress().getHostName());
for (;;) {
    String msg;
    if ((msg = in.readLine()) == null) break;
    System.out.println(msg);
}
// fermer la socket et le flot
in.close(); s.close();
```

Les codes précédents du client et du serveur ferment explicitement les flots et les sockets ouverts. Notez que ceux-ci peuvent l'être automatiquement avec l'énoncé try-with-resources [22].

L'intérêt principal d'une instance `ServerSocket` est de pouvoir gérer *plusieurs* connexions *simultanément*. Si on veut le modèle client-serveur habituel, c'est-à-dire permettre l'accès du serveur à plusieurs clients, il faut que le traitement de chaque client soit pris en charge par un thread. Une boucle principale s'occupe de l'acceptation des connexions des clients, puis

22. Cf. chapitre 6.

chaque socket cliente est traitée dans un thread. Cette boucle principale s'écrit comme suit :

```
// création de la socket serveur
ServerSocket socketServeur = new ServerSocket(port);
System.out.println("Serveur actif sur le port " + port);

for (;;) {
    // attendre le prochain client
    Socket sCliente = socketServeur.accept();
    String nc =  sCliente.getInetAddress().getHostName();
    // afficher le nom du client
    System.out.println(nc + " connecté");
    // traiter le client dans un thread
    new Client(sCliente);
}
```

La gestion du client doit se faire dans la méthode `run` du thread. La classe `Client` pourra avoir la forme suivante :

```
class Client implements Runnable {
   private Socket socket;
   private Thread p = new Thread(this);
   public Client(Socket s) {
         // mémoriser la socket cliente
         socket = s;
         // démarrer le thread
         p.start();
   }

   public void run() {
     // code de traitement du client
   }
} // fin classe Client
```

9.4 AWT et Swing

L'API propose deux ensembles de classes pour la programmation des interfaces graphiques. Historiquement, AWT (*Abstract Window Toolkits*) est le premier. Le second Swing, issu du groupe JFC (*Java Foundation Classes*), est dans l'API de Java depuis la distribution de la version 1.2 du langage.

AWT et Swing ne sont pas indépendants. En fait, Swing est une extension d'AWT et plusieurs de ses classes sont définies par héritage de celles d'AWT. Ces deux environnements mettent à la disposition du programmeur des composants graphiques, les widgets, prêts à l'emploi. Ceux de Swing sont plus nombreux, avec plus de fonctionnalités et certainement plus jolis. Ils possèdent surtout un mécanisme d'affichage différencié.

AWT est étroitement lié au système de fenêtrage sous-jacent. Chaque composant AWT, dit poids lourd (*heavyweight*), est associé à une fenêtre dans le système de fenêtrage natif, et c'est ce dernier qui s'occupe le plus souvent de l'affichage des fenêtres à l'écran. Les composants Swing, appelés poids léger (*lightweight*), sont entièrement écrits en Java. Chaque composant Swing possède un conteneur [23] (poids lourd) mais dans lequel il est *dessiné* en toute indépendance du système de fenêtrage.

Par ailleurs, Swing permet une conception des applications graphiques selon une version adaptée du modèle MVC (*Model-View-Controller*) afin de permettre une séparation entre le modèle logique qu'un composant représente et sa visualisation à l'écran.

Il est impossible de présenter ces deux environnements graphiques dans leur intégralité. Ce n'est d'ailleurs pas l'objectif de l'ouvrage. Nous pensons qu'il est plus important de comprendre les mécanismes de base mis en jeu plutôt que de faire le catalogue des classes et des méthodes. Les exemples qui suivent sont programmés avec Swing. Les classes AWT sont dans le paquetage `java.awt` et ses sous-paquetages. Les classes Swing sont dans le paquetage `javax.swing` et ses sous-paquetages.

9.4.1 Une simple fenêtre

Une fenêtre est une portion de l'écran rectangulaire, qui possède sur sa partie supérieure une barre de titre avec des décorations (*e.g.* le bouton de

23. Un conteneur est un composant AWT qui peut contenir d'autres composants graphiques.

fermeture). Elle est représentée par une instance de la classe `Frame` (AWT) ou `JFrame` (Swing).

La *fabrication* d'une fenêtre comprend habituellement plusieurs étapes à mettre dans son constructeur. Une première étape, optionnelle et particulière à Swing, précise la gestion de la décoration. On indique qui, de Swing ou du système de fenêtrage, s'occupe de la décoration et comment se comportent les boutons de la décoration. Dans l'étape suivante, on crée les composants graphiques que l'on désire et on les positionne dans la fenêtre. En dernier, on définit la dimension de la fenêtre et on l'affiche à l'écran.

La classe `FenêtreBonjour` suivante définit une fenêtre graphique dans laquelle est affiché le message « *Bonjour à tous* ». En héritant de `JFrame`, une instance de `FenêtreBonjour` possède les propriétés d'une fenêtre graphique. La construction de la fenêtre suit les étapes indiquées précédemment. Le message a été placé dans une instance de `Jlabel` qui définit une zone d'affichage graphique pour du texte ou une image. Contrairement au `Frame` d'AWT, chaque `JFrame` possède un conteneur par défaut, `rootPane` de type `JRootPane`, muni d'un système d'agencement[24] par défaut de type `BorderLayout`, dans lequel seront disposés les widgets. La méthode `getContentPane` renvoie une instance de `JPanel` (sous-classe de `Container`) à laquelle on applique la méthode `add` pour ajouter le widget. Notez que depuis JAVA 5, les méthodes `add` des composants ont été redéfinies pour ne plus avoir à expliciter l'appel à `getContentPane`.

```
class FenêtreBonjour extends JFrame {
     FenêtreBonjour() {
        // Swing s'occupe de la décoration
        setDefaultLookAndFeelDecorated(true);
        // le bouton close termine l'application
        setDefaultCloseOperation(EXIT_ON_CLOSE);
        // créer une étiquette avec son message
        JLabel msg = new JLabel("Bonjour à tous");
        // la mettre dans la fenêtre
        getContentPane().add(msg);
```

24. Le système d'agencement donne une organisation particulière des composants dans un conteneur.

```
        // ou directement add(msg);
        // ajuster la taille de la fenêtre
        // au dimension de l'étiquette
        pack();
        // rendre la fenêtre visible
        setVisible(true);
    }
}
```

La figure 9.5 donne une représentation (simplifiée) de la structure hiérarchique des composants qui forment une instance de `FenêtreBonjour`.

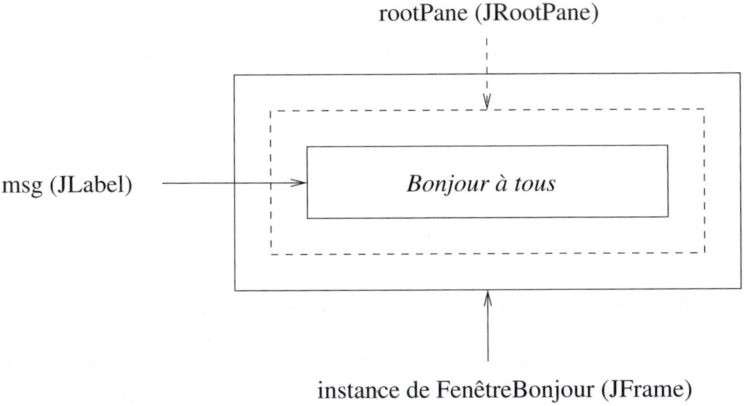

Figure 9.5 Structure interne de FenêtreBonjour

L'exécution de la méthode `main` suivante produit l'affichage de la fenêtre graphique à l'écran.

```
public static void main(String [] args) {
    new FenêtreBonjour();
}
```

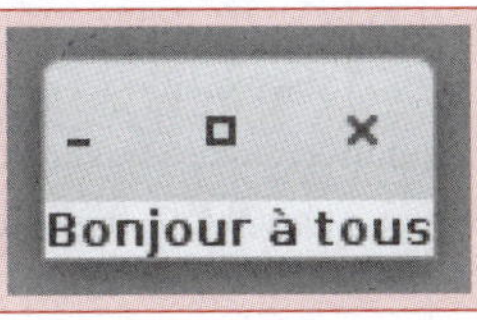

Par défaut, l'apparence des fenêtres est celle du *look and feel* JAVA. Il est toutefois possible d'en choisir d'autres parmi Metal, GTK, MOTIF ou Nimbus. Nimbus est un nouveau Look and Feel pour Swing proposé depuis la version 1.6.0_10 de jdk.

La classe `UIManager` gère les apparences des fenêtres. Sa méthode statique `getInstalledLookAndFeels` renvoie un tableau des apparences disponibles dans l'environnement d'exécution. Le changement d'apparence peut être fait en donnant à la propriété `swing.defaultlaf` la valeur du look choisi (dans un fichier de propriétés, ou en option à l'interprète (`-Dswing.defaultlaf=...`)). Il peut être également indiqué dans le code JAVA. Dans ce qui suit la fenêtre affichée aura le style Nimbus.

```
try {
   UIManager.setLookAndFeel(
     "javax.swing.plaf.nimbus.NimbusLookAndFeel");
} catch (Exception e) { }

new FenêtreBonjour();
```

9.4.2 Les composants graphiques

AWT et Swing proposent de nombreux composants graphiques, comme les classiques boutons, menus, boîtes de dialogues, les barres de défilement ou encore des canevas pour dessiner. Swing en propose d'autres plus évolués comme les tables ou les arborescences[25].

Tous les composants AWT (`Button`, `Canvas`...) héritent de la classe `Component`. Les classes Swing qui décrivent les composants graphiques sont toutes des sous-classes de `JComponent`, et commencent par la lettre J[26] (`JButton`, `JScrollbar`, `JFileChooser`[27]...). La figure 9.6 donne un graphe d'héritage partiel (de nombreuses classes de sont pas mention-

25. Une visualisation de tous les composants Swing est donnée à l'adresse `http ://docs.oracle.com/javase/tutorial/uiswing/layout/visual.html`.

26. Évidemment, il y a des exceptions comme `Box` par exemple.

27. `JFileChooser` est un composant graphique très utile. Il permet de sélectionner très simplement un fichier dans le SGF de la machine hôte.

nées *e.g.* `Scrollbar`, `JScrollbar`, ou celles associées aux menus) des classes AWT et Swing. Les rectangles désignent des classes abstraites.

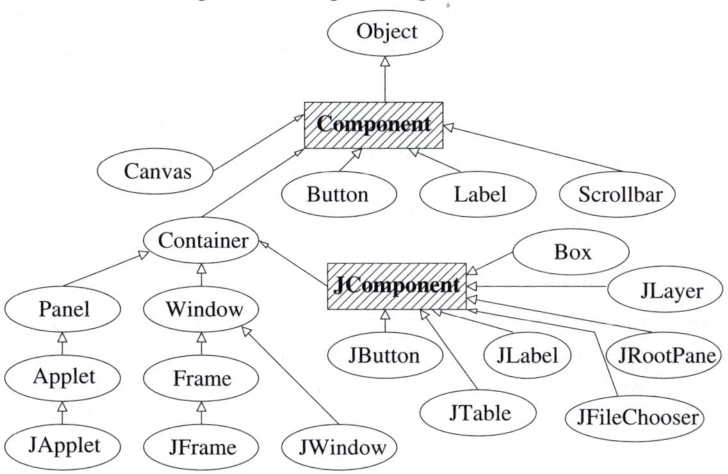

Figure 9.6 Hiérarchie (partielle) AWT et Swing

Contrairement à ceux d'AWT, la plupart des composants Swing sont associés à deux autres objets. Le premier de type `ComponentUI` gère l'apparence du composant graphique, le second décrit le modèle de comportement du composant indépendamment de son apparence. L'intérêt principal de ce modèle MVC est la séparation des données de leur représentation graphique. Les modèles de comportement sont définis par des interfaces, comme par exemple `ButtonModel` pour décrire le comportement des boutons. Notez que les composants ont un comportement par défaut et le programmeur n'est pas dans l'obligation d'implémenter les interfaces de comportement.

■ Affichage

Tous les composants possèdent une redéfinition de la méthode `paint` héritée de `Component` ou `JComponent`. Le rôle de cette méthode est de dessiner le composant dans son contexte graphique associé, une instance de `Graphics` passé en paramètre. Cette instance correspond à une portion rectangulaire de l'écran munie d'un système de coordonnées tel que $(0, 0)$ correspond au coin supérieur gauche. La méthode getGraphics renvoie le contexte graphique associé à un composant. La classe Graphics définit de nombreuses méthodes pour dessiner toutes sortes de figures géométriques.

Par défaut, paint redessine toute la zone graphique. Il est toutefois possible de n'en réafficher qu'une partie, appelée *clip*. Les instances de Graphics possèdent la méthode setClip dont les paramètres spécifient la portion rectangulaire de la zone graphique qui sera seule réaffichée par paint. Pour des composants complexes, limiter la zone de réaffichage améliore l'efficacité.

Lorsque l'on définit de nouveaux composants graphiques par héritage de composants AWT, le programmeur est amené à redéfinir la méthode paint. Celle des composants Swing exécute trois méthodes paintComponent, paintBorder et paintChildren. L'extension par héritage de composants Swing devra alors redéfinir la méthode paintComponent. La classe suivante définit par héritage une étiquette de 50x50 pixels avec, en son centre, un disque rouge de 10 pixels de diamètre.

```
public class MonLabel extends JLabel {
  /* définit la taille par défaut */
  public Dimension getPreferredSize() {
     return new Dimension(50,50);
  }
  /* dessiner un cercle rouge
   * dans la zone graphique du composant
   */
  public void paintComponent(Graphics g) {
    super.paintComponent(g);
    g.setColor(Color.red);
    g.fillOval(getWidth()/2-5,getHeight()/2-5,10,10);
  }
}
```

L'exécution de la méthode paint pour (re)dessiner le composant graphique peut être déclenchée par le système de fenêtrage (*e.g.* lors d'un redimensionnement) ou par l'application elle-même (*e.g.* changement d'apparence d'un bouton enfoncé). Le programmeur peut aussi être conduit à redessiner explicitement un composant (voir l'exemple de la page 237). Pour cela, il utilise la méthode `repaint` et non pas `paint` qu'il ne doit jamais invoquer directement.

Pour les composants AWT, la méthode `repaint` exécute la méthode `update` qui finit par exécuter `paint`. En revanche, cette méthode `update` n'est jamais appliquée sur les composants Swing. En fait, les composants Swing ont un *look and feel* paramétrable, appelé *UI delegate* et accessible par la variable de classe `ui`. Si `ui` est différent de **`null`**, les méthodes `ui.update` et `ui.paint` sont exécutées pour rendre une apparence particulière.

Quel est l'intérêt de ce *crochet* par la méthode `update`, pour finalement exécuter `paint` ? Cette méthode peut être redéfinie pour des effets spécifiques, comme le *double buffering* par exemple.

Le comportement habituel de `update` est d'effacer entièrement la zone graphique, avant de redessiner le composant. Son écriture est la suivante :

```
public void update (Graphics g) {
    g.setColor(getBackground());
    g.fillRect(0, 0, getsize().width, getsize().height);
    g.setColor(getForeground());
    paint(g);
}
```

Lors de nombreux réaffichages successifs, cette mise en œuvre de `update` va produire des clignotements à l'écran bien déplaisants. Pour les éviter, il faut redéfinir cette méthode.

Lorsque le réaffichage conduit à superposer de nouveaux dessins sur les anciens, l'effacement de la zone graphique est tout simplement inutile. On redéfinit `update` par :

```
// redéfinition de update
public void update (Graphics g) {
    paint(g);
}
```

Double buffering

Une autre façon de procéder est de mettre en œuvre la technique du double buffering. Le principe est de dessiner le composant dans le contexte graphique d'une image temporaire en mémoire. Cette image est obtenue par la méthode `createImage` héritée de `Component`. Une fois le dessin terminé, l'image est affichée d'un coup avec la méthode `drawImage` appliquée au contexte graphique du composant. Les coordonnées du coin supérieur gauche de l'image et un superviseur d'affichage sont passés en paramètre en plus du contexte graphique.

```
// création de l'image temporaire
tempImg=createImage(getSize().width,getSize().height);
gTemp = tempImg.getGraphics();
...
public void paint(Graphics g) {
    // dessiner dans gTemp
    ...
    // afficher l'image temporaire dans
    // le contexte graphique du composant
    // à partir du point (0,0)
    g.drawImage(tempImg, 0, 0, this);
}
```

La méthode `update` est elle aussi redéfinie pour effacer le contexte graphique temporaire :

```
public void update(Graphics g) {
    gTemp.setColor(getBackground());
    gTemp.fillRect(0,0,getSize().width,getSize().height);
    gTemp.setColor(getForeground());
    paint(g);
}
```

Les composants Swing gèrent automatiquement la technique du double buffering par l'intermédiaire d'une instance de `RepaintManager`. Ils possèdent les méthodes `setDoubleBuffered`, dont le paramètre booléen indique si le double buffering doit être mis en fonction ou non, et la méthode booléenne `isDoubleBuffered` qui teste s'il l'est ou non. Par défaut, le double buffering est en fonction sur les composants Swing.

9.4.3 Les conteneurs et les systèmes d'agencement

L'assemblage des composants graphiques se fait de façon hiérarchique dans une arborescence de *conteneurs* dont la racine est, par exemple, de type `Frame` (ou `JFrame`), `Dialog` (ou `JDialog`) ou encore `Applet` (ou `JApplet`).

Il existe de nombreux autres conteneurs AWT ou Swing. Les conteneurs `Panel` ou pour Swing `JPanel` et `Box` sont d'une utilisation très générale. Ces classes conteneurs facilitent la construction hiérarchique des interfaces graphiques, puisque chaque conteneur pourra être décrit séparément et pourra posséder son propre système de coordonnées et son propre système d'agencement.

L'ajout de nouveaux composants dans un conteneur se fait à l'aide de la méthode `add`, éventuellement avec des paramètres pour préciser sa position. La méthode `remove` supprime un composant. Contrairement à AWT, il est important de noter que l'on ne peut *directement* ajouter de composants dans une fenêtre racine Swing (`JFrame`, `JDialog`, etc.). À leur création, ces composants sont munis de leur propre conteneur (`JRootPane`) accessible par la méthode `getContentPane`. Les ajouts se feront dans ce conteneur.

L'agencement des composants dans un conteneur se fait avec un système d'agencement (layout). Les conteneurs possèdent tous un système d'agencement par défaut, qu'il faudra certainement changer pour les besoins particuliers de l'application.

Les systèmes d'agencement sont de type `LayoutManager`. Ceux d'AWT comme `FlowLayout`, `BorderLayout`, `GridLayout` ou encore `GridBagLayout` peuvent être utilisés avec Swing. Ce dernier en propose d'autres comme `BoxLayout`, `ScrollPaneLayout` ou encore `ViewportLayout` (ces deux derniers sont pour des composants spécifiques). Les constructeurs des composants, ou leur méthode `setLayout`, permettent la sélection du système d'agencement.

Prenons l'exemple d'une interface graphique d'un convertisseur Euros-Dollars qui possède une zone de saisie pour la somme d'argent à convertir et trois boutons, deux pour les conversions et un pour terminer l'application. Les trois boutons sont alignés et placés sous la zone de saisie. Pour obtenir cette organisation, nous commençons par regrouper les boutons dans un conteneur de type `Box`. Par défaut, une instance `Box` possède un système d'agencement `BoxLayout` qui dispose les composants en colonne ou en ligne (le choix est fait par un paramètre). Ensuite, on munit la fenêtre principale également d'une instance de `BoxLayout` mais en disposant les composants en ligne. On placera la zone de saisie, une instance de `JTextField`, dans la première ligne de la grille et le panel qui contient les trois boutons dans la seconde. Cette organisation est donnée par la figure 9.7.

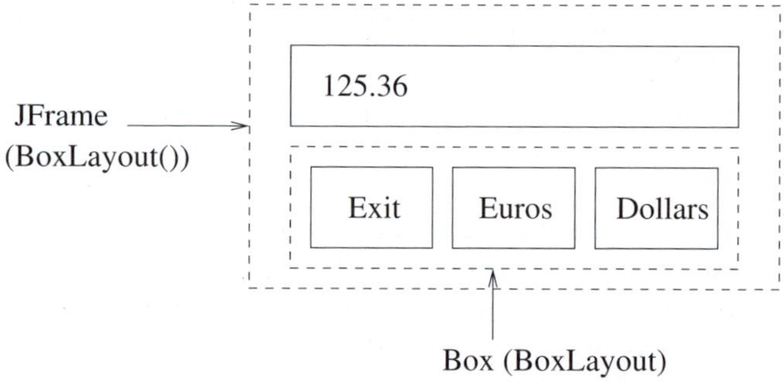

Figure 9.7 Agencement des composants graphiques

La programmation de la fenêtre est faite dans une classe `Euro` suivante qui hérite de `JFrame`.

```
class Euro extends JFrame {
  Euro() {
     JTextField monnaie = new JTextField("", 25);
     JButton  euros   = new JButton("Euros"),
              dollars = new JButton("Dollars"),
              exit    = new JButton("Exit");
      // alignement boîte verticale
```

```
        setLayout(new BoxLayout(getContentPane(),
                                BoxLayout.Y_AXIS));
        // boîte horizontale
        Box b = new Box(BoxLayout.X_AXIS);
        // ajouter les boutons
        b.add(exit); b.add(euros); b.add(dollars);
        // empiler l'entrée et la boîte de boutons
        getContentPane().add(monnaie);
        getContentPane().add(b);
        // ajuster les dimensions et rendre visible la fenêtre
        pack();
        setVisible(true);
    }
}
```

Enfin, la classe `JLayer` (apparue avec la version 7 de JAVA) permet de décorer un composant graphique Swing selon la méthode de décoration fournie par un objet `javax.swing.plaf.LayerUI` et que le programmeur peut adapter comme il le souhaite.

9.4.4 La gestion des événements

Les composants graphiques réagissent à des événements auxquels ils sont soumis. Le plus souvent, cela correspond à des actions de l'utilisateur (clics de souris, appui sur une touche du clavier), mais les événements peuvent être également produits par le programme lui-même.

En JAVA, les événements sont des objets qui héritent de la classe `java.util.EventObject`. Le paquetage `java.awt.event` contient les classes correspondant aux événements AWT, et le paquetage `javax.swing.event` pour les événements Swing.

Selon le type de l'événement, il existe différentes méthodes pour le consulter ou le manipuler. Par exemple, il est possible de récupérer le caractère de la touche du clavier sur laquelle l'utilisateur a appuyé, ou les coordonnées du pointeur de la souris au moment du clic. Une méthode importante que tous les événements possèdent est `getSource`. Elle permet de déterminer l'objet qui produit l'événement.

Notez que les événements clavier `KeyEvent` sont destinés à un même composant graphique, celui qui possède le *focus*. Les méthodes `requestFocus` de `Component` ou `JComponent` permettent d'associer le focus à un composant particulier.

Les auditeurs, en anglais listeners, sont des objets qui sont à l'écoute d'événements particuliers et qui peuvent réagir lorsque l'événement attendu se produit. Tous les composants graphiques, AWT et Swing, gèrent des listes d'auditeurs. Ils sont pourvus de méthodes d'ajout ou de suppression d'auditeurs. Lorsqu'un composant graphique réagit à un événement, tous les auditeurs associés à l'écoute de cet événement sont informés et pourront effectuer des actions. C'est le mécanisme de base utilisé par JAVA pour faire communiquer l'interface graphique et le noyau fonctionnel d'une application.

Chaque type d'événements correspond à un certain type d'auditeur. Selon leur type, les auditeurs doivent implémenter des interfaces qui décrivent le comportement à suivre pour l'événement qu'ils écoutent. Par exemple, un clic sur `JButton` émet l'événement `ActionEvent`. Pour que le bouton puisse récupérer et traiter cet événement, il faut lui ajouter un auditeur qui implémente l'interface `ActionListener`. Celle-ci contient une seule méthode `actionPerformed` qui sera alors exécutée lorsque le bouton sera enfoncé.

On peut utiliser une seule méthode `actionPerformed` pour gérer plusieurs boutons. Par exemple, on peut ajouter à la classe `Euro` cette méthode, qui aura la structure suivante :

```
public void actionPerformed(ActionEvent e) {
   if (e.getSource() == exit)
      // fin application
   else
      if  (e.getSource() == dollars)
          // conversion en dollars
      else
          // conversion en euros
}
```

Remarquez que les variables, *i.e.* `exit` et `dollars`, doivent être accessibles depuis la méthode. Il faudra donc les déclarer en dehors du constructeur.

Puisque c'est la classe `Euro` qui possède la méthode `actionPerformed` elle doit implémenter l'interface `ActionListener` et devient donc elle-même un auditeur. L'ajout de cet auditeur aux trois boutons s'écrira :

```
euros.addActionListener(this);
dollars.addActionListener(this);
exit.addActionListener(this);
```

Bien souvent, il est plus simple d'utiliser une classe anonyme pour implémenter l'interface de l'auditeur. Par exemple, pour le bouton `exit`, on pourra écrire :

```
exit.addActionListener(new ActionListener() {
   public void actionPerformed(ActionEvent e) {
         System.exit(0);
   }});
```

Avec la version 8 de Java, on pourra encore simplifier l'écriture, en utilisant un lambda qui représentera l'action à exécuter. Puisque `ActionListener` est une interface avec une seule méthode, on pourra écrire :

```
exit.addActionListener(e -> System.exit(0));
```


9.5 Les applets

Les applets sont des petites applications graphiques qui sont généralement téléchargeables à travers le réseau. Ce qui les distingue des applications graphiques précédentes c'est qu'elles ne sont pas autonomes. Elles ne possèdent pas de méthode `main` et nécessitent une autre application graphique pour leur exécution, un navigateur web ou un visualisateur d'applets. Leur exécution s'effectue dans un contexte HTML (*HyperText Markup Language*) et est sujette à des limitations pour des raisons de sécurité.

9.5.1 Classes Applet et JApplet

Une applet est définie par héritage de la classe `java.applet.Applet` ou `javax.swing.JApplet`. Cette dernière hérite d'`Applet`. Ces classes fournissent une interface entre l'applet et son contexte d'exécution par l'intermédiaire d'un certain nombre de méthodes. Plusieurs d'entre elles peuvent être redéfinies dans la classe dérivée, en particulier les méthodes suivantes :

- `init`, appelée par le visualisateur lors du premier chargement de l'applet (remplace le constructeur) ;
- `start`, appelée par le visualisateur juste après `init`, ou automatiquement à chaque réapparition à l'écran (changement de page ou désicônification), pour signifier à cette applet qu'elle doit démarrer ou redémarrer son exécution ;
- `stop`, appelée par le visualisateur pour arrêter l'exécution de l'applet à chacune de ses disparitions de l'écran (changement de page ou icônification) ou juste avant sa destruction complète ;
- `destroy`, appelée par le visualisateur pour détruire toutes les ressources allouées par l'applet.

Une applet hérite aussi de `Container`. Ainsi, comme pour une application graphique autonome, les composants graphiques habituels (boutons, labels, canevas, etc.) d'AWT ou Swing peuvent être utilisés pour la construction des applets. Ceux-ci réagissent normalement aux événements (clics de souris, etc.). Les applets peuvent également traiter des images (format .gif, .jpeg...) et des documents sonores (généralement au format .au), si l'environnement d'exécution dispose d'un dispositif de reproduction sonore.

Nous allons écrire une applet qui trace un segment de droite entre deux points. L'appui sur le bouton gauche de la souris détermine le premier point ; le relâchement du bouton fixe le second après déplacement de la souris. Pour faire cela, nous aurons besoin d'un canevas et de gérer les événements de la souris.

Cette applet, que nous appellerons `MonApplet`, est définie par héritage de `JApplet`. Dans sa méthode publique `init`, on crée et on ajoute la zone (un JPanel[28]) dans laquelle on pourra tracer les lignes. Dans la mesure où l'applet n'est pas une fenêtre autonome, notez que les instructions de gestion de décoration de fenêtre ou de sa visibilité ont disparu. La classe qui définit l'applet est vraiment très simple :

```
public class MonApplet extends JApplet {
    public void init() {
        add(new MaToile());
    }
}
```

En plus d'être un conteneur, un JPanel (comme la plupart des composants graphiques) possède une zone graphique rectangulaire dans laquelle il est possible de dessiner (un segment de droite par exemple). Cette zone est une instance de Graphics qui possède les méthodes pour dessiner (comme drawLine pour tracer un segment de droite) dans un plan selon un système de coordonnées cartésiennes. La méthode paintComponant[29] de JPanel se charge de dessiner le Graphics passé en paramètre.

```
import java.awt.Graphics;
import java.awt.event.*;
import javax.swing.*;

class MaToile extends JPanel
   implements MouseListener, MouseMotionListener {
    int pX, pY, dX, dY;
    MaToile() {
        addMouseListener(this);
        addMouseMotionListener(this);
    }

    public void  paintComponent(Graphics g) {
        super.paintComponent(g);
        g.drawLine(pX, pY, dX, dY);
    }
```

28. Avec AWT, on utilisera un Canvas.

29. La méthode paint pour canvas, et les composants AWT.

```
    // gestion des événements
    public void mousePressed(MouseEvent e) {
        pX = e.getX(); pY = e.getY();
    }
    public void mouseDragged(MouseEvent e) {
        dX = e.getX(); dY = e.getY();
        repaint();
    }
}
```

Notre classe `MaToile` hérite de `JPanel`. La méthode `paintComponent` est redéfinie pour tracer un segment de droite entre les points de coordonnées `(pX,pY)` et `(dX,dY)`. Ces points sont déterminés par les événements `MouseEvent` qui donnent les coordonnées du pointeur de souris. La classe est elle-même auditeur de ces événements et implémente les interfaces `MouseListener` et `MouseMotionListener` pour gérer les clics et les déplacements de la souris. `MousePressed` donne le point d'origine, et `MouseDragged` un point lors du déplacement de la souris. Pour donner l'effet d'un tracé interactif du segment, la zone graphique est redessinée au fur et à mesure du déplacement de la souris grâce à la méthode `repaint`. Rappelons que la méthode `paintComponent` n'est jamais appelée directement. Il existe également une seconde version de `repaint` pour redessiner une portion, appelée *clip*, de la zone graphique définie par ses quatre paramètres.

Par ailleurs, notez que les autres méthodes de ces interfaces devraient apparaître avec un corps vide dans le code. Pour des raisons de place, elles sont omises.

9.5.2 Chargement de fichiers

Le chargement de fichiers son ou image se fait de façon relative à une URL qui correspond à l'adresse du répertoire qui contient soit l'applet (`.class`) soit le document HTML. Les méthodes `getCodeBase` et `getDocumentBase` renvoient des instances `URL` pour ces deux types d'adresses.

Les méthodes `getAudioClip` et `getImage` renvoient respectivement un clip audio, instance d'`AudioClip`, ou une image instance d'`Image`, située à l'URL passée en paramètre. Ces méthodes possèdent un second paramètre de type `String` qui définit l'emplacement du fichier par rapport au paramètre `URL`. Le code suivant récupère une photo placée dans le répertoire qui contient le code de l'applet.[30].

```
Image img = getImage(getCodeBase(), "photo.gif");
```

L'image pourra être ensuite dessinée à l'aide de la méthode `drawImage` de la classe `Graphics`.

Pour les clips audio, les instances `AudioClip` possèdent les méthodes `play`, `loop`, `stop` qui permettent leur interprétation (si le dispositif sonore existe).

9.5.3 Contexte HTML

Le lancement de l'exécution de l'applet est spécifié par la balise `OBJECT`[31] placée dans un document HTML qui sera interprété par le visualisateur. Cette balise doit *obligatoirement* posséder les attributs qui spécifient le nom du fichier compilé et les dimensions d'affichage de la fenêtre.

```
<!  chargement de MonApplet.class >
<!  dans une fenêtre 400 x 500    >
<object width=400 height=500>
        <param name="code" value="MonApplet.class">
</object>
```

La balise `object` possède plusieurs autres attributs. Citons en particulier, `codebase` qui donne l'URL de base de l'applet.

Une instance de `AppletContext` représente le contexte HTML de l'applet. Celui-ci est renvoyé par la méthode `getAppletContext`. Il permet d'obtenir des informations sur le document HTML, ainsi que sur les

30. Pour une application, on utilisera la méthode `getImage` de la classe abstraite `Toolkit`.

31. Depuis la version 4.0 de HTML, la balise `OBJECT` remplace `APPLET` qui est devenue obsolète.

autres applets du document (si elles existent). Par exemple, la méthode `getApplets` renvoie l'énumération de toutes les applets associées au document.

Par l'intermédiaire de paramètres, il est possible de passer des valeurs à l'applet depuis le document HTML. Dans la balise `object` du fichier HTML, on indique le nom du paramètre et sa valeur. On récupère la valeur (une chaîne de caractères) dans l'applet par la méthode `getParameter`. Cette méthode renvoie **`null`** si le paramètre n'est pas défini.

La classe suivante est une applet qui contient un bouton dont le texte est le nom d'une URL transmise depuis le document HTML. Cliquer sur le bouton charge cette URL dans une nouvelle fenêtre du navigateur.

```
public class BoutonURL extends JApplet {
   JButton b;
   public void init() {
     b  = new JButton("Pas d'url");
     String url = getParameter("URL");
     if (url != null)
         b.setText(url);
      add(b);
      b.addActionListener(e -> {
              String s = b.getText();
              if (! b.equals("Pas d'url"))
                 try {
                     getAppletContext().showDocument(
                                     new URL(s), "_blank");
                 } catch (MalformedURLException ex) {
                      // gestion de l'erreur
                 }
        }
      );
   } // fin méthode init
} // fin classe BoutonURL
```

Pour passer la valeur `"http://www.polytech.unice.fr"` depuis le document HTML au bouton de l'applet, on écrira :

```
<object type="application/x-java-applet"
        name="BoutonURL"
        width=300 HEIGHT=200>
   <param name="code" value="BoutonURL.class">
   <param name=Url value="http://www.polytech.unice.fr">
</object>
```

Enfin, il est possible de donner dans l'applet une description des paramètres qui peut être utilisée par le navigateur. On la donne à l'aide d'un tableau de tableaux de `String` dans la méthode `getParameterInfo`.

```
public String [][] getParameterInfo() {
    String[][] info = {
          // Paramètre, Type, Description
          {"Url", "URL", "page à afficher"},
     };
     return info;
}
```

9.5.4 Sécurité

Il ne serait pas admissible qu'une applet téléchargée sur le réseau corrompe le système du client. Chaque navigateur gère une instance de `SecurityManager` qui assure les contrôles de sécurité[32]. L'exception `SecurityException` est levée en cas de problème. L'action des applets est donc limitée. Exception faite des applets locales ou identifiées et autorisées (*trusted applet*), une applet non identifiée (*untrusted applet*) *ne peut* :

- utiliser que son propre code et les paquetages `java.*` ;
- lire, écrire ou supprimer des fichiers de la machine locale ;
- créer ou accéder à des threads en dehors de son propre groupe d'exécution, exécuter des programmes de la machine cliente ou la méthode `System.exit` ;

32. Cf. la section JAVA et la sécurité dans le chapitre 11.

- établir des connexions réseau, sauf avec la machine d'où elle est issue ; le serveur peut servir de passerelle entre plusieurs applets sur des clients différents ;
- lire certaines propriétés système (`java.class.path`, `java.home`, `user.dir`, `user.home`, `user.name`).

9.5.5 Applet et thread

Les interfaces graphiques ne sont pas uniquement formées de composants statiques. De nombreuses applications, en particulier les jeux, déplacent des images dans des fenêtres. Pour visualiser les déplacements, on doit produire des affichages à intervalles de temps réguliers des objets déplacés selon leurs nouvelles positions. Habituellement, la technique consiste à utiliser un thread. Les calculs des nouvelles positions des objets mobiles et leur réaffichage se font dans la méthode `run`. L'organisation d'une applet qui gère des objets graphiques mobiles est donnée ci-dessous.

```
public class ThreadApplet
extends Applet implements Runnable {
    private Thread proc;
    public void init() {
        // initialisation des variables
    }
    public void start() {
        if (proc == null) {
            proc = new Thread(this);
            proc.start();
        }
    }
    public void stop() {
        if (proc != null) {
            proc.interrupt();
            proc = null;
        }
    }
    public void run() {
        while (attendre(unLapsDeTemps)) {
            // calculer les changements
            repaint();
```

```
        }
    }
    public void paint(Graphics g) {
        // redessiner le motif
    }
} // fin classe ThreadApplet
```

Attention de ne pas confondre la méthode `start` de l'applet, avec celle de même nom de la classe `Thread`.

L'applet suivante déplace et affiche, toutes les secondes, un cercle rouge à une nouvelle position dont les coordonnées sont calculées aléatoirement. Notez que l'effacement et le réaffichage du cercle utilise la version de `repaint` à quatre paramètres pour ne réafficher que le *clip*, *i.e.* la portion du contexte graphique qui contient le cercle.

```
import javax.swing.*;
import java.awt.*;
import java.util.Random;

public class ThreadApplet extends JApplet
implements Runnable
{
    private Thread proc;
    private Random r;
    private int x,y;  // coordonnnées du cercle
    private int d=20; // diamètre du cercle

    public void init() {
        // initialisation des attributs
        r = new Random();
        x = y = 0;
    }

    public void start() {
        if (proc == null) {
            proc = new Thread(this);
            proc.start();
        }
    }
```

9

```
    public void stop() {
        if (proc != null) {
            proc.interrupt();
            proc = null;
        }
    }

    public void run() {
        while (!Thread.interrupted()) {
            // attendre 1 seconde
            try { Thread.sleep(1000); }
            catch (InterruptedException e) { break; }
            // effacer le précédent cercle
            repaint(x,y,d,d);
            // calculer les nouvelles coordonnées
            x = r.nextInt(getWidth());
            y = r.nextInt(getHeight());
            // réafficher le cercle
            // avec ses nouvelles coordonnées
            repaint(x,y,d,d);
        }
        // fin du Thread courant après interruption
    }

    public void paint(Graphics g) {
        super.paint(g);
        // dessiner le cercle rouge en (x,y)
        g.setColor(Color.red);
        g.fillOval(x,y,d,d);
    }
} // fin classe ThreadApplet
```

10 JDBC

JDBC, *Java DataBase Connectivity*, est une API qui permet, de façon unique et uniforme, d'accéder à toute base de données relationnelle [1] conformément au standard SQL-92 [2]. Par la suite, nous considérons que le lecteur possède des connaissances minimales sur les bases de données relationnelles et sur le langage SQL.

L'API JDBC est très complète au regard de l'usage que l'on peut faire d'une base de données relationnelle. En particulier, elle permet de façon très simple d'établir une connexion à la base de données ; de transmettre des requêtes ; et de récupérer et d'exploiter les éventuels résultats. Il est aussi possible de profiter des aspects objet-relationnel proposés par certains SGBD (*Systèmes de Gestion de Bases de Données*).

Dans ce chapitre, nous présenterons l'architecture de JDBC, les principales classes et interfaces, et à travers un exemple simple, comment programmer l'accès et la manipulation d'une base de données relationnelle.

10.1 L'architecture de JDBC

Tout d'abord, détaillons l'état civil de l'impétrant. L'API JDBC est distribuée depuis la version 1.1 de JAVA et la version actuelle est la 4.2. La version initiale correspondait au paquetage `java.sql`, mais maintenant,

---

1. En fait, il est possible d'accéder à toute source de données pour peu qu'elle soit structurée sous forme de table.

2. SQL (*Structured Query Language*) est un langage normalisé d'interrogation de bases de données.

l'ensemble des classes et interfaces se trouvent réparties dans deux paquetages principaux[3] `java.sql` et `javax.sql`.

L'API JDBC permet l'accès à toute base de données relationnelle avec le langage SQL[4] dans l'environnement JAVA. En dehors de la désignation du *point d'entrée* dans le SGBD, appelé le pilote, l'API et donc le code qui en fait usage sont indépendants du SGBD utilisé.

Y a-t-il un pilote dans l'API ? Et bien non ! Les pilotes étant spécifiques aux SGBD employés, ils ne sont pas, pour la plupart, contenus dans l'API mais fournis par une tierce partie qui peut être le fournisseur du SGBD ou un éditeur de logiciels. Seul un pilote, celui qui effectue l'interface entre JDBC et ODBC (*Open DataBase Connectivity*) de Microsoft, est intégré dans l'environnement standard.

On distingue quatre types de pilotes :

- un pont entre JDBC et ODBC. La communication se fait *via* des fonctions C appelées par les méthodes du pilote ;
- les pilotes recourant à des fonctions non-JAVA spécifiques du SGBD ;
- les pilotes permettant l'emploi d'un serveur middleware. Il s'agit d'une interface avec le SGBD *via* une API spécifique ;
- les pilotes JAVA propriétaires utilisant directement le protocole réseau du SGBD.

Il existe un grand nombre[5] de pilotes pour les différents SGBD disponibles. Le tableau 10.1 donne une liste (non exhaustive) des SGBD disponibles, avec le nom du pilote associé ainsi que le site internet de référence.

Bien évidemment, le pilote employé doit être connu de votre environnement JAVA, ce qui vous impose d'avoir mis à jour la variable `CLASSPATH`[6].

3. Trois autres paquetages sont proposés mais leur usage relève d'ouvrages focalisés sur l'API JDBC.

4. SQL3 depuis la version 2 de JDBC.

5. Autant, voire plus, que de SGBD présents sur le marché.

6. Cf. chapitre 11.

SGBD	Pilote	Site de référence
MySQL	com.mysql.jdbc.Driver	www.mysql.com
Oracle	oracle.jdbc.OracleDriver	oracle.com
PostgreSQL	org.postgresql.Driver	jdbc.postgresql.org
MS Access	sun.jdbc.odbc.JdbcOdbcDriver	environnement standard
Ingres	com.ingres.jdbc.IngresDriver	community.actian.com/-wiki/Ingres_Java-_Development_Center/
DB2	com.ibm.db2.jcc.DB2Driver	www.ibm.com/db2
Firebird SQL	corg.firebirdsql.jdbc.FBDriver	www.firebirdsql.org/

Tableau 10.1 SGBD et pilotes associés

10.2 Le contenu de l'API JDBC

Dans cette section, nous ne décrirons pas de manière exhaustive le contenu de l'API. Comme dans le chapitre 9, nous allons nous focaliser sur les éléments indispensables proposés à l'utilisateur et dont la plupart verront leur usage détaillé au travers de l'exemple présenté dans le paragraphe suivant. L'API JDBC comprend deux paquetages principaux :

- `java.sql` pour les constructions d'accès et de manipulation des informations contenues dans la base ;
- `javax.sql` pour les structures liées à l'aspect *serveur* des SGBD, et quelques extensions spécifiques[7].

10.2.1 Les classes

Elles sont relativement peu nombreuses. La plupart, et pour le moins les classes de base, se trouvent dans le paquetage `java.sql`.

La première est la classe `DriverManager`, qui assure les services de base de la gestion des pilotes et la communication avec les bases de données. Le tableau 10.2 donne une description des méthodes les plus fréquemment employées.

7. Notamment l'interface `Rowset` très liée aux `Beans` dont l'étude ne relève pas de cet ouvrage.

`static Connection`	`getConnection(String url)` ou `getConnection(String url, Properties info)` ou `getConnection(String url,String user, String passwd)` Tente d'établir une connexion avec la base de données indiquée par son url.
`static Driver`	`getDriver(String url)` Essaye de récupérer un driver compatible avec l'url indiquée.
`static void`	`registerDriver(Driver driver)` Ajoute le driver à la liste des drivers connus.
`static void`	`deregisterDriver(Driver driver)` Retire le driver de la liste des drivers connus.

Tableau 10.2 Méthodes de la classe DriverManager

Les trois classes, `Date`, `Time` et `TimeStamp`, sont très importantes, car elles permettent de manipuler les informations temporelles, de la date à la micro-seconde. Dans le monde des bases de données, il est en effet essentiel de pouvoir accéder à ces éléments qui permettent la gestion de la cohérence des informations. Ces classes comprennent principalement les méthodes d'accès en lecture et écriture [8] des différents composants du temps (année, mois, jour, heures, minutes, secondes et nanosecondes) auxquels elles se réfèrent.

La classe `Types` est un peu particulière. Elle sert à définir l'ensemble des constantes permettant d'identifier les types SQL afin d'assurer leur conversion vers un type Java et réciproquement. Elle définit ainsi 36 constantes qui correspondent chacune à un type SQL générique appelé aussi *type JDBC*. Cette classe n'est jamais instanciée et ne possède pas de méthode spécifique.

Le paquetage `javax.sql` n'ajoute que trois classes permettant la gestion des événements liés aux connexions. `ConnectionEvent` est associée aux connexions groupées et les classes `RowSetEvent` et `StatementEvent` aux instances de `Rowset` et `Statement`.

8. Par exemple, les méthodes **`void`** `setMinutes(`**`int`** `i)` ou **`int`** `getSeconds()`.

10.2.2 Les interfaces

Le panel des interfaces est beaucoup plus fourni, et pour cause, il s'agit là de spécifier de manière exhaustive l'ensemble des possibilités et des structures de données offertes par JDBC et qui devront être implémentées par les différents pilotes. Nous devons nous restreindre à ne présenter que les interfaces fondamentales dont la connaissance est requise pour toute utilisation, laissant au lecteur intéressé le soin d'explorer les autres en fonction de ses besoins particuliers.

Les interfaces du paquetage `javax.sql` concernent les aspects fins de la gestion des bases de données côté serveur, au travers de `ConnectionEventListener` et `PooledConnection` sans oublier `RowSet` déjà évoquée précédemment.

Driver et Connection

`Driver` est l'interface qui permet de récupérer une connexion à la base de données désirée. La méthode principale est `connect()` dont la signature est :

```
Connection connect(String url, Properties info)
```

et qui tente d'établir une connexion avec la base de données indiquée au travers de l'url.

L'interface `Connection` est beaucoup plus riche, car c'est au travers d'elle que l'ensemble des opérations s'effectueront. Le tableau 10.3 en présente les principales méthodes.

Statement, PreparedStatement et CallableStatement

Ces interfaces permettent de construire les requêtes SQL en JAVA. Elles sont de natures différentes, spécialisation l'une de l'autre.

Nous trouvons ainsi représentées :

- Les requêtes de base : `Statement`, pour construire une requête *one shot* qui sera construite et soumise à la base de données.

`Statement`	`createStatement()` ou
	`createStatement(int resultSetType,`
	`int resultSetConcurrency)`
	Renvoie un objet du type `Statement`.

`PreparedStatement`	`prepareStatement(String sql)` Renvoie un objet du type `PreparedStatement` construit à partir de la chaîne passée en paramètre. Cette méthode surchargée abondamment permet de répondre aux différents besoins de ce type de requête.
`CallableStatement`	`prepareCall(String sql)` Renvoie un objet du type `CallableStatement` construit à partir de la chaîne passée en paramètre et, pour ses versions surchargées, des informations relatives aux types du résultat et de concurrence souhaités.
`void`	`close()` Ferme la connexion et libère les ressources associées sans en attendre la fermeture automatique.
`void`	`setAutoCommit(boolean autoCommit)` Fixe la valeur de l'indicateur de prise en compte automatique des modifications effectuées.
`boolean`	`getAutoCommit()` Renvoie la valeur de l'indicateur de prise en compte automatique des modifications effectuées.
`void`	`commit()` Provoque la mise à jour de la BD. Cette méthode ne doit être employée que dans le cas ou le mode de sauvegarde automatique n'est pas enclenché.
`void`	`rollback()` ou `rollback(Savepoint savepoint)` Force le retour arrière (oubli des modifications effectuées) pour la durée de la connexion actuelle ou jusqu'au point de retour spécifié.

Tableau 10.3 Méthodes de l'interface Connection

- Les requêtes *précompilées* : `PreparedStatement`, pour construire une requête paramétrée (avec des parties variables) et donc potentiellement tout un ensemble de requêtes. Ces requêtes sont d'exécution *rapide* (en cas d'exécutions multiples) et améliorent la portabilité car les différences entre SGBD sont gérées par les méthodes d'écriture associées.

- Les procédures *stockées* : `CallableStatement`, il s'agit, au sens JAVA, d'une spécialisation des requêtes précompilées. Pour les SGBD, ces procédures sont intégrées à la base elle-même afin d'accélerer le traitement et de minimiser les temps d'accès réseau.

Les requêtes sont représentées par des chaînes de caractères (type `String`) qui se doivent de respecter la syntaxe du langage SQL.

Pour commencer, le tableau 10.4 détaille les méthodes principales des objets de type `Statement`. Il ne faut pas oublier que les deux autres classes en dérivent par spécialisation et donc héritent de ces mêmes méthodes.

En ce qui concerne l'interface `PreparedStatement`, elle ajoute principalement les méthodes de manipulation des paramètres de la requête qu'elle représente. La requête paramétrée est construite de la même manière qu'une requête simple mais elle comporte des *trous* (les paramètres formels) représentés par le caractère `?`. Ces trous seront *remplis* par les paramètres effectifs, à savoir les valeurs indiquées par l'emploi des méthodes d'affectation `setXxx`, où `Xxx` désignera le type attendu de ce paramètre.

Des exemples d'utilisation de ces méthodes d'affectation, au nombre de 28, sont détaillés dans l'application que nous allons développer dans la suite de ce chapitre.

La signature générique de ces méthodes d'affectation est :

```
void setXxx(int parameterIndex, Xxx x)
```

où `parameterIndex` désigne l'indice *du* trou dans la requête et `x` le paramètre effectif. Son type `Xxx` est en concordance avec la méthode `setXxx` employée.

Au niveau des objets de type `CallableStatement`, représentant les procédures *stockées* des SGBD, JDBC apporte une syntaxe unifiée qui supprime l'hétérogénéité existante. Cette syntaxe est la suivante :

- `{call procedure_name[( ?, ?, ...)]}` pour une procédure sans valeur de retour ;

boolean	`execute(String sql)` Exécute la requête passée en paramètre. Elle peut donner lieu à l'obtention de résultats multiples. Cette méthode est surchargée pour affiner son usage en fonction des situations particulières.
`ResultSet`	`executeQuery(String sql)` Renvoie un objet du type `ResultSet`, résultat unique de l'exécution de la requête passée en paramètre.
int	`executeUpdate(String sql)` Exécute la requête passée en paramètre qui doit être `INSERT`, `UPDATE`, `DELETE` ou toute instruction `SQL` ne renvoyant pas de résultat.
void	`close()` Relâche l'objet courant `Statement` et libère les ressources associées sans attendre que cela se fasse automatiquement.
`ResultSet`	`getResultSet()` Récupère le résultat courant de la requête sous forme d'un objet de type `ResultSet`.
boolean !	`getMoreResults()` Permet d'avancer sur le résultat suivant de la requête qui devra être récupéré par la méthode `getResultSet`. Si la valeur de retour est **false** alors il n'y a plus de résultat à récupérer.

Tableau 10.4 Méthodes de l'interface Statement

- `{? = call procedure_name[( ?, ?, ...)]}` pour une procédure avec valeur de retour, *i.e.* une fonction ;
- `{call procedure_name}` pour une procédure sans paramètre.

Notez que les `?` désignent les *trous* de la même manière que pour les `PreparedStatement`, et que les crochets sont employés pour indiquer une partie optionnelle de la construction.

Nous y retrouvons aussi les méthodes d'affectation de valeurs aux paramètres de la requête *via* leur index dans la requête, mais ces méthodes ont été surchargées pour prendre en compte la possibilité de désigner ces paramètres par leur nom. La chaîne qui représente leur nom se substitue alors à l'entier correspondant à l'index. Enfin, des méthodes d'accès aux valeurs courantes, `Xxx getXxx(String parameterName)` ou `Xxx getXxx(int parameterIndex)`, des différents paramètres ont été définies. Elles utilisent au choix l'index ou le nom du paramètre pour sa désignation.

Array, Struct, Blob, Clob, NClob, Ref et RowId

Nous l'avons vu, c'est l'ensemble des types SQL *avancés* qui ont été instanciés dans JDBC, sous forme d'interfaces ou de classes. Ceci permet, pour chacun des types évoqués ici, de disposer des méthodes spécifiques de manipulation au sens SQL, à savoir lecture `get`, écriture `set` et mise à jour `update`, e.g. `getBlob`, `setBlob` et `updateBlob`.

ResultSet

Les objets de ce type sont essentiels pour tout programmeur JDBC, c'est pourquoi il s'agit de l'une des interfaces les plus riches. Ils permettent de parcourir toutes les lignes renvoyées par la requête (`SELECT`) transmise à la base de données. Leur usage est simple, il consiste à parcourir le `ResultSet` ligne après ligne pour y extraire de chacune d'elles les informations désirées. Ce parcours s'effectue grâce à un curseur qu'il convient de déplacer à l'aide des méthodes disponibles (cf. le tableau 10.5). Lors de la création de l'objet, le curseur est positionné avant la première ligne, il convient donc de le faire avancer avant toute tentative de récupération de valeur. Cette récupération de l'information se fait, en tenant compte de son type, par indication de la colone dans laquelle elle se trouve. Nous retrouvons ici, la structure fondamentale en *ligne-colonne* des SGBD.

Les méthodes de cette interface, concernent :

- les déplacements du curseur ;
- la récupération des valeurs ;
- la mise à jour des valeurs ;
- la gestion de l'objet lui-même et de son contenu.

Dans le tableau 10.5 vous trouverez les principales méthodes applicables aux objets de type `ResultSet`.

boolean	`next()` Avance le curseur d'une ligne.
boolean	`previous()` Recule le curseur d'une ligne.
boolean	`relative(int rows)` Déplace le curseur de `rows` lignes à partir de la position courante.
boolean	`absolute(int row)` Déplace le curseur sur la ligne de numéro `row`.
`Xxx`	`getXxx(int columnIndex)` ou `getXxx(String columnblob)` Récupère la valeur de type Xxx dans la ligne courante et dans la colonne d'indice `columnIndex` ou de nom `columnLabel`.
void	`updateXxx(int columnIndex, Xxx x)` ou `updateXxx(String columnLabel, Xxx x)` Remplace par x la valeur de type `Xxx` de la colonne d'indice `columnIndex` ou de nom `columnLabel`.
void	`deleteRow()` Détruit la ligne courante dans l'objet `ResultSet` **et** dans la base de données.
void	`cancelRowUpdates()` Annule les modifications effectuées dans la ligne courante.

Tableau 10.5 Méthodes de l'interface ResultSet

SQLData, SQLInput et SQLOutput

Il s'agit là des types de bas niveau que l'utilisateur *standard* de SQL a peu de chances de manipuler. S'ils ont été *remontés* au niveau JAVA c'est pour répondre à des besoins qui relèvent plus de l'implémenteur des pilotes que du gestionnaire de bases de données.

DatabaseMetaData et ResultSetMetaData

Ces deux interfaces déterminent les moyens d'accès aux informations liées à la base de données elle-même pour la première et aux informations sur la nature et les propriétés des objets de type `ResultSet` pour la seconde.

La méthode `getMetaData()`, appliquée à un objet de type `Connection`, renvoie un objet de type `DatabaseMetaData`. De même, appliquée à un `ResultSet`, elle renvoie un objet de type `ResultSetMetaData`.

10.2.3 Les exceptions et autres warnings

`SQLException` est l'exception *mère* de toutes les situations exceptionnelles (erreurs ou avertissements) qu'il est possible de rencontrer en utilisant JDBC. Elles permettent d'obtenir et de contrôler les problèmes liés à la manipulation de la base de données. Cette exception est sous-classée de manière à permettre une sélection fine des différents états d'erreur. Ainsi directement ou indirectement, en sont issues les 15 exceptions et warnings prédéfinis du paquetage `java.sql`. Les principales méthodes des exceptions liées à l'usage de *SQL* sont résumées dans le tableau 10.6.

Pour mémoire, le seul type d'avertissement prédéfini, libre à vous d'en dériver, est `SQLWarning`. Il permet d'obtenir des informations sur les situations *anormales* qui, ne nécessitant pas d'interruption du calcul en cours, sont néanmoins attachées, de façon silencieuse, aux objets les ayant provoquées. Ce mécanisme permet donc, sans interrompre le fonctionnement de l'application, d'obtenir *a posteriori* des informations sur d'éventuels dysfonctionnements *mineurs* afin d'opérer les derniers réglages de l'application.

`int`	`getErrorCode()` Récupère le code (spécifique au fournisseur de la BD) de l'exception levée.
`String`	`getSQLState()` Fournit l'état SQL de l'exception.
`String`	`getMessage()` Méthode héritée de la classe `Throwable` qui renvoie le message lié à l'exception.

Tableau 10.6 Méthodes de manipulation des exceptions

10.2.4 Les énumérations

Deux types d'énumérations ont été définis pour représenter et accéder simplement, *via* `ClientInfoStatus`, à la raison pour laquelle une propriété n'a pas pu être affectée au travers d'un appel à `Connection.setClientInfo()` et, *via* `RowIdLifetime`, à la durée de vie d'un `RowId`.

10.3 Le schéma d'utilisation

La présentation du schéma d'utilisation de l'API JDBC se fera au travers d'un exemple d'une base de données qui répertorie des vins d'une cave d'un œnologue amateur. Cet exemple est volontairement très simple (sa structure ne reflète pas la complexité d'une véritable base de données), mais suffira à mettre en évidence le principe d'utilisation de JDBC. La complexité des requêtes à la base de données est sans effet sur le principe d'utilisation.

Le principe d'usage d'une base de données avec JDBC est simple et se déroule en quatre étapes :

1. ouverture d'une connexion ;
2. construction des requêtes SQL ;
3. transmission des requêtes et, éventuellement, analyse des réponses ;
4. fermeture de la connexion.

Nous allons donc étudier ces différentes étapes au travers de notre exemple. Nous verrons aussi comment accéder à la base de données avec `DatabaseMetaData`.

10.3.1 La base de données « Cave »

Notre base de données SQL est formée d'une seule table *VINS* (voir le tableau 10.7) qui contient toutes les informations relatives aux vins conservés dans la cave de notre œnologue amateur. Dans cet exemple, nous nous limiterons à quelques vins et pour chacun d'entre eux, on mémorise simplement son nom, sa région d'origine, sa couleur, son millésime, et sa quantité (en nombre de bouteilles).

Tableau 10.7 Table VINS

Nom	Région	Couleur	Millésime	Quantité
Château Margaux	Bordeaux	rouge	1972	10
Château Cheval Blanc	Bordeaux	rouge	1980	4
Château d'Yquem	Bordeaux	blanc	1959	6
Château de Pommard	Bourgogne	rouge	1982	15
Hospices de Beaune	Bourgogne	rouge	1986	9
Domaine du Paternel	Cassis	rosé	2009	10
Clos Ste Magdeleine	Cassis	blanc	2010	16
Châteauneuf du Pape	Côte du Rhône	rouge	1994	8
Gewurztraminer	Alsace	blanc	2008	12
La Moussière	Sancerre	blanc	2006	10
Domaine Toasc	Bellet	rouge	2008	12

10.3.2 Ouverture et fermeture d'une connexion

L'ouverture d'une connexion avec une base de données [9] se fait en deux étapes : le chargement du pilote et l'établissement de la connexion.

Chargement du pilote

Nous l'avons vu, en termes de code, seul le choix du pilote diffère. Notre exemple concerne une base de données mise en œuvre avec MySQL, nous avons donc l'obligation de *charger* le pilote `com.mysql.jdbc.Driver`. Le chargement du pilote doit être placé dans une clause **`try-catch`** au cas où le pilote serait introuvable.

```
try { // chargement du pilote pour MySQL
    Class.forName("com.mysql.jdbc.Driver");
} catch(ClassNotFoundException e) {
    System.err.println("Pilote inexistant : " + e);
    return;
```

9. La base de données doit exister et donc avoir été créée au préalable.

```
}
```

Une seconde façon de procéder est d'indiquer à l'aide de la propriété[10] `jdbc.drivers` le nom de la classe du pilote. On pourra placer dans un fichier d'initialisation de propriétés :

```
jdbc.drivers=com.mysql.jdbc.Driver
```

Ceci dispense d'expliciter le chargement du pilote dans le code de l'application et donc de le rendre plus portable.

Il faut aussi noter que JDBC propose de spécifier le nom de la classe du pilote dans un fichier `java.sql.Driver` distribué avec le pilote et situé dans le répertoire `META-INF/services` de l'environnement JDBC[11].

Connexion

Une fois le pilote chargé, il faut le connecter à la base de données relationnelle. Pour cela, on utilise la méthode `getConnection` de la classe `DriverManager` à qui on fournit l'URL de la base de données relationnelle à laquelle il faut se connecter. La méthode renvoie un objet de type `Connection` qui servira par la suite à manipuler la base de données. L'URL suit toujours le protocole `jdbc` et possède la forme `jdbc:sous-protocole:nom-bd` où `sous-protocole` est le nom du pilote, et `nom-bd` est le chemin d'accès à la base données. On peut aussi fournir deux paramètres supplémentaires pour indiquer l'identification d'accès à la base de données.

Dans le code suivant, on se connecte à la base de données *cave* de type MySQL située sur la machine locale avec comme nom de login *vg* et mot de passe *secret*. Notez qu'en cas d'erreur, la méthode `getConnection` émet l'exception `SQLException`.

```
String urlBD = "jdbc:mysql://localhost/cave";
```

10. Cf. chapitre 9.

11. L'usage de ce type de fichier contenant des informations utiles aux composants de l'environnement Java se retrouve par exemple avec l'outil `jar` décrit dans le chapitre 11.

```
try (
  Connection conn =
          DriverManager.getConnection(urlBD,"vg","secret"))
{
   // la base de données est accessible par conn
   // ... code de manipulation de la base de données ...
} catch (SQLException e) {
   System.err.println("SQLException: " + e.getMessage());
   System.err.println("SQLState: " + e.getSQLState());
   System.err.println("VendorError: " + e.getErrorCode());
}
```

Par la suite, les exemples utiliseront cette connexion `conn`.

Fermeture de la connexion

La méthode `close` ferme la connexion ouverte avec la base de données et libère les ressources associées. Dans l'exemple précédent, la connexion est placée dans un *try-with-resources* [12] qui gèrera *automatiquement* sa fermeture sans avoir à appeler explicitement cette méthode `close`.

10.3.3 Construction des requêtes

Envoyer des requêtes à une base de données, passe par la création préalable d'un objet `Statement` ou `PreparedStatement` à partir de la connexion ouverte.

Statement

Avec la connexion `conn` précédente, la création d'un objet `Statement` s'écrit comme suit :

```
Statement stm = conn.createStatement();
```

Avec cet objet `stm`, il est maintenant possible d'exécuter des requêtes SQL. La méthode `executeUpdate` permet d'exécuter des requêtes de type CREATE, INSERT, DELETE ou UPDATE. La requête est une chaîne

12. Cf. chapitre 6.

de caractères passée en paramètre. La création de la table VINS précédente s'écrit comme suit :

```
String créerTableVins =
 "CREATE TABLE VINS " +
  "(nom VARCHAR(32), region VARCHAR(32), " +
  "couleur VARCHAR(8), millésime SMALLINT, quantité INT)";
// exécuter la requête
stm.executeUpdate(créerTableVins);
```

La chaîne `créerTableVins` contient la requête SQL de création de la table avec l'identification de chaque colonne et le type des valeurs qu'elles contiennent. Les trois premières colonnes de la table contiennent des chaînes de caractères, et les deux dernières des entiers.

L'insertion des valeurs dans une table se fait également à l'aide de la méthode `executeUpdate`. Le code suivant insère deux lignes dans la table VINS.

```
String v1 = "INSERT INTO VINS " +
  "VALUES ('Château Margaux','Bordeaux','rouge',1972,10)";
String v2 = "INSERT INTO VINS " +
  "VALUES ('Gewurztraminer','Alsace','blanc',2008,12)";
// créer et exécuter la requête
stm = conn.createStatement();
stm.executeUpdate(v1);
stm.executeUpdate(v2);
stm.close();
```

La valeur de retour de la méthode `executeUpdate` est un **`int`** qui correspond le nombre de lignes modifiées dans la table par la requête SQL. La dernière version 4.2 de JDBC, propose la méthode `executeLargeUpdate` qui renvoie un **`long`** pour la manipulation de très grandes tables.

Notez l'appel à la méthode `close` pour libérer les ressources associées à la requête. Toutefois, comme `Statement` hérite de l'interface `AutoCloseable`, la fermeture de la requête pourra se faire automatiquement à l'aide de l'énoncé *try-with-resources*.

PreparedStatement

En général, on utilise un objet `PreparedStatement` lorsqu'on a plusieurs fois le même type de requête à exécuter. À sa création, on lui passe la requête. Celle-ci est en fait précompilée, ce qui en permettra une exécution multiple plus rapide par le SGBD.

Un autre intérêt des `PreparedStatement`, c'est la possibilité de paramétrer les requêtes. Par exemple, imaginons qu'après un repas bien arrosé, notre œnologue souhaite mettre à jour sa base de données en indiquant le nombre de bouteilles restantes parmi les vins qu'il a consommés. Un premier tableau contient les noms des vins consommés lors du banquet, et le second le nombre de bouteilles restantes. À partir de ces deux tableaux, nous souhaitons mettre à jour la table VINS.

D'abord, nous construisons un objet `PreparedStatement` avec la requête SQL paramétrée de mise à jour de la table.

```
String MaJQuantité = "UPDATE VINS SET quantité = ? " +
                     "WHERE nom = ?";
PreparedStatement pstm =
                    conn.prepareStatement(MaJQuantité);
```

Notez les deux points d'interrogation dans la requête SQL. Ils correspondent aux deux paramètres données de la requête. Le premier est le nombre de bouteilles et le second est le nom du vin. Le code qui suit effectue la mise à jour :

```
String [] lesVins = {"Château Margaux","Gewurztraminer",
                     "Hospices de Beaune"};
int [] lesQuantités = { 3, 2, 3 };
for (int i=0; i<lesVins.length; i++) {
    pstm.setInt(1,lesQuantités[i]);
    pstm.setString(2,lesVins[i]);
    pstm.executeUpdate();
}
pstm.close();
```

Les paramètres de la requête sont numérotés à partir de 1, et on leur affecte des valeurs à l'aide de méthodes `set` suffixées par un type compatible avec celui de la valeur SQL du paramètre (*e.g.* `setInt`, `setDate`, `setDouble`, `setString`...). L'ensemble des types JDBC compatibles avec les types SQL est défini dans la classe `java.sql.Types`. La nouvelle version 4.2 de JDBC définit le type énuméré `JDBCType` qui contient tous les types JDBC compatibles. Vous pouvez visualiser tous les types disponibles à l'aide du fragment de code suivant :

```
for (JDBCType t : JDBCType.values())
    System.out.println(t);
```

Les méthodes `set`*Xxx* possèdent deux paramètres. Le premier est le numéro d'ordre du paramètre SQL, et le second est sa valeur.

Notez que pour affecter la valeur SQL NULL, c'est-à-dire pour dénoter l'absence de valeur, il existe la méthode `setNull`. Son premier paramètre est semblable aux autres méthodes `set`*Xxx*, mais le second correspond au type SQL de la valeur.

Par exemple, si on veut affecter au premier paramètre de type entier la valeur NULL, on écrira :

```
setNull(1, Types.INTEGER);
```

La méthode `executeUpdate` exécute la requête SQL et renvoie le nombre de lignes modifiées.

10.3.4 Manipulation des résultats

Les requêtes SQL CREATE ou UPDATE des exemples précédents ne fournissent aucun résultat, mais il n'en va pas de même pour des requêtes comme SELECT par exemple. L'API JDBC prévoit un mécanisme de récupération des valeurs résultats par l'intermédiaire d'objets de type `ResultSet`.

La méthode `executeQuery` permet l'exécution par le SGBD d'une requête et renvoie un résultat de type `ResultSet`.

```
stm = conn.createStatement();
String selectVins = "SELECT nom, quantité FROM VINS";
ResultSet rs = stm.executeQuery(selectVins);
```

L'exécution de cette requête a pour effet de sélectionner les colonnes qui contiennent les noms des vins et le nombre de bouteilles pour chacun d'eux. Le résultat de la requête est maintenant accessible par l'intermédiaire de la variable `rs`.

Accès aux résultats

Un objet `ResultSet` est une suite de lignes accessibles individuellement par un curseur. Ce curseur détermine la ligne accessible, appelée ligne courante.

Il y a deux façons de déplacer le curseur. Soit de façon absolue à l'aide de la méthode `absolute` qui place le curseur sur la ligne dont le numéro d'ordre est passé en paramètre. Soit de façon séquentielle grâce aux méthodes `next` ou `previous` qui font passer, respectivement, à la ligne suivante et précédente.

La forme générale du parcours de toutes les lignes qui forment le résultat d'une requête s'écrit :

```
ResultSet rs = stm.executeQuery(selectVins);
....
rs.beforeFirst();
while (rs.next()) {
  // traiter les différentes valeurs
  // qui composent la ligne courante
}
```

Les lignes d'un objet `ResultSet` sont composées des valeurs qui forment les colonnes du résultats de la requête. Ces lignes sont accessibles en lecture, mais aussi en écriture et il est donc possible de modifier le résultat d'une requête.

Par défaut, un objet `ResultSet` n'est accessible qu'en lecture. L'accès aux différentes valeurs de la ligne courante se fait par des méthodes `get` suffixées par le nom d'un type compatible avec le type SQL des valeurs. Comme nous l'avons vu précédemment avec les méthodes `set`*Xxx* de `PreparedStatement`, les types JDBC compatibles avec les types SQL sont définis dans `java.sql.Types`. Les méthodes `get`*Xxx* possèdent comme paramètre, soit le nom de la colonne SQL, soit un numéro d'ordre (la première colonne a le numéro 1). Si la valeur SQL est NULL, les méthodes `set`*Xxx* renvoie une valeur JAVA compatible (`0` pour **`int`**, **`null`** pour `String`, etc.).

Dans l'exemple précédent, le type SQL des noms des vins est VARCHAR(32) et celui des quantités est INTEGER. Les méthodes qui permettent de récupérer les valeurs de ces types sont respectivement `getString` et `getInt`. Le fragment de code suivant affiche sur la sortie standard tous les noms des vins avec leur nombre de bouteilles restant.

```
while (rs.next()) {
    String vin = rs.getString("nom");
    int quantité = rs.getInt(2);
    System.out.println(vin + " : " + quantité);
}
```

Un objet `ResultSet` peut être modifiable à l'aide de méthodes `update`*Xxx*. Toutefois, pour cela, l'objet `Statement` aura dû être créé avec le paramètre `CONCUR_UPDATABLE` qui rend la mise à jour d'un objet `ResultSet` possible.

Dans l'exemple suivant, on se positionne sur la troisième ligne et on modifie le nombre de bouteilles :

```
stm = conn.createStatement(
                ResultSet.TYPE_SCROLL_INSENSITIVE,
                ResultSet.CONCUR_UPDATABLE);
rs = stm.executeQuery(selectVins);

rs.absolute(3);
// modifier le nombre de bouteilles de la 3ème ligne
rs.updateInt("quantité", 25);
// mettre à jour la base de données
rs.updateRow();
```

Les méthodes `update`*Xxx* ne modifient pas la base de données. Pour faire cela, comme dans l'exemple précédent, il faut exécuter la méthode `updateRow` qui mettra à jour la ligne modifiée dans la base de données.

Il est aussi possible d'insérer des lignes dans un objet `ResultSet`. Cela se fait au moyen d'une ligne auxiliaire d'insertion que l'on remplit avec des valeurs, puis que l'on insère. Dans le code suivant, on se place sur la ligne d'insertion, on ajoute 12 bouteilles le vin de Savoie « *Gamay* » ; on l'insère à la position courante du curseur dans l'objet `ResultSet` *et* dans la base de données, enfin on revient à la ligne courante de l'objet `ResultSet`.

```
rs.moveToInsertRow();
rs.updateString("nom", "Gamay");
rs.updateString("région", "Savoie");
rs.updateInt("quantité", 12);
rs.insertRow();
rs.moveToCurrentRow();
```

La méthode `close` libère les ressources utilisées par un objet `ResultSet`. Cela peut être fait automatiquement en utilisant l'énoncé *try-with-resources*.

10.3.5 Procédures stockées

La plupart des SGBD offre la possibilité de définir et de mémoriser des procédures, appelées procédures stockées. Comme dans n'importe quel langage de programmation, une procédure SQL est une suite de déclarations et de requêtes identifiée par un nom. Par la suite, ce nom servira à appeler et à exécuter la procédure stockée.

Notez que les SGBD font la distinction entre procédures et fonctions. Par ailleurs, la syntaxe de leurs déclarations diffère souvent d'un SGBD à l'autre. Nous nous limiterons ici à la définition d'une procédure qui possède un paramètre en entrée et un paramètre résultat.

On veut définir une procédure qui calcule le nombre de vins dont le nombre de bouteilles restant est inférieur à une valeur donnée. Le résultat est placé dans un second paramètre. La chaîne de caractères ci-dessous donne la déclaration SQL de cette procédure.

```
String proc =
 "CREATE PROCEDURE nbVins(IN n INT, OUT res INT) " +
 "SELECT COUNT(*) INTO res FROM VINS WHERE quantité <= n";
```

Le code ci-dessous crée un objet `Statement` et exécute la création de la procédure stockée dans la base de données :

```
Statement stm = conn.createStatement();
stm.execute(proc);
```

Le code suivant met en œuvre les différentes étapes pour exécuter la procédure stockée `nbVins`. Tout d'abord, il crée un objet `CallableStatement` avec en paramètre la requête d'appel de la procédure. La requête possède deux paramètres définis pas les deux points d'interrogation. Le premier est une donnée dont la valeur entière est fixée avec la méthode `setInt`, et le second est un résultat dont on indique le type avec la méthode `registerOutParameter`. On exécute la requête d'appel de la procédure stockée. Enfin, le résultat calculé est affiché sur la sortie standard.

```
String NbVins = "{call nbVins(? , ?)}";
// préparer l'appel
CallableStatement cstm = conn.prepareCall(NbVins);
// le premier paramètre est égal à 10
cstm.setInt(1, 10);
// le paramètre résultat est de type entier
cstm.registerOutParameter(2,Types.INTEGER);
cstm.execute();
// afficher le nb de vins dont le stock est ⩽ 10
System.out.println(cstm.getInt(2));
```

Notez que si la procédure stockée correspond à un énoncé UPDATE ou DLL on utilisera la méthode `executeUpdate`, et si elle renvoie un résultat accessible à l'aide d'un `ResultSet`, c'est la méthode `executeQuery` qui sera employée.

Ainsi, en définissant une fonction plutôt qu'un procédure, le code précédent aurait pu tout aussi bien s'écrire :

```
// créer la fonction
String fonc = "CREATE PROCEDURE nbVins(IN n INT) " +
          "SELECT COUNT(*) FROM VINS WHERE quantité <= n";
Statement stm = conn.createStatement();
```

```
stm.executeUpdate(fonc);
// exécuter la fonction
String callproc = "{call nbVins(?)}";
CallableStatement cstm = conn.prepareCall(callproc);
cstm.setInt(1, 10);
rs = cstm.executeQuery();
// afficher le résultat
rs.next();
System.out.println(rs.getInt(1));
```

10.3.6 Transactions

Lorsque les SGBD le permettent[13], l'API permet de gérer la notion de transaction. Une transaction est une suite de requêtes que l'on considérera comme atomique. On souhaite alors que soit la totalité, soit aucune des requêtes qui composent la transaction, soit exécutée.

Par défaut, les requêtes associées à une connexion sont réalisées immédiatement après leur exécution. Ce mode par défaut est appelé auto-commit. Pour une transaction, il faut désactiver ce mode. En général, on place la suite de requêtes entre deux appels à la méthode `setAutoCommit`. La transaction est exécutée après l'appel explicite de la méthode `commit`. Le code de définition d'une transaction a alors la forme suivante :

```
// désactiver le mode auto-commit
conn.setAutoCommit(false);
//
// définir des requêtes ...
//
// exécuter la transaction
conn.commint();
// réactiver le mode auto-commit
conn.setAutoCommit(true);
```

Lorsqu'une des requêtes de la transaction échoue, il faut, pour garantir l'intégrité des données, annuler la transaction en cours et restaurer les valeurs modifiées. C'est le rôle de la méthode `rollback`.

13. Pour nos exemples, nous utilisons MySQL, et les transactions ne sont possibles que sur des tables de type INNODB. Il faut donc penser à mettre ces tables dans ce format.

Lorsqu'une requête échoue, une exception `SQLException` est émise. On placera l'appel à la méthode `rollback` dans la clause **catch** qui gère l'exception. L'exemple suivant montre la structure du code JAVA.

```
try {
    String majVins = "update VINS " +
                     "set quantité = ? where nom = ?";
    stm = conn.prepareStatement(majVins);
    conn.setAutoCommit(false);
    // 1ère requête
    stm.setInt(1, 36);
    stm.setString(2,"Hospices de Beaune");
    stm.executeUpdate();
    // 2ème requête
    stm.setInt(1, 24);
    stm.setString(2,"Domaine Toasc");
    stm.executeUpdate();

    conn.commit();
    conn.setAutoCommit(true);
}
catch (SQLException e) {
    System.err.println(e.getMessage());
    if (conn != null)
      try {
          System.err.println("rollback");
          conn.rollback();
      }
      catch (SQLException ex) {
          System.err.println(e.getMessage());
      }
}
```

D'autre part, les SGBD qui gèrent les transactions offrent des mécanismes de verrous pour garantir l'intégrité des données dans la base au cours de l'exécution de transactions. La manière dont les verrous sont posés détermine le niveau d'isolation des transactions. La méthode `getTransactionIsolation` de `Connection` renvoie le niveau courant d'isolation. Plusieurs niveaux sont possibles, comme par exemple `TRANSACTION_READ_COMMITTED` qui interdit la lecture d'une ligne dont les données ne sont pas validées par un commit. La méthode setTransactionIsolation permet de modifier le niveau d'isolement.

10.3.7 Représentation de la base de données

Un objet DatabaseMetaData est une représentation objet d'une base de données. Il donne accès aux informations internes de la base de données, et permet de la gérer à l'aide de nombreuses méthodes. Les possibilités offertes dépendent du pilote et il n'est pas question ici d'en faire une présentation exhaustive. Nous donnerons simplement un fragment de programme qui affiche les noms de toutes les tables de la base de données.

```
DatabaseMetaData metadata = conn.getMetaData();
// récupérer l'information sur les tables
String[] typeDesTables = {"TABLE"};
ResultSet lesTables = metadata.getTables(null, null, "%",
                                         typeDesTables);
// afficher les noms des tables
while (lesTables.next())
      System.out.println(lesTables.getString("TABLE_NAME"));
```

```
VINS
```

On commence par créer un objet DatabaseMetaData à l'aide de la méthode getMetaData. La méthode getTables renvoie l'information sur les tables dans un objet ResultSet. Cette méthode a quatre paramètres. Les deux premiers, de type String, sont utilisés pour les bases de données qui gèrent les catalogues et les schémas. Ici, ils sont à **null** car non utilisés. Le troisième, un String, définit le nom des tables à récupérer. Le signe % est un modèle qui correspond à n'importe quel caractère. On récupérera donc les noms de toutes tables. Enfin, le dernier paramètre, un tableau de String, désigne les types de tables à récupérer. Nous choisissons de récupérer les noms des tables.

Enfin, l'objet ResultSet renvoyé contient plusieurs colonnes. La colonne de nom "TABLE_NAME" contient le nom des tables de la base de données. Comme précédemment, les valeurs de la colonne sont récupérées avec la méthode getString. Ici, le résultat affiché est la table VINS.

La méthode getTablesTypes permet d'obtenir tous les types de tables.

```
ResultSet lesTypes = metadata.getTableTypes();
// afficher les types des tables
while (lesTypes.next())
  System.out.println(lesTypes.getString("TABLE_TYPE"));
```

10.4 Les API autour de JDBC

Il s'agit ici de présenter les principaux développements liés à Java dans le domaine des bases de données, car, malgré la puissance apportée par JDBC, cette seule API ne peut prétendre répondre à l'ensemble des besoins du domaine.

■ SQLJ

SQLJ, pour *SQL in* Java, permet d'*embarquer* du SQL dans le code Java. Il s'agit, avec cette API, de faciliter l'utilisation de JDBC en permettant d'inclure directement du code SQL statique sans appel explicite à JDBC. Cette API, mise en avant par différentes entreprises du secteur comme IBM et Oracle, est devenue en 2008 une norme ISO (ISO/IEC 9075-10).

Le code SQL est exprimé sous forme de *clauses*, comme par exemple :

```
#sql SELECT sysdate INTO :current_date FROM toto.
```

Ces clauses seront ensuite remplacées dans le code source par leur équivalent JDBC. Cette phase de traduction, dite de *pré-compilation* va procéder à la vérification du code SQL avec d'éventuelles optimisations, puis à la génération de classes Java pour les connexions et récupération des résultats, pour finir avec la génération du code JDBC correspondant. Ainsi, ce *pré-compilateur* génère un fichier Java intégrant l'usage de l'API JDBC.

JTA

Il s'agit d'une API proposée avec J2EE (*Java 2 Enterprise Edition*). Cette API spécifie des interfaces entre un serveur de transactions et les différentes parties de l'application, comme le serveur de l'application, le gestionnaire des ressources, etc. Le site sur le serveur d'ORACLE est `www.oracle.com/technetwork/java/javaee/tech/jta-138684.html`.

Apache Commons DButils

Cette API, développée au sein du projet *Apache Commons* de la fondation *Apache* (*The Apache software foundation*, `apache.org`), est elle aussi destinée à simplifier l'écriture du code d'accès aux bases de données. Le site de référence du projet est `commons.apache.org/proper/commons-dbutils/index.html` et la dernière version de l'API est la version 1.6 de 2014.

Java DB

Il s'agit là, non plus d'une simple API, mais d'une base de données en JAVA (`www.oracle.com/technetwork/java/javadb`) s'appuyant sur le projet *open source* Apache Derby[14].

JDO

JDO, pour *Java Data Object*, est une spécification du concept de persistance *transparente* édifiée par la Java Community Process, organisation chargée de coordonner l'évolution de JAVA au travers de ses Java Specification Request (*JSR*), en l'occurrence la JSR 243.

La notion de *persistance* est liée au besoin de sauvegarde et de restauration de données. Vous trouverez sur le site d'ORACLE, `www.oracle.com/technetwork/java/index-jsp-135919.html`, des informations complètes sur *JDO* dont la version actuelle est la version 2.0.

---

14. Cf.`db.apache.org/derby`.

Hibernate et Mybatis

Ces deux projets *open source* ont, eux aussi, trait à la persitance. Ils sont développés à la fois pour Java et `.NET` de Microsoft. Le projet Mybatis était à l'origine un projet de la fondation *Apache* sous le nom Ibatis, avant de devenir en 2010 un projet Google Code (`code.google.com/p/mybatis` et `blog.mybatis.org`). Hibernate (`hibernate.org`), lui, est lié au projet *JBoss* (`www.jboss.com`) de *Red Hat* (`www.redhat.com`).

11 L'environnement Java

Pour clore cet ouvrage, nous allons décrire l'environnement *officiel* distribué gratuitement par ORACLE. Nous verrons comment l'obtenir et détaillerons un peu les outils les plus importants dont l'usage est indispensable pour la réalisation d'applications. Pour finir, nous donnerons une sélection de sites web consacrés à JAVA.

11.1 La distribution officielle

La distribution officielle d'Oracle comprend deux parties, le *Java Runtime Environment* (JRE) qui concerne l'environnement d'exécution de JAVA et le *Java Development Kit* (JDK), qui contient le JRE, mais aussi tout un ensemble d'outils de développement liés à JAVA et à ses multiples extensions.

Notez qu'il existe plusieurs environnements de développement autour de JAVA, nous vous fournissons les adresses internet correspondantes à la fin de ce chapitre.

Son histoire

Chez SUN en 1991, sous l'impulsion de James Gosling, un nouveau langage à objet, nommé *Oak* (chêne en anglais) fut créé. Il donna naissance à JAVA, dont l'annonce officielle date de 1995.

Dès septembre 1995, la première version du *Java Development Kit*, le JDK 1.0 b1 (b pour bêta) est mise à disposition, rapidement suivie en janvier 1996 de la version officielle JDK 1.0.1. L'année 1996 fut une année très riche en apports et développements de toutes sortes (Beans, JDBC, RMI, etc.) et en février 1997, la version suivante le JDK 1.1 est disponible. Ensuite, vinrent les versions 1.2, 1.4 et, avec elles, le remplacement du nom JDK par J2SE, puis un changement de numérotation a amené la version 5.0. Depuis, les versions 6 et ultérieures ont abandonné le .0 et opté pour le nom Java SE pour aboutir, aujourd'hui, à la version Java SE 8 (nom de code *Kenai*).

Cette dernière version correspond à ce que l'on appelle une *mise à jour majeure*, comme l'a été la version 7 et d'autres avant elle. Il en est ainsi de la vie d'un langage, il y a des étapes clés dans son évolution et d'autres de consolidation, de maturité.

La trouver et l'installer

Le site de ORACLE est bien évidemment la meilleure source pour récupérer la dernière version du *Java Development Kit*. Vous trouverez la page représentée dans la figure 11.1 à l'adresse [1] :

```
http ://www.oracle.com/technetwork/java/javase/downloads/index-jsp-
138363.html#javasejdk
```

Une fois le fichier adéquat téléchargé, il ne vous reste qu'à suivre la procédure d'installation liée à votre système d'exploitation.

Pour le monde WINDOWS , il s'agit d'un exécutable auto-extractible qui vous guide durant le processus, voire d'une installation automatique sous votre navigateur si celui-ci offre cette possibilité [2].

Sous UNIX (Solaris, LINUX , etc.), il s'agit d'un script shell d'installation ou d'un `rpm` (si vous travaillez avec une version de LINUX qui utilise les `rpm`).

Pour MAC Os X 10.6 et inférieurs, le *Java Development Kit* était présent d'origine et la récupération de la dernière version disponible doit se faire via la fonction de mise à jour proposée par le système (menu Apple). À partir de la version 10.7.3 (Lion), le *Java Development Kit* n'est plus préinstallé, il faut donc télécharger l'image mémoire disponible sur le site de

1. Il existe de nombreux sites qui proposent différentes versions du *Java Development Kit*.

2. Cette capacité est testée par le site.

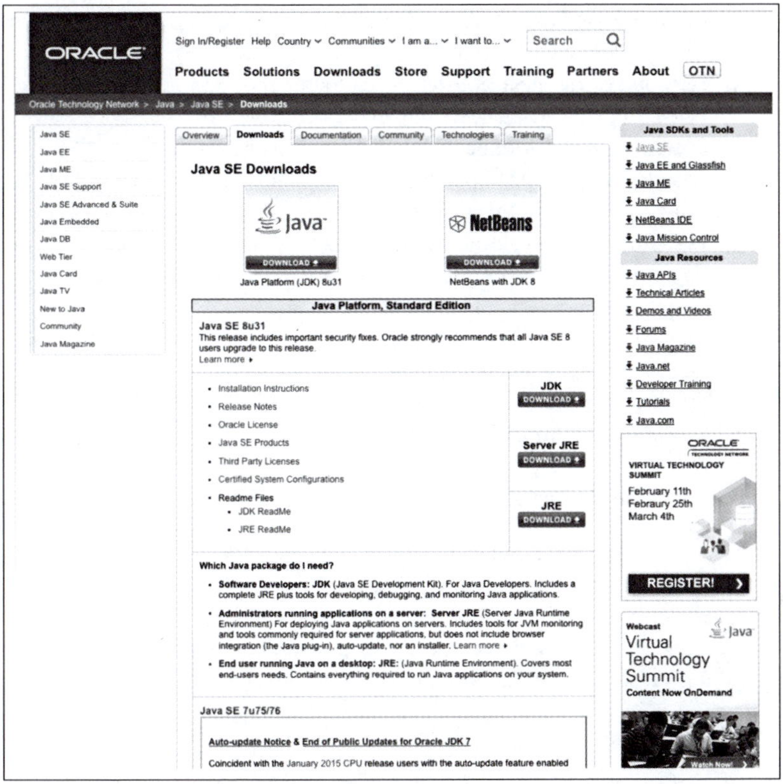

Figure 11.1 Page de téléchargement de Oracle

Oracle et procéder à son installation. Attention, cette installation nécessite un navigateur 64 bits car les navigateurs 32 bits ne prennent pas en charge Java depuis sa version 7.

Son contenu

L'environnement standard *Java Development Kit* distribué par Oracle comprend plusieurs catégories d'outils de développement dont voici la liste complète :

11

- Les outils de base : `javac`, `java`, `javadoc`, `apt`, `appletviewer`, `jar`, `jdb`, `javah`, `javap` et `extcheck`.
- Les outils de gestion de la sécurité : `keytool`, `jarsigner`, `policytool`, `kinit`, `klist` et `ktab`.
- L'outil d'internationalisation des textes : `native2ascii`.
- Les utilitaires pour l'invocation de méthodes distantes (*Remote Method Invocation*, RMI) : `rmic`, `rmiregistry`, `rmid` et `serialver`.
- Les outils de développement associés à l'OMG-IDL (*Object Management Group-Interface Definition Language*) et à Corba/IIOP : `tnameserv`, `idlj`, `orbd` et `servertool`.
- Les outils pour le déploiement d'applications : `javapackager`, `pack200` et `unpack200`.
- Le lanceur pour Java Web Start : `javaws`.
- Le configurateur et débogueur de la machine virtuelle, le moniteur et la console de gestion : `jvisualvm` et `JConsole`.
- Les outils de service web : `shemagen`, `wsgen`, `wsimport` et `xjc`.

Nous y trouvons aussi des outils *non supportés*, comme `jps` ou `jrunscript`, qui sont de nature expérimentale et qui seront peut-être intégrés de manière *officielle* ou simplement éliminés dans les versions ultérieures. La plupart de ces outils sortent du cadre de cet ouvrage, et nous n'en présenterons d'ailleurs que les éléments essentiels.

À ceux-ci s'ajoutent :

- la version correspondante de l'environnement d'exécution *Java Runtime Environment*,
- des bibliothèques additionnelles,
- la distribution JDBC,
- le répertoire des fichiers d'inclusion pour l'intégration de code natif (cf. 11.2),
- le répertoire des codes sources de l'*Application Programming Interface*,
- et tout un ensemble d'outils liés à l'*Application Programming Interface* `JavaFX`, bibliothèque de création d'interfaces graphiques.

11.2 Les outils

■ javac

Le compilateur JAVA, `javac` dont la fonction consiste à analyser le texte de vos applications et produire le JAVA BYTE CODE correspondant, a été présenté dans le premier chapitre, nous ne décrirons que ses options principales. Rappelons sa syntaxe :

```
javac <options> <fichiers sources>
```

Notez bien qu'il peut y avoir plusieurs fichiers sources à compiler *et* que *tous* doivent avoir l'extension `.java`.

Il est aussi possible de fournir un fichier qui contient une succession de lignes, correspondant chacune à un chemin d'accès à un fichier source. Lors de l'usage de `javac`, le nom de ce fichier doit être précédé de `@`, comme dans l'exemple suivant :

```
javac @FichierListe
```

La première des options à présenter est bien évidemment celle qui fournit une aide à l'utilisation, l'option `-help`. Notez qu'elle se retrouve dans toutes les commandes JAVA. En ce qui concerne `javac`, elle n'apporte pas plus d'information qu'un appel sans paramètre mais, pour d'autres, elle est réellement utile.

Sinon, la deuxième option utile est l'option `-version` qui permet de savoir quelle version de JAVA est installée sur votre machine. Cela peut éviter bien des confusions. Le tableau 11.1 présente les options principales de `javac`.

La dernière option que nous détaillerons (présente sous deux formes) permet d'indiquer le chemin d'accès aux classes nécessaires à la compilation d'une application. Il faut savoir qu'en fait il existe un moyen standard de le faire une bonne fois pour toutes, au lieu de le répéter à chaque compilation et exécution (cf. paragraphe suivant). Il suffit pour cela de donner une valeur adéquate à la variable `CLASSPATH` de votre environnement de travail. Cette variable est utilisée par JAVA pour trouver les classes précédemment compilées et qui sont utilisées par les applications que vous

`-g`	Provoque la génération d'informations pour le débogage. Il est possible de préciser ce que l'on désire en faisant suivre par : `none` aucune information ou `lines` ou `vars` ou encore `source`.
`-nowarn`	Pour empêcher l'émission des avertissements.
`-verbose`	Pour le rendre bavard.
`-deprecation`	Indique précisément l'emploi d'éléments obsolètes.
`-classpath` ou `-cp`	Pour indiquer le répertoire des fichiers `.class`.

Tableau 11.1 Principales options de `javac`

développez. Elle doit contenir l'ensemble des chemins d'accès aux différents paquetages disponibles localement sur votre ordinateur. La syntaxe de définition des chemins d'accès ainsi que le moyen de renseigner cette variable dépendent du système d'exploitation sous lequel fonctionne votre ordinateur. Ce qui suit vous indique comment effectuer la mise à jour de votre `CLASSPATH` sous Linux et Microsoft Windows :

```
# Sous Linux :
CLASSPATH=/home/chezmoi/Java/packages/Azertyuiop:.:
      $CLASSPATH
export CLASSPATH
# à insérer dans votre .xxshellrc
# ou à saisir sous votre shell

# Sous Windows :
SET CLASSPATH=c:\chezmoi\Java\packages\Azertyuiop;.;
      %CLASSPATH%
```

Pour Linux, le séparateur des différents chemins est le deux-points `:` alors que sous Windows il s'agit du point-virugle `;`. La syntaxe d'accès au contenu de la variable (en fin de ligne), comme la manière de procéder sont différentes, mais le principe est le même.

Il ne faut pas oublier que l'ordre d'apparition est important, `javac` (comme `java`) va prendre les chemins d'accès aux paquetages les uns après les autres à la recherche du premier qui contient le fichier compilé de la classe utilisée par l'application. Ainsi dans l'exemple donné, s'il ne trouve pas ce qu'il cherche dans le paquetage `Azertyuiop`, il cherchera dans le répertoire courant (`.` dans les deux cas), puis enfin dans les chemins contenus dans la valeur initiale de la variable `CLASSPATH`.

java

Il s'agit de l'interprète Java, qui lance le JRE, charge les classes nécessaires et exécute la méthode `main` de la classe passée en paramètre. La syntaxe d'utilisation de l'interprète est la suivante :

```
java [-options] UneClasse [paramètre...]
  (pour exécuter la classe UneClasse du fichier UneClasse.class )
ou
java [-options] -jar FichierJar [paramètre...]
  (pour exécuter un fichier jar)
```

Le second usage permet de demander l'exécution d'un fichier `jar` plutôt que d'une simple classe. Ce type de fichier et la commande de constitution associée sont présentés dans un des paragraphes qui suit.

Remarquez qu'en ligne de commande (cela a déjà été fait dans les exemples de ce livre), il est possible de fournir des paramètres à l'application elle-même.

Parmi les options, nous en retrouvons certaines déjà disponibles pour le compilateur, comme pour obtenir la version ou déterminer le chemin d'accès aux classes.

Nous trouvons aussi les options liées aux assertions [3] qui demandent à l'interprète de prendre ou de ne pas prendre en compte ces énoncés. Nous les résumons dans le tableau 11.2. Notez que l'usage des options `-da` ou `-disableassertions` ne s'entend que combiné à une demande de prise en compte (`-ea` ou `-enableassertions`), pour en restreindre l'effet.

Par ailleurs, les autres possibilités sont d'un usage trop peu fréquent pour qu'elles soient détaillées ici.

3. Cf. chapitre 1.

-ea -enableassertions [:<packagename>... |:<classname>]	Provoque la prise en compte des assertions. Limite cette prise en compte à certains paquetages ou classes.
-da -disableassertions [:<packagename>... |:<classname>]	Empêche la prise en compte des assertions. Désigne explicitement les classes ou les paquetages à exonérer.

Tableau 11.2 Options de `java` liées aux assertions

javadoc

Il s'agit d'un outil de première importance et, de plus, très pratique. `javadoc` produit une documentation *pertinente* de votre code dans le format HTML , pour peu que vous ayez pris soin d'y inclure des commentaires *pertinents*. Sinon, et *a minima*, la documentation générée comprend l'ensemble des éléments constitutifs de votre application et les présente de manière efficace et claire. Toute la documentation de l'API Java a été créée de cette manière, ce qui vous garantit le *look and feel* Java pour vos propres documentations !

Pour constituer la documentation, `javadoc` parcourt le fichier source à la recherche de deux choses. Premièrement, les éléments qui constituent votre application (classes, variables, méthodes, et autres constructeurs) sont collectés. Deuxièmement, les commentaires de documentation sont relevés et associés à l'élément correspondant de manière à les intégrer dans la page HTML.

Les commentaires de documentation sont pour le compilateur des commentaires comme les autres, sauf qu'ils commencent systématiquement par `/**`, comme dans l'exemple qui suit :

```
/** Un commentaire destiné à javadoc. */
```

Le principe de définition des éléments de documentation est donc simple. Il repose sur deux aspects conjoints. Le premier est l'attachement du commentaire à un élément de l'application (classe, variable, constructeur, méthode, etc.), celui qui suit le commentaire, et le second est l'usage de *tags* spécifiques à Java et de tags HTML et de toute combinaison des deux.

Nous verrons qu'il est aussi possible de définir de nouveaux tags. Mais commençons par la syntaxe de `javadoc` :

```
javadoc [options] [NomsDesPaquetages] [FichiersSources]
    [NomDesClasses] [@Fichiers]
```

`javadoc` peut être employé pour générer la documentation d'un paquetage, de fichiers (unités de compilation) ou plus simplement de classes et interfaces. Il s'agit d'un outil très riche aux multiples possibilités, qui nécessiterait un chapitre à lui tout seul. Concentrons-nous sur l'essentiel, les amateurs pourront toujours se plonger dans la documentation :

```
http://www.oracle.com/technetwork/articles/java/index-
137868.html
```

Les options les plus utiles sont résumées dans le tableau 11.3.

`-d <répertoire>`	Indique le répertoire dans lequel mettre la documentation (répertoire courant sinon).
`-public`	Limite la production de documentation aux éléments **`public`**
`-protected`	Limite la production de documentation aux éléments **`protected`** et **`public`** (valeur par défaut).
`-private`	Génère la documentation de TOUS les éléments.
`author`	Inclut l'auteur (si le tag existe) qui ne l'est pas par défaut.
`-version`	Idem pour la version.
`-classpath ou -cp`	Comme pour `javac`
`-exclude <Paquetages>`	Détermine une liste de paquetages à ne pas documenter.
`-tag <name> : <locations> : <header>`	Détermine un nouveau tag.

Tableau 11.3 Principales options de `javadoc`

Passons aux éléments de documentation. Les différents *tags* JAVA prédéfinis sont décrits dans le tableau 11.4.

`@author`	Nom de l'auteur du programme.
`@version`	Numéro de version du programme.
`@since`	Indique la date d'ajout de l'élément concerné.
`@deprecated`	Indique que le code est obsolète (déprécié, ou `deprecated`.
`@see`	Génère un lien HTML vers la documentation de l'élément indiqué par `Classe#élément`
`@param`	Le nom d'un argument et sa description.
`@exception` ou `@throws`	Décrit l'exception qui peut être levée par la méthode.
`@return`	Décrit la valeur retournée par la méthode.

Tableau 11.4 Les tags prédéfinis de `javadoc`

Il est important de savoir que tous les tags de même type d'un même élément doivent se suivre, mais que les descriptions peuvent s'étendre sur plusieurs lignes. Il est aussi possible d'inclure des fichiers HTML pour décrire par exemple un paquetage ou l'ensemble de l'application à l'aide d'options fournies à l'appel de `javadoc`.

Limités par l'espace disponible, nous n'avons pu illustrer cet outil par un exemple à la hauteur de ses capacités. Néanmoins, vous trouverez à la page 283 un fichier source et, page 284, sa documentation générée qui vous permettront à la fois de juger de ses capacités et de vous en servir comme base de départ pour vos futures applications documentées.

```
/** Une classe vide qui courait dans l'herbe...
@since Mai 2005
@version 0.0 (cela ne vaut pas plus!)
@author V. Granet & J-P. Regourd */
public class SourisVerte extends Une {
  /** Je l'attrape par la queue*/
  public Integer queue;
  private boolean vousYCroyez;
  /** Une souris verte qui courait dans l'herbe
  @param courait qui <strong>dans l'herbe
         <span style="font-size:200%">?</span></strong> */
```

```
  public SourisVerte(Qui courait) { }
  /** Je la montre &agrave; ces messieurs
  @param &agrave;Ces <em> montre </em>
  @throws CesMessieursMeDisent
              "Trempez—la dans l'eau..."
  @return Messieurs */
  public Messieurs jeLa(Montre àCes)
           throws CesMessieursMeDisent { }
}
```

Le code qui précède est donc passé à la moulinette de `javadoc` et c'est la commande suivante qui a permis de générer la documentation.

```
javadoc —author —version UneSouris.java
```

Il suffit alors de charger sous un navigateur le fichier `index.html`. Le fichier généré a fière allure [4] Les figures 11.2 et 11.3 présentent la documentation visualisée dans un navigateur.

Un mot sur la définition de tags avant de passer à l'outil suivant. Cette définition se fait lors de l'appel de `javadoc`. Il faut utiliser `-tag <name> :<locations> :<header>`. Les valeurs `<name>` et `<header>` représentent le nom du tag que vous définissez et le texte d'en-tête qui sera introduit dans la documentation. La partie `<location>` détermine le ou les endroits du code où le tag peut apparaître. Il s'agit d'une lettre ou d'une combinaison de lettres prises parmi :

- `X` pour désactiver le tag ;
- `a` pour n'importe où ;
- `p` dans un package ;
- `t` dans un type (classe, interface) ;
- `c` dans un constructeur ;
- `m` dans une méthode ;
- `f` dans les variables.

4. Attention, le code HTML généré n'est malheureusement pas tout à fait conforme aux normes actuelles du W3C...

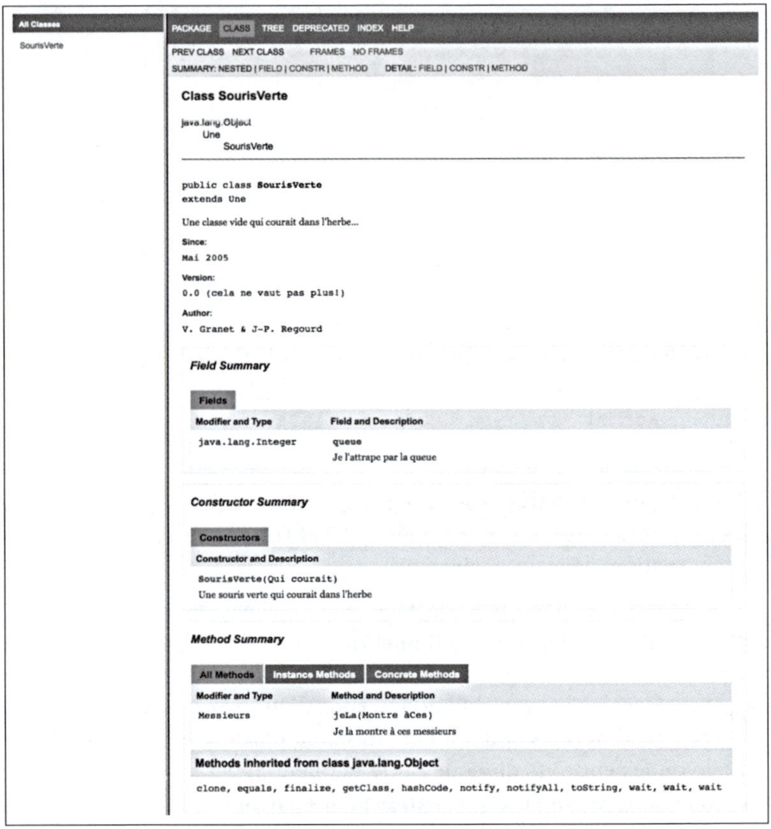

Figure 11.2 Première partie de la documentation

Comme vous le voyez, l'utilisation est simple. Voici un exemple qui permet de définir un tag spécialisé pour commenter les erreurs connues, à la *Unix Man* :

```
javadoc -author -version
        -tag bug:a:"Known bug :" ApplicationPasSûre.java
```

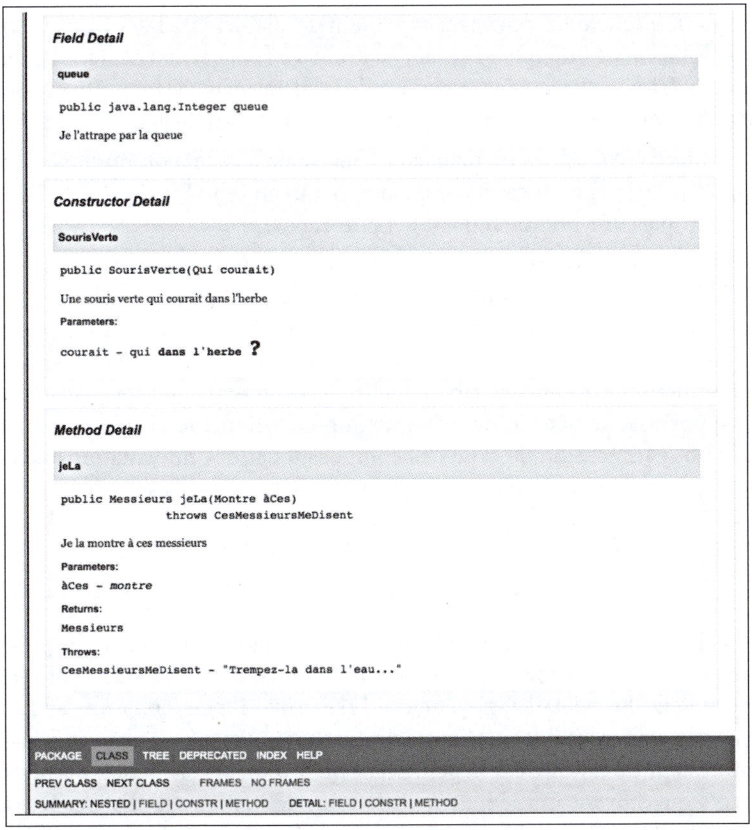

Figure 11.3 Seconde partie de la documentation

Si, n'importe où dans le code, mais dans un commentaire de documentation, le tag `@bug` apparaît, alors le texte qui suit sera intégré dans la documentation juste après « **Known bug :** ».

■ jar

`jar` est à la fois un format de fichier et l'outil de manipulation de ces mêmes fichiers. Il s'agit donc de manipuler des archives (`j` pour JAVA et ar pour ARchive) *comprimées* contenant des fichiers de JAVA BYTE CODE (les **.class**) et différents fichiers de données (images, sons, etc.). Le format choisi par SUN est indépendant de la plate-forme (UNIX, WINDOWS, MAC OS, et autres) et compatible avec le format d'archivage ZIP.

L'intérêt est évident, un fichier jar regroupe *tous* les composants d'une application sous un format comprimé, ce qui en rend l'accès sur le réseau plus simple (une unique requête) et plus rapide.

De plus, comme nous l'avons vu précédemment, l'interprète java est capable d'exécuter une application fournie sous ce format. Un fichier jar contient un fichier particulier, le fichier MANIFEST.MF, dans le répertoire META-INF, créé par jar et qui permet de donner des informations utiles aux utilitaires qui seraient amenés à lire son contenu, comme java. Il est ainsi possible de déterminer le contenu précis du fichier, la classe principale pour l'exécution, le type des composants et des informations de signature concernant la sécurité. La syntaxe de l'outil est la suivante :

```
jar {cuxti}[vfm0Me] [fichier-jar] [fichier-manifest]
    [rép -C] fichiers ...
```

Cette syntaxe habituelle des outils d'archivage mérite quelques précisions. Pour fonctionner, jar nécessite l'indication de ce que veut faire l'utilisateur. En effet, il s'agit d'un outil *réversible*, il peut créer une archive et aussi *extraire* les informations d'une archive existante. Il impose donc à l'utilisateur de lui dire explicitement ce qu'il veut, c'est la raison d'être des lettres qui suivent immédiatement le nom de la commande. Ces lettres sont décrites dans le tableau 11.5.

Si on veut combiner des options de fonctionnement, il faut coller les lettres et surtout ne pas mettre de tiret (-). Ainsi, la commande suivante :

```
jar cvf Azertyuiop.jar Azertyuiop/
```

demande la création de l'archive de nom Azertyuiop.jar comprimée avec un fichier MANIFEST.MF automatiquement créé, et contenant tous les fichiers présents dans le répertoire Azertyuiop du répertoire courant. L'exécution de la commande se fera de façon *verbeuse*, ainsi toutes les

c	Demande la création d'une archive.
u	Demande la mise à jour de l'archive.
x	Demande l'extraction du contenu de l'archive.
t	Demande l'affichage du contenu de l'archive.
v	Permet l'émission d'informations détaillées.
f	Permet de spécifier le nom de l'archive.
m	Permet de spécifier un fichier MANIFEST.MF.
0	Permet de ne pas comprimer les fichiers.
M	Permet de ne pas créer de fichier MANIFEST.MF.
e	Permet de spécifier le point d'entrée de l'application archivée.
i	Permet de générer l'index pour les fichiers jar indiqués.

Tableau 11.5 Caractères de commande de `jar`

actions, de la création du fichier `MANIFEST.MF` à l'inclusion des différents fichiers avec le taux de compression pour chacun d'eux seront affichées à l'écran. Depuis la version JAVA 1.2, le fichier `MANIFEST.MF` est vide, il ne contient qu'une ligne :

```
Manifest-Version: 1.0
```

Pour l'extraction, la démarche est la même. Il suffit de changer la lettre `c` par la lettre `x` et de ne fournir que le nom du fichier comme paramètre pour voir l'ensemble de l'archive extrait et copié dans le répertoire courant suivant la même structure que le répertoire d'origine. S'il s'agit de n'extraire que certains fichiers, il suffit de le dire ! Ce qui est fait dans l'exemple qui suit :

```
jar xvf Azertyuiop.jar JeuDeCubes.class Bloc.class
```

Pour ce qui est de rendre un fichier `jar` exécutable, la démarche est un peu plus complexe. Il faut en effet indiquer le nom de la classe principale dans le fichier `MANIFEST.MF`. Ceci n'est pas fait automatiquement par l'utilitaire. Il vous faut donc ajouter une ligne similaire à celle-ci :

```
Main-Class: JeuDeCubes
```

au fichier `MANIFEST.MF` pour que le fichier `JeuDeCubes.class` soit reconnu par la commande `java` comme étant celui de la classe qui contient la méthode `main`. Le nouveau fichier `MonMANIFEST.MF` obtenu est le suivant :

```
Manifest-Version: 1.0
Main-Class: JeuDeCubes
```

que vous pouvez inclure dans votre `jar` comme suit :

```
jar cvmf MonMANIFEST.MF Azertyuiop.jar Azertyuiop/
```

et le tour est joué ! Votre `jar` est exécutable.

javah

Il est fréquent de disposer d'un *bout* de code écrit dans un langage donné et dont nous sommes très satisfaits. Mais, voilà, nous devons développer notre application en JAVA. JAVA propose au travers de JNI (*Java Native Interface*), une démarche complète d'intégration de code C, C++ ou autres, dans les applications JAVA.

La communication entre codes est bidirectionnelle et JAVA a même prévu l'intégration de code JAVA dans des applications développées dans d'autres langages.

Contentons-nous ici de montrer comment intégrer le code C élémentaire suivant dans une application elle-même élémentaire.

```
#include <stdio.h>
// Voici le code d'origine

void printC() {
  // Il est là, le code à réutiliser!
  printf("<<<< Affichage depuis une fonction C >>>>\n");
}

void main (void) {
...
```

Regardons l'application, elle se contente de qualifier la fonction C `printC` de **`native`**, la suite sera obtenue par diverses manipulations d'outils.

Le bloc **static** sert à indiquer le chemin de la bibliothèque C qui doit être chargée pour l'exécution, par l'intermédiaire de la méthode `load` de la classe `System`.

```
public class PremierEssai {
    static { // indication du chemin absolu où se trouve
        System.load("/Absolu/CodesC/libPremierEssai.so");
    }
    // la bibliothèque C
    public static native void printC();
    public static void main(String args[]) {
        System.out.println("Voyons voir... ");
        PremierEssai.printC();
        System.out.println("Ouf ! Ça marche.");
    }
}
```

L'étape suivante consiste à générer un fichier `.h` à partir du fichier Java. Ce fichier, qui permettra au code C de s'adapter à l'environnement Java, est obtenu par la commande `javah`, employée de la manière suivante :

```
javah PremierEssai
```

Nous obtenons donc le fichier `PremierEssai.h` qui sera inclus dans la nouvelle version de notre code en C. La syntaxe de `javah` est la suivante :

```
javah [options] <classes>
```

Les options disponibles servent principalement à spécifier des chemins spécifiques d'accès aux classes et de génération du résultat. Le fichier généré automatiquement `PremierEssai.h` doit être inclus dans le code du programme C qui doit donc être modifié comme suit :

```
#include <stdio.h>
#include "PremierEssai.h"

// Voici la fonction C un peu torturée il est vrai,
// mais on y retrouve le code "utile" facilement
JNIEXPORT void JNICALL
Java_PremierEssai_printC(JNIEnv* env, jclass j) {
```

```
  // Il est là, le code réutilisé !
  printf("<<<< Affichage depuis une fonction C >>>>\n");
}
```

Il faut ensuite compiler le fichier C en créant la bibliothèque dynamique qui est chargée dans le code java. Par exemple sous LINUX et en employant `gcc`, la commande est :

```
gcc -o libPremierEssai.so -shared
    -I/usr/java/jdk1.8.0_31/include/:\
      usr/java/jdk1.8.0_31/include/linux/ printC.c
```

où `-I` indique le lieu où se trouvent les bibliothèques JAVA pour C (à adapter en fonction de la configuration de votre machine). Le résultat final est le suivant :

```
java PremierEssai
```

```
Voyons voir...
«« Affichage depuis une fonction C »»
Ouf ! Ça marche.
```

11.3 Java et la sécurité

Nous ne pouvons achever cet ouvrage sans présenter, ne serait-ce que brièvement, les mécanismes de gestion de la sécurité proposés par JAVA. La sécurité a été une des préoccupations importantes pour la conception du langage et de ses API.

Si la *Java Virtual Machine* est capable d'effectuer, de façon standard, des vérifications sur les fichiers qu'elle doit exécuter, la notion de *gestionnaire de sécurité* présente au niveau de l'interprétation des fichiers compilés, permet au développeur de définir les règles de sécurité qu'il veut voir appliquer à son application.

Par défaut, aucun gestionnaire de sécurité n'est activé lors de l'interprétation des fichiers par `java`. Si vous désirez qu'il en soit autrement, vous pouvez le spécifier comme option de la commande `java` de la manière suivante :

```
java -Djava.security.manager MonApplication
```

À ce moment-là, des règles de sécurité strictes sont activées, ce qui, par exemple, interdit à une application réseau quelconque[5] d'ouvrir une connexion.

Cette solution est clairement un peu trop brutale et générale, c'est pourquoi Java permet de définir de façon fine des règles de sécurité adaptées à chacune des applications qui le nécessitent. Pour cela, l'utilitaire `policytool` est intégré dans le *Java Development Kit*. Les figures qui suivent décrivent les étapes de définition d'une nouvelle règle de sécurité.

Lors de sa première utilisation, `policytool` ne trouve pas de fichier de règles. Il n'y en a pas par défaut. Ce n'est pas grave, qu'à cela ne tienne, nous allons définir le nôtre, déterminant les autorisations de connexion réseau, et en demander l'application lors de l'exécution !

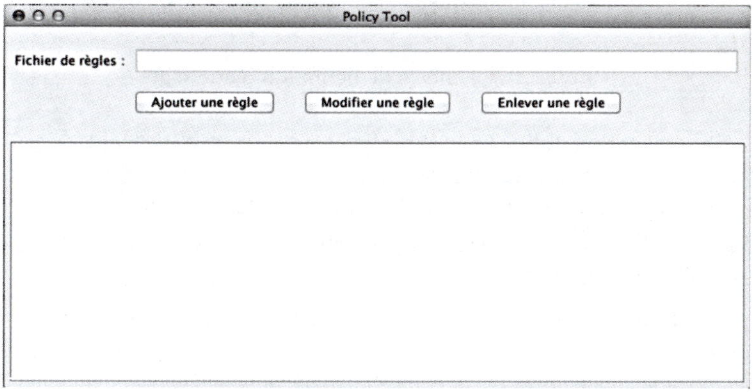

Figure 11.4 Fenêtre d'accueil de `policytool`

Une fois l'exécution de l'utilitaire `policytool` lancée (voir la figure 11.4), il suffit de cliquer sur le bouton d'ajout d'une règle, pour qu'une autre fenêtre s'ouvre. Cette fenêtre donne accès à la définition d'une permission, comme le montre la figure 11.5.

5. Cf. chapitre 9.

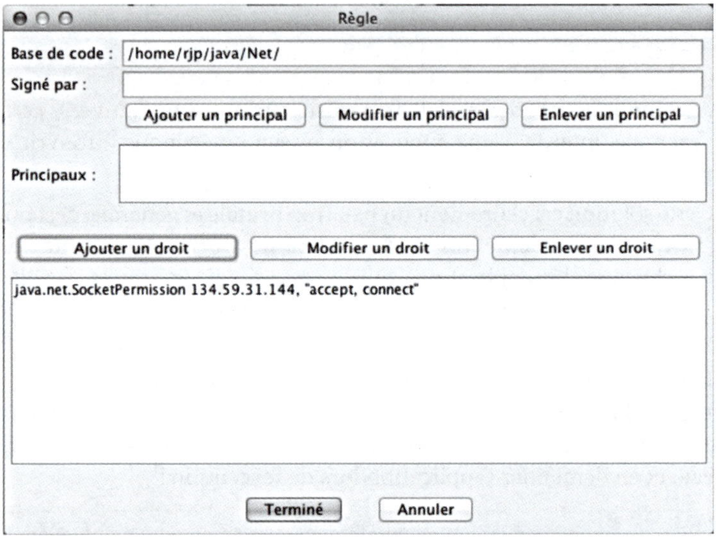

Figure 11.5 Fenêtre de définition d'une règle

Il convient tout d'abord de définir la ressource (une URL) dont les applications seront concernées par les permissions. Ensuite, les différents éléments décrivant une permission doivent être déterminés les uns après les autres. Il suffit de suivre les possibilités offertes par l'interface de la fenêtre, `Règle` (voir la figure 11.6).

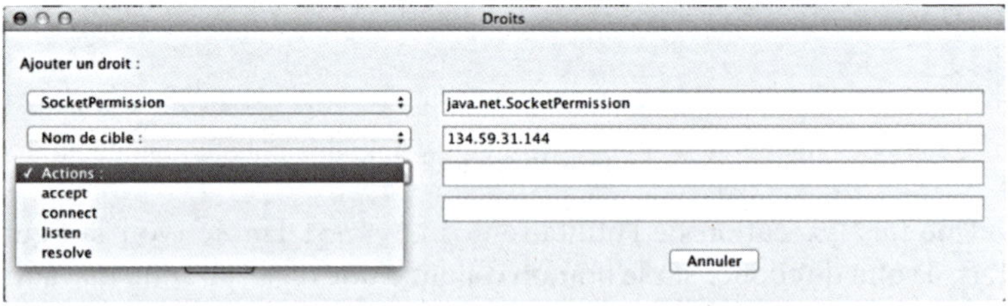

Figure 11.6 Fenêtre de définition d'une permission

C'est ainsi que :

- nous choisissons une permission de la classe `SocketPermission` du paquetage `java.net` ;
- nous déterminons l'adresse réseau concernée ;
- nous définissons les actions autorisées.

Il faut comprendre qu'il s'agit de *permissions* et non d'interdictions. L'objet de cette démarche est bien de décider que des règles strictes doivent être respectées, par l'application d'un gestionnaire de sécurité, security manager (un objet Java), mais qu'elles doivent être assouplies en explicitant *en quoi* elles doivent l'être.

Une fois cliqué sur le bouton **ok**, nous revenons à la fenêtre précédente (figure 11.5) et y trouvons les informations synthétisées.

Après avoir cliqué sur **Terminé**, choisissons de sauvegarder cette règle dans un fichier de nom `RèglesNet`.

Ce fichier doit être passé en option à `java`, de la manière suivante :

```
java —Djava.security.manager
    —Djava.security.policy=RèglesNet NetSécurité
```

Ceci autorisera l'application `NetSécurité` à établir des connexions et à en accepter tout en respectant l'ensemble des règles de sécurité prédéfinies par le gestionnaire par défaut activé par la première option de la commande.

Notez bien que l'application `NetSécurité.class` doit se trouver dans le répertoire déterminé lors de la définition de la règle pour que la permission définie lui soit appliquée.

Il est tout à fait possible ensuite d'éditer les règles de sécurité avec l'outil `policytool` en indiquant le fichier à manipuler. La figure 11.4 atteste de cette possibilité par usage des boutons **Modifier** ou **Supprimer**. Dans notre cas, nous avons obtenu le fichier suivant :

```
/* AUTOMATICALLY GENERATED
                 ON Sat Feb 21 19:43:42 CET 2015*/
/* DO NOT EDIT */
```

```
grant codeBase "file:/home/rjp/Java/Net/" {
  permission java.net.SocketPermission "134.59.31.144",
             "connect, accept";
};
```

11.4 Les sites web Java

Il existe de très nombreux sites liés à JAVA. Dans le tableau suivant, nous en présentons une sélection, forcément partielle, mais qui devrait permettre au lecteur curieux d'accéder rapidement à l'information qu'il recherche.

Informations diverses	www.oracle.com/technetwork/java/ www.java.com/ www.ibm.com/developerworks/java/
Documentation et tutoriels	download.oracle.com/javase/-tutorial/ www.developpez.com/
Communautés	www.developpez.net/forums/f1010/java/-communaute-java/ www.java.net/
Environnements	directory.fsf.org/category/java/ www.eclipse.org/ www.netbeans.org/ www.beanshell.org/ www.embarcadero.com/products/jbuilder/ www.jcreator.com/ www.jetbrains.com/idea/ www.bluej.org/ www.jboss.org/
Aide-mémoire de Java	go.polytechnice.fr/AideMemoireJava

Annexe

Priorité des opérateurs

Priorité	Opérateur	Fonction	Associativité
1	[ ]	indexation	gauche
1	()	appel de méthode	gauche
1	.	accès à un attribut	gauche
2	++	incrémentation pré- ou postfixe	droit
2	–	décrémentation pré- ou postfixe	droit
2	+ -	plus, moins unaires	
2	~	bitwise NON	
2	!	négation booléenne	
2	(type)	conversion de type (cast)	
2	new	création d'objet	
3	* / %	multiplication, division, modulo	gauche
4	+ -	addition, soustraction	gauche
4	+	concaténation	
5	<<	décalage à gauche signé	gauche
5	>>	décalage à droite signé	
5	>>>	décalage à droite non signé	
6	< <=	inférieur, inférieur ou égal	gauche
6	> >=	supérieur, supérieur ou égal	

le tableau continue sur la page suivante

6	instanceof	test de type	
7	==	égalité	gauche
7	!=	différence	
8	&	bitwise ET	gauche
8	&	ET logique	
9	^	bitwise XOU	gauche
9	^	XOU logique	
10	|	bitwise OU	gauche
10	|	OU logique	
11	&&	ET logique	gauche
12	||	OU logique	gauche
13	? :	conditionnel	droit
14	=	affectation	droit
14	*= /= += -= %= <<= >>= >>>= &= ^= |=	affectation composée	droit

Bibliographie

La littérature autour de JAVA est plus qu'abondante. Nous donnons ici une sélection d'ouvrages qui nous ont accompagnés dans la rédaction de ce livre. Nous les présentons au lecteur classés par thème.

Algorithmique et programmation objet

[1] V. Granet. *Algorithmique et programmation en Java*. Dunod, 4e édition, 2014.

[2] M. Weisfeld. *Object-Oriented Thought Process*. Addisson Wesley Professional, 3e édition, 2008.

[3] B. Meyer. *Conception et programmation orientées objet*. Eyrolles, 2e édition, 2008.

[4] G. Krasner and S. Pope. « A Cookbook for Using the Model-View-Controller User Interface Paradigm in Smalltalk-80 ». *Comm. ACM*, 1(3) : 26–49, 1988.

Programmation fonctionnelle

[5] M. Odersky, L. Spoon et B. Venners. *Programming in Scala : A Comprehensive Step-by-Step Guide*, Artima Inc., 2e édition, 2011.

[6] C. Queinnec. *Lisp in Small Pieces*, Cambridge University Press, 2003.

Java le langage

[7] J. Gosling, B. Joy, G. Steele, G. Bracha et A. Buckley. *Java Language Specification, Java SE 8 Edition (Java Series)*. Addison Wesley Professional, 2014.

[8] K. Arnold, J. Gosling et D. Holmes. *Java Programming Language*. Addison Wesley Professional, 4e édition, 2005.

Programmation en Java

[9] B. Eckel. *Thinking in Java*. Prentice-Hall, 4e édition, 2006.

[10] J. Bloch. *Effective Java*. Prentice Hall, 2e édition, 2008.

API Java

[11] E. Harold. *Java Network Programming*. O'Reilly, 4e édition, 2013.

[12] M. Loy et al. *Java Swing*. O'Reilly, 2e édition, Format ebook, 2012.

[13] M. G. Duckett. *JDBC : Questions and Answers*. Format ebook, 2015.

P. 61. => Constructeur.
P. 79. > Interface, implements.

Index

G

H

Q

R

S

V

W

X

Y

Z

72713 - (I) - (1,2) - OSB 80° - 1795 - AUT/EPR - CDD
Imprimerie CHIRAT - 42540 Saint-Just-la-Pendue
Dépôt légal : juillet 2015
N° 201506.0152

Imprimé en France